Seine Heiligkeit der Dalai Lama

Das Herz aller Religionen ist eins

Die Lehre Jesu aus buddhistischer Sicht

Einführung und *Christlicher Kontext*
Laurence Freeman OSB

Übersetzung aus dem Tibetischen und *Buddhistischer Kontext*
Geshe Thubten Jinpa

Redaktionelle Bearbeitung und *Vorwort*
Robert Kiely

Aus dem Englischen
von Michael Wallossek

Hoffmann und Campe

Die Originalausgabe erschien unter dem Titel
»The Good Heart« bei Wisdom Publications

Die Deutsche Bibliothek – CIP-Einheitsaufnahme
bsTan-'dzin-rgya-mtsho ⟨*Dalai Lama, XIV.*⟩:
Das Herz aller Religionen ist eins :
Die Lehre Jesu aus buddhistischer Sicht / Dalai Lama.
Aus dem Engl. von Michael Wallossek.
– 5. Aufl. – Hamburg : Hoffmann und Campe, 2000
Einheitssacht.: The Good Heart ⟨dt.⟩
ISBN 3-455-11125-4

Inhalt

Hinweis an den Leser

*D*ieses Buch ist eine Entdeckungsreise durch die Evangelien – mit dem Dalai Lama und den Teilnehmern am John-Main-Seminar des Jahres 1994. Es dokumentiert den Seminarverlauf, ferner stellt es mit zusätzlichem Material zur christlichen und buddhistischen Überlieferung das Seminar in einen größeren Zusammenhang. Dies erhöht seinen Nutzwert als Arbeitsgrundlage für künftige interreligiöse Dialoge.

Der Aufbau des Hauptteils von *Das Herz aller Religionen ist eins* folgt den Textstellen aus dem Evangelium, zu denen der Dalai Lama seine Betrachtungen anstellt. Am Anfang jedes Kapitels steht ein ausgewählter Evangeliumstext, den Seine Heiligkeit zunächst vorgelesen und dann kommentiert hat. Diese Textstellen sind nach der *Einheitsübersetzung* der Bibel zitiert.

Robert Kielys Vorwort vermittelt einen Eindruck von der Atmosphäre, die für dieses Seminar kennzeichnend war. Laurence Freemans Einführung gibt einen Überblick über den interreligiösen Dialog im allgemeinen und über den christlich-buddhistischen Dialog im besonderen.

Im Text des Hauptteils tritt gelegentlich ein nicht eigens ausgewiesener Kommentator in Erscheinung: Robert Kiely; er richtet unser Augenmerk auf einige Wahrnehmungen und Erfahrungen, die er während des Seminars gesammelt hat. Diese Einschübe sind – zur leichteren Unterscheidung vom eigentlichen Dialog – in Kursivschrift gesetzt. Am Schluß verschiedener Kapitel steht ein Podiumsgespräch.

Im Anhang von *Das Herz aller Religionen ist eins* finden Sie als Hilfe zu einem umfassenderen Verständnis beider spiritueller Überlieferungen weitere Informationen. Das von Pater Laurence Freeman verfaßte Kapitel mit dem Titel »Der christliche Kontext« offeriert eine christliche Interpretation der zuvor vom Dalai Lama kommentierten Passagen aus den Evangelien. Im Glossar folgen später Beschreibungen der im Dialog angesprochenen christlichen Persönlichkeiten.

Geshe Thubten Jinpa, der Übersetzer des Dalai Lama, hat das Kapitel »Der buddhistische Kontext« geschrieben, um Lesern, die mit dem Buddhismus weniger vertraut sind, zentrale buddhistische Vorstellungen zugänglich zu machen. Thubten Jinpa hat auch das Glossar der buddhistischen Begriffe zusammengestellt.

Im gesamten Buch, besonders aber im Anhang, werden buddhistische Begriffe aus dem Tibetischen wie auch aus dem Sanskrit verwendet. Sanskrit-Begriffe erscheinen größtenteils in ihrer wissenschaftlich korrekten Form. Dies gilt allerdings nicht für Personennamen. Sie sind so geschrieben, daß man sie relativ leicht aussprechen kann.

Die wissenschaftlich korrekte Schreibweise aller Namen und Begriffe läßt sich dem buddhistischen Glossar entnehmen.

Abschließend informieren kurze Biographien über die Teilnehmer/innen: den Dalai Lama, Pater Laurence, Geshe Thubten Jinpa, Robert Kiely und diejenigen, die im Rahmen der Podiumsdiskussion an diesem grundlegenden interreligiösen Dialog mitgewirkt haben.

Vorwort

Zu den ermutigenden Dingen an Tenzin Gyatso, Seiner Heiligkeit dem Vierzehnten Dalai Lama, gehört dies: Er scheint außerstande zu sein stillzusitzen, es sei denn, er meditiert. Als er Mitte September 1994 im Vortragssaal der Middlesex-Universität in London vor einer Zuhörerschaft von 350 Christen – zwischen ihnen einige buddhistische Einsprengsel – sprach, legten seine beredte Mimik und Körpersprache lebhaft Zeugnis ab für eine der buddhistischen Grundaussagen: Alles befindet sich ständig in Fluß. Nicht nur unterstrich er seine Äußerungen mit kraftvollen Gesten, Lächeln, tanzenden Augenbrauen und lautem Lachen. Er schien auch fortwährend die losen Enden seines kastanienbraunen Mönchsgewands neu in Falten zu legen und allerlei Veränderungen daran vorzunehmen, nach der Namensliste der Teilnehmer am Podiumsgespräch zu greifen, Bekannten im Publikum zuzuwinken und das Programmheft durchzublättern.

Der Anlaß – man darf ohne Übertreibung sagen, der historische Anlaß – für den London-Aufenthalt des Dalai Lama im Herbst 1994 war das John-Main-Seminar. Dieses

Seminar, das alljährlich zum Gedenken an den irischen Benediktinermönch John Main ausgerichtet wird – den Meditationslehrer in der Tradition von Johannes Cassianus und den Wüstenvätern, der christliche Meditationszentren in aller Welt gegründet hat –, veranstaltet die »World Community for Christian Meditation«[1]. Jahr für Jahr kommen einige Hundert meditierende Christen aus praktisch allen Erdteilen und verschiedenen Konfessionen zusammen, um sich eine Vortragsreihe über Ethik, Spiritualität, die Heilige Schrift, den interreligiösen Dialog und das Gebet anzuhören. Zu den Rednern der jüngeren Vergangenheit zählten beispielsweise der kanadische Philosoph Charles Taylor, der englische Benediktiner, Schriftsteller und Gründer eines Ashrams in Indien Bede Griffiths, und Jean Vanier, der »L'Arche« ins Leben rief, christliche Laiengemeinschaften, die sich das Zusammenleben mit Behinderten zur Aufgabe gemacht haben.[2]

Die Bitte, zum ersten Mal in der Öffentlichkeit die Evangelien zu kommentieren, hatte Dom Laurence Freeman OSB an den Dalai Lama herangetragen. Pater Laurence ist Oxford-Absolvent in Literatur und Mönch des olivetanischen Benediktinerklosters in Cockfosters, London. Und seit John Mains Tod im Jahr 1992 ist er auch der aktivste und einflußreichste Lehrer innerhalb der Gemeinschaft.

Dem Dalai Lama waren vorab acht Passagen aus der Heiligen Schrift des Christentums vorgelegt worden: unter anderem die Bergpredigt und die Seligpreisungen (Matthäus 5), die Parabel vom Senfkorn und dem Reich Gottes (Markus 4), die Verklärung (Lukas 9) und die Auferstehung (Johannes 20). Und er war gebeten worden, zu diesen Texten in einer ihm geeignet erscheinenden Weise etwas zu sagen. Ferner erhielt er folgende Informationen: sein Auditorium werde christlich sein (römisch-katholisch, anglikanisch und protestantisch)[3], vorwiegend englischsprachig, aus allen Erdteilen stammen und in schweigender Meditation geübt sein.

Der Dalai Lama ist nicht nur das Oberhaupt einer Religionsgemeinschaft, sondern auch eines Staates. Daher stellten sich viele der Anwesenden – bei all ihrer Freude darüber, daß er sich hier zu diesem Thema äußern würde – doch die Frage, ob es Seiner Heiligkeit wohl gelingen könnte, die unvermeidlichen Barrieren – durch Presse- und Kameraleute und eigenes Begleitpersonal – zu überwinden. Würde er uns wirklich nahebringen können, was er im Sinn hat und was ihm am Herzen liegt?

Die Antwort kam ganz rasch und mit solch entspannter Leichtigkeit, daß es uns sprachlos machte: Jeden Morgen vor dem Frühstück, vor dem gesamten übrigen dichtgedrängten Tagesprogramm, betrat er mit seinen Mönchen den noch abgedunkelten Saal. Und mit den dort versammelten Christen saß er für eine halbe Stunde vollkommen ruhig da und meditierte. In der Stille, unterbrochen nur von einem Räuspern oder Husten hier und da, fiel die ganze Besorgnis von uns ab. Und an ihre Stelle trat die verbindende Kraft von Vertrauen und Offenheit für das, was kommen würde. Dann, zum Schluß, beugte er seinen kahlgeschorenen Kopf über den Text. Mit seinem Finger an der Schrift sich entlangtastend wie ein Rabbi, las er vor:

»Selig, die keine Gewalt anwenden. ... Selig, die ein reines Herz haben. ... Selig, die um der Gerechtigkeit willen verfolgt werden.« Und während er las, war es unmöglich, nicht bewegt, nicht geradezu gebannt zu sein von der Kraft, die diese vertrauten Worte in der neuen Akzentuierung und Intonation gewannen, durch eine tibetische Stimme und buddhistische Sensibilität.

Wohl wissend um die von China angerichteten Verheerungen an der tibetischen Kultur wie am tibetischen Volk und um das persönliche Leid des Dalai Lama als Flüchtling im Exil, vernahmen die Zuhörer/innen unweigerlich, wie in den vorgelesenen Worten die erschütternde Resonanz dieser Erfahrungen mitschwang. Doch so augenfällig dieses politische Moment war – etwas anderes gab dem dreitägigen Treffen eine Bedeutsamkeit, die über alles Geschichtliche noch hinausging. Für die Anwesenden stand außer Frage, daß sie hier einem spirituellen Lehrer zuhörten, daß sie eine tiefreligiöse Veranstaltung erlebten, die zwar auch Geschichtliches beinhaltete, durch dieses jedoch keineswegs eingeschränkt war.

Der konkrete Rahmen des Seminars war flexibel und schlicht genug, um es in zwangloser Atmosphäre durchführen zu können. Nach der Meditation, der Lesung aus der Heiligen Schrift und den anschließenden Betrachtungen Seiner Heiligkeit folgten das Podiumsgespräch, Gesänge, Gebete und die Essenspause. Der Nachmittag hatte den gleichen Ablauf, beginnend mit der Meditation. Diese Beschreibung kann jedoch unmöglich einen treffenden und lebendigen Eindruck davon vermitteln, in welcher Atmosphäre all dies tatsächlich vonstatten ging. Während der Lesungen der Evangelien und der anschließenden Betrachtungen dazu saß der Dalai Lama hinter einem niedrigen Tisch, zu beiden Seiten je eine weitere Person. Links saß Pater Laurence Freeman in seinem weißen Mönchsgewand der olivetanischen Benediktiner, machte sich Notizen, nickte zustimmend, lächelte und schaute fragend – war kurzum wie ein Spiegel des Auditoriums. Zur Rechten saß in purpurroter Robe der Übersetzer Geshe Thubten Jinpa, ein junger, zierlich gewachsener buddhistischer Mönch tibetischer Herkunft. Ernst, gesammelt, konzentriert und unglaublich sachkundig übersetzte er das, was Seine Heiligkeit auf tibetisch vortrug, nahezu simultan in flüssiges Englisch. In seiner Bescheidenheit und Ungezwungenheit – zuvorkommend, doch niemals unterwürfig – war er durch die ständige Vergegenwärtigung nahezu vollkommener Konzentration und selbstloser Würde dem Auditorium ein Vorbild.

Diese Sitzanordnung und wohl auch die Art, wie der Dalai Lama sich gibt und ausdrückt, machten aus dem scheinbaren Monolog in Wahrheit einen Dialog und öfter noch ein Dreiergespräch. Weder Dom Laurence noch Jinpa unterbrachen die Ausführungen. Sie wurden jedoch spontan mit einbezogen, wenn Seine Heiligkeit gespannt in Richtung des einen oder des anderen blickte und um eine Reaktion bat, hin und wieder ein Wort richtigstellte, fragend die Augenbraue anhob und Anspannung mit einem Lachen löste. Wenn man dann im Verlauf des Podiumsgesprächs zwei Personen aus dem Auditorium einlud, sich mit auf das Podium zu setzen und Fragen zu stellen, drohte all dies allerdings aus seiner geordneten Bahn zu geraten und zu wechselseitig sich verbindenden Strömen von Gedanke, Sprache, Akzent, Alter, Geschlecht, Temperament und religiöser Überzeugung zu verschmelzen. Doch nie herrschte Verwirrung. Der Dalai Lama ist als buddhistischer Lehrer und im Exil lebender Mensch mit Veränderung vertraut, und wenn Menschen aus dem Westen in ungewohnten und wechselnden Fahrwassern ein wenig ins Schwimmen geraten und nervös reagieren, so hat er die Fähigkeit, sie zu beruhigen. Wie alle großen Lehrer verfügt er auch über die Gabe, gute, noch unbemerkt unter der Oberfläche umhertreibende Gedanken zu erfassen und ans Licht zu holen.

Man hat gesagt, der Dalai Lama sei ein schlichter Mensch. Dies mag als Kompliment gemeint gewesen sein. Doch angesichts der westlichen Tendenz zu herablassendem Umgang mit den Religionen und Kulturen des Ostens – als exotischen, jedoch philosophisch primitiven Traditionen – könnte eine derartige Etikettierung allzu leicht zu Mißverständnissen verleiten. Gewiß, er steht fest auf dem Boden, ist direkt, herzlich und freundlich. Insofern kann man den Dalai Lama vielleicht »schlicht« nennen. Aber in jedem anderen Sinn ist er ein feinsinniger, wacher, komplexer, außergewöhnlich kluger und gebildeter Mensch. Drei Dinge bringt er in den spirituellen Gedankenaustausch hinein, Charakterzüge, die in manchen christlichen Kreisen unserer Tage überaus rar sind – so rar, daß die Tatsache, sie hier vorzufinden, dem Auditorium ein erleichtertes Aufatmen entlockt hat. Diese drei Eigenschaften sind Sanftmut, Klarheit und Fröhlichkeit. Falls der Dalai Lama etwas Benediktinisches an sich haben sollte, so weist er gleichfalls eine franziskanische Seite und eine jesuitische Note auf.[4]

Gleich von Beginn an versicherte er seinen Zuhörern behutsam und sanft, er sei ganz und gar nicht hergekommen, um unter Christen eine »Saat des Zweifels« bezüglich ihres Glaubens auszusäen. Immer wieder riet er, wir sollten unser Verständnis und unsere Wertschätzung für unsere eigenen Überlieferungen vertiefen. Das Auffassungsvermögen und die Kulturen der Menschen seien, so betonte er, zu unterschiedlich, als daß sich ein einziger »Weg« zur Wahrheit rechtfertigen ließe. Behutsam, aber entschieden wies er wiederholt die Vorstellung zurück, Buddhismus und Christentum seien verschiedene Sprachen für im Wesenskern gleiche Religionen. Im Hinblick auf ethische Werte und die Betonung von Mitgefühl, Brüderlichkeit und Vergebung, so räumte er ein, gebe es Ähnlichkeiten. Da jedoch der Buddhismus keinen Schöpfergott oder persönlichen Erlöser kennt, warnte er vor Leuten, die sich »buddhistisch-christlich« nennen – ganz so, wie man nicht versuchen sollte, »einem Schafskörper den Kopf eines Yaks aufzusetzen«.

Im Verlauf langer Sitzungen, beim Lesen und bei der Kommentierung von theologisch komplizierten Texten wie auch bei der Beantwortung anspruchsvoller Fragen der Gesprächsteilnehmer verlor der Dalai Lama niemals seine erstaunliche geistige Klarheit. An einer Stelle beschrieb er Meditationsübungen des Mahayana-Buddhismus als Schulung darin, den Geist wachsam und geschärft zu halten statt »zerstreut« oder in Dumpfheit »versunken«.

Eine Art, wie er seinen Zuhörern Respekt erwies, bestand darin, ihnen seine ungeteilte Aufmerksamkeit zu schenken. Es ist etwas ganz Seltenes, daß eine im Blickpunkt der Öffentlichkeit stehende Person, auch wenn es sich um eine religiöse Autorität handelt, spontan bleibt. Höchstwahrscheinlich wird es Gelegenheiten geben, bei denen dies auch dem Dalai Lama nicht gelingt. Doch seine Moment-für-Moment-Beschäftigung mit den Evangelien und den Seminarteilnehmern wies eine derartige Stetigkeit und Intensität des Geistes und des Herzens auf, wie sie nur wenige Menschen vermitteln können. Als man ihn fragte, was Angehörige verschiedener Glaubensbekenntnisse gemeinsam tun *könnten*, ohne Yaks und Schafe miteinander zu vermischen, empfahl er Forschung, Meditation und Pilgerfahrten. Und dann erzählte er davon, wie er nach Lourdes kam und dort eine solche Aura des Geheiligten vorfand, daß er sich niedergebeugt und zu »allen heiligen Wesen« für den Erhalt dieser Heilkräfte gebetet hat. In Momenten wie diesem konnte man förmlich hören, wie das Auditorium kollektiv tief durchatmete, wahrscheinlich aus Freude und Erstaunen über einen solchen Ausdruck von Ehrerbietung, der zugleich so rein und doch so ganz und gar charakteristisch war für die – buddhistische – Tradition, der er entstammt.

In seinen Reflexionen zur Verklärung Christi bot er einen gelehrten Exkurs darüber, wie der Buddhismus Wunder und übernatürliche Emanationen auffaßt. Ohne jede

Spur von Dogmatik oder sentimentaler Pietät führte er den Anwesenden die buddhistische Überlieferung lebendig vor Augen, die im Rahmen eines höchst rationalen Systems von Selbstdisziplin und Psychologie den Raum für Erfahrungen bietet, die die üblichen Verstandes- und Naturgrenzen übersteigen. In aller Bescheidenheit verneinte er die Frage danach, ob er selbst solche Erfahrungen gemacht habe. Was für ihn, wie er sagte, jedoch kein Grund zu generellen Zweifeln an deren Echtheit sei. Während man ihm zuhörte, konnte man durchaus auf den Gedanken kommen, wie töricht doch all diese im Christentum über Jahrhunderte sich hinziehenden Streitereien über Wunder und deren mögliche Erklärungen waren.

Als der Dalai Lama von der Begegnung zwischen Maria Magdalena und Jesus im Auferstehungsbericht des Johannes las, rührte dies viele der Anwesenden zu Tränen. Schwer zu sagen, was sie auslöste. Manche Teilnehmer sagten später, für sie sei es so gewesen, als ob sie diese Worte zum ersten Mal gehört hätten: Als habe man all die Empfindsamkeit und das Mysterium und die Schönheit darin stets mit einer gewissen Selbstverständlichkeit hingenommen, und als sei all dies erst jetzt wieder zum Leben erweckt worden – wie ein Geschenk von einem unverhofft eingetroffenen Kurier.

Mit einem philosophischen oder religiösen Paradox oder mit dem Unaussprechlichen konfrontiert, neigen Westler dazu, ernst und weihevoll zu werden. Buddhisten haben da zweifellos ein reicheres Spektrum von Reaktionen. Diejenige, die den Geist dieser Tagung belebt hat, war das Lachen. Der Dalai Lama macht gern Witze über Mönche, Yaks, Reinkarnationen und Visionen. Oft löste eine Geste, ein Ausdruck oder eine Pause im Diskussionsfluß – ein Moment von potentieller Peinlichkeit – bei ihm wahre Lachsalven aus, ansteckende Lachsalven.

In der Schlußphase des Seminars begannen wir alle die mit so viel konzentrierter Emotion einhergehende Ermüdung zu spüren. Sein wunderbarer Übersetzer, der junge Mönch Jinpa, hatte Tag für Tag eine schier übermenschliche Geistesgegenwart gewahrt. Als er dann gegen Ende eine von Seiner Heiligkeit zum besten gegebene Anekdote zu übersetzen versuchte, da brach er in unkontrollierbares, den gesamten Körper erfassendes Lachen aus: Anknüpfend an die Beobachtung, daß manche Menschen sagen, sie meditierten nicht, weil sie einfach zuviel zu tun hätten, erzählte Seine Heiligkeit die Geschichte von einem Mönch, der seinem Schüler wiederholt in Aussicht stellt, mit ihm einen Ausflug zu unternehmen. Doch dann ist er dazu stets viel zu beschäftigt. Eines Tages sehen sie, wie man in einer Prozession einen Leichnam davonträgt. »Was ist passiert?« fragt der Mönch seinen Schüler. Die Pointe ließ wenigstens fünf Minuten auf sich warten, bis der Übersetzer, die Zuhörer/innen und der Vierzehnte Dalai Lama sich wieder unter Kontrolle bringen konnten: »Nun, er macht einen Ausflug!«

Der Besuch ökumenischer Tagungen, wie auch der Kirchgang, ist für viele Christen »kein Ausflug«. Aber Feste und Feiern zu genießen gehört ebenso selbstverständlich zum Bestand der christlichen Symbolik und Wirklichkeit wie zu allen anderen Religionen. Dem Dalai Lama bei seinen Betrachtungen zum Evangelium zuzuhören war auf jeden Fall ein Fest. Etwas hat alle, die dabei waren, beeindruckt und in Erstaunen versetzt: Wie sehr der »Außenstehende« sie berührte. Diese im Exil lebende, den Christen gegenüber mit keinerlei Autorität – außer der vom göttlichen Geist verliehenen – ausgestattete Person vermochte Menschen unterschiedlicher Glaubensrichtungen vor Augen zu führen, welch reiche Gaben auf ihrer eigenen üppig gedeckten Festtafel bereit liegen.

Robert Kiely
Cambridge, Massachusetts

Einführung

Im September 1994 hat Seine Heiligkeit der Dalai Lama in London das John-Main-Seminar geleitet: Diese spirituelle Veranstaltung findet unter internationaler Beteiligung alljährlich zu Ehren des Benediktinermönchs John Main statt, den Pater Bede Griffiths einmal den bedeutendsten spirituellen Lehrer der Kirche in der heutigen Zeit genannt hat.

Der Dalai Lama und Dom John Main sind sich bei zwei Gelegenheiten begegnet. Das erste Mal 1980 in der katholischen Kathedrale von Montreal, Quebec. Man hatte Dom John gebeten, den Dalai Lama dort als Mitmönch bei einem großen interkonfessionellen Abend willkommen zu heißen. Ich erinnere mich, wie sehr Pater John sich während der Vorbereitungen dafür eingesetzt hatte, daß am Abend auch eine Zeitspanne der stillen Meditation vorbehalten war. Führende Persönlichkeiten verschiedener Religionen waren anwesend, von Erzbischöfen bis hin zu indianischen Medizinmännern, die wohlmeinende Ansprachen hielten und schöne Gebete sprachen. Es gab Chöre, Gesänge, und die Kathedrale selbst bot die ganze Schönheit der christlichen Kunst und Kultur dar. Der Vorschlag, inmitten einer derart großen öffentlichen Zeremonie eine zwanzigminütige Phase des Schweigens einzulegen, verschreckte die Organisatoren. Doch Pater John zeigte sich beharrlich, und er setzte sich durch.

Nach der Zeremonie suchte der Dalai Lama den Benediktinermönch auf, der ihn willkommen geheißen hatte, und sagte ihm, wie sehr ihn die ungewöhnliche Erfahrung der Meditation in einer christlichen Kirche beeindruckt habe. Neben ihnen stehend, konnte ich die Geistesverwandschaft zwischen den beiden Männern spüren. Sie mögen zwar über recht vordergründige Dinge gesprochen haben. Doch ich fühlte, daß sie den Dialog auch auf einer tieferen, stillen Ebene führten. Pater John lud dann den Dalai Lama ein, unsere kleine, unlängst ins Leben gerufene Benediktinergemeinschaft zu besuchen, die sich der Aufgabe widmete, Meditation nach christlicher Überlieferung auszuüben und zu lehren. Unsere damalige Bleibe war ein kleines Haus am Stadtrand, und ringsum lebte eine weithin sich erstreckende Laiengemeinschaft. Dies war eine neue Form des christlichen Klosterlebens in einem städtischen Umfeld, die ihre Lebenskraft und ihre Vision aus der Wiederentdeckung der Meditation innerhalb der spirituellen Überlieferung des Christentums bezog.

Ich erinnere mich, daß ich mich damals gefragt habe, was wohl der Dalai Lama von dieser Gemeinschaft halten würde, falls er womöglich mit Vorstellungen von europäischen Klöstern des Mittelalters im Hinterkopf zu uns käme. Sein Sekretär, der in der Nähe stand, schaltete sich ein, als er Pater Johns Einladung hörte: Der Terminkalender Seiner Heiligkeit sei bedauerlicherweise ohnehin schon viel zu voll. Da bleibe einfach keine Zeit mehr, um auch diese Einladung noch anzunehmen. Das überraschte mich nicht. Doch der Dalai Lama wandte sich zu seinem Sekretär, und mit einer Stimme, die nichts von ihrer Sanftheit verloren, jedoch an Nachdruck gewonnen hatte, sagte er ihm, er *werde* die Einladung annehmen. Sie müßten dann eben die Zeit dafür frei machen. Der Dalai Lama war beharrlich, und er setzte sich durch. Er und Pater John tauschten einen Blick, sie lächelten und gingen ihres Weges.

Am nächsten Sonntag, ein paar Stunden nachdem die Reiterstaffel der »Königlich Kanadischen Polizei« uns einen kurzen Besuch abgestattet hatte, hielt der Limousinen-Konvoi des Dalai Lama vor dem Haus der Benediktinergemeinschaft. Seine Heiligkeit kam zur Mittagsmeditation in unseren kleinen Meditationsraum und nahm anschließend am Mittagessen der Gemeinschaft teil. Wie gewöhnlich aßen wir schweigend. Nach dem Essen wurde geplaudert, und danach zogen sich Pater John und der Dalai Lama zu einem persönlichen Gespräch zurück. Zum Abschluß des Besuchs erhielt er eine Ausgabe der *Regel des heiligen Benedikt* zum Geschenk, und er überreichte zum Ausdruck der Ehrerbietung gemäß tibetischer Tradition Pater John einen weißen Seidenschal.[5] Der Dalai Lama fuhr davon. Pater John begab sich wieder an seine Arbeit, die Gründung der Christlichen Meditationsgemeinschaft, und nach diesem Herbstnachmittag des Jahres 1980 trafen sie einander niemals wieder.

Viel ist passiert zwischen dieser Begegnung und unserer Einladung an Seine Heiligkeit im Jahr 1993, das John-Main-Seminar zu leiten. 1982 war Pater John im Alter von 56 Jahren gestorben. Damals war die Meditationsgemeinschaft gerade erst gegründet worden. Doch seine Unterweisungen zu christlicher Meditation fanden allmählich ihren Weg durch die gesamte Kirche. In den folgenden Jahren setzte sich dies weiter fort und trug zu einem vertieften spirituellen Leben vieler Christen bei. 25 Zentren hatten sich inzwischen gebildet, und über tausend kleine, wöchentlich sich treffende Meditationsgruppen, die den einzelnen in seiner Übung unterstützen konnten, hatten sich über mehr als einhundert Länder ausgebreitet. 1991 war im Verlauf des John-Main-Seminars in New Harmony, Indiana, das der Benediktinermönch und Pionier des interkonfessionellen Dialogs Bede Griffiths leitete, die Weltgemeinschaft für christliche Meditation aus der Taufe gehoben und ihr internationales Zentrum in London gegründet worden. In den Jahren bis einschließlich 1993 hatten folgende Personen die Seminarleitung innegehabt: die Sanskrit-Gelehrte Isabelle Glover; der Philosoph Charles Taylor; der Literaturkritiker Robert Kiely; die Psychologin und Schwester vom Orden des heiligen Joseph, Eileen O'Hea; der Gelehrte John Todd; Jean Vanier, der Gründer von »L'Arche«, und der jesuitische Gelehrte und Theologe William Johnston.[6]

Zu meiner Überraschung und Freude erhielt ich rasch eine persönliche Antwort vom Dalai Lama. Er erinnere sich an seine Begegnung mit John Main vor dreizehn Jahren; daß die von ihm gegründete Gemeinschaft weltweit gedeihe, freue ihn; die Leitung des jüngsten Seminars übernehmen zu dürfen, sei ihm eine Freude und Ehre. – Aus der kurzen Begegnung der beiden Mönche vor langer Zeit war uns eine wundervolle Möglichkeit erwachsen. Die Frage war: Wie würden wir sie nutzen können?

Wir hatten Seine Heiligkeit – als ersten Nichtchristen überhaupt – aus einer Reihe von Gründen gebeten, das Seminar zu leiten. Seine Begegnung mit John Main war, in all ihrer Kürze, höchst bedeutsam gewesen. Sie hatte uns klargemacht, wie wichtig es war, den unerläßlichen Dialog zwischen den beiden Religionen zu fördern – auf jener tieferen Ebene, die durch Meditation möglich und weithin zugänglich wird. Wenn wir an tiefer Stille teilhaben, so berühren wir etwas, auf das Worte zwar verweisen, das sie jedoch niemals ganz ausdrücken können. Außerdem ist Seine Heiligkeit in seiner unverwechselbaren Art einer der beliebtesten und offensten spirituellen Lehrer unserer Zeit. Die nicht enden wollende Marterung des tibetischen Volkes, von der er unablässig auf seine Weise Zeugnis ablegt, hat ihn zu seiner weltweit geachteten spirituellen Rolle aufsteigen lassen: zur Verkörperung der universalen religiösen Werte von Frieden, Gerechtigkeit, Toleranz und Gewaltlosigkeit – von großer Freude und nichtsdestoweniger zugleich von tiefer Ernsthaftigkeit erfüllt. Dies war in dem Augenblick offenkundig, als Seine Heiligkeit bei der ersten Sitzung des Seminars die Seligpreisungen laut vorlas. Da wurde für jeden spürbar: In seinem Fall waren dies keineswegs bloße Worte, sondern aus ganz persönlicher Erfahrung gewonnene Einsichten.

Und was unsere Suche nach einer Möglichkeit betraf, wie wir diese Gelegenheit wirklich nutzen könnten, schien die Antwort auf der Hand zu liegen: indem wir sie los ließen. Mir schien dies eine beispiellose Gelegenheit zu sein. Ein Seminar, bei dem der Dalai Lama drei Tage mit einer Gruppe von engagierten, meditierenden Christen und deren gleichermaßen engagierten nichtchristlichen Freunden verbringen würde, war zu einzigartig, um daraus lediglich noch eine weitere interkonfessionelle Diskussionsrunde zu machen. Ich hatte Seine Heiligkeit bereits darüber in Kenntnis gesetzt, daß zu unseren Seminaren ebenso Zeiten der Meditation gehörten wie Zeiten des verbalen Dialogs. Wir würden täglich dreimal miteinander meditieren, und diese Zeiten würden das Zentrum der gesamten Veranstaltung ausmachen. Natürlich hatten wir damit kein Problem. Hier bestand das Problem nicht darin, daß wir schweigen würden, das Problem war: Welches Gesprächsthema sollten wir wählen?

Wir zogen solche philosophischen und religiösen Themen in Betracht, wie sie bei derartigen buddhistisch-christlichen Veranstaltungen üblich sind – und hatten das Gefühl, daß sie dem einzigartigen Charakter der hier sich bietenden Gelegenheit nicht gerecht werden würden. Daraufhin entschlossen wir uns, wirklich loszulassen. Wir würden Seiner Heiligkeit etwas von dem zum Geschenk machen, was für uns als Christen so überaus kostbar, heilig und tiefgründig ist: Wir würden ihn um kommentierende Betrachtungen zu den christlichen Evangelien bitten. Dies akzeptierte er unverzüglich. Er gab uns lediglich zu bedenken, daß er wenig über die Evangelien wisse. Diese Antwort war für mich ein wirklich eindrucksvolles Zeichen seines Selbstvertrauens und seiner Bescheidenheit.

Zwei oder drei Jahre zuvor waren seine Zuhörer in London geradezu überwältigt von seinen sachkundigen und gelehrten Darstellungen der buddhistischen Philosophie. Jeder Akademiker wäre stolz darauf, würde er dies erreichen. Nun war er bereit, vor ein christliches Auditorium zu treten. Wir waren alle sehr gespannt darauf, was das Seminar bringen würde. Es war ein Glücksspiel, ein Glaubenswagnis nach beiden Seiten hin. Wir hatten keinen Zweifel daran, daß die Zeit der Meditation und der Präsenz im Miteinander ihren ganz eigenen Wert haben würde. Wer jemals auch nur etwas Zeit mit dem Dalai Lama verbracht hat, der weiß, daß seine Gegenwart tiefe Empfindungen des Friedens und der Freude beschert. Doch selbst mit dem Dalai Lama war nicht garantiert, daß das Seminar als Dialog glücken würde.

Tatsächlich jedoch verlief das John-Main-Seminar des Jahres 1994 in einer Weise erfolgreich, wie dies niemand hätte vorhersehen können. Zu diesem historischen Ereignis möchte ich nun einige Überlegungen anstellen. Die Betrachtungen des Dalai Lama zu den christlichen Evangelien machen das Herzstück dieses Buches aus, und der tiefere Sinn dieser Worte greift weit voraus in den weiteren Dialog zwischen den religiösen Überlieferungen der menschlichen Familie im nächsten Jahrtausend. Dieses Buch spricht von der Bedeutung dieses Dialogs für die Zukunft der Erde und bietet etwas, das uns so sehr not tut: eine Strategie, um der Herausforderung der kommenden Dekaden zu begegnen – den Weltfrieden und weltweite Zusammenarbeit herbeizuführen. Es bietet ein *Dialogmodell*.

Präsenz

Seinen Anfang nahm das hier dokumentierte John-Main-Seminar in gewisser Hinsicht viele Jahre zuvor, und zwar in jener besonderen Weise, wie der Dalai Lama und Dom John Main bei ihren beiden Begegnungen füreinander gegenwärtig waren. Der Dalai Lama hat in der Schilderung seiner Begegnungen mit Thomas Merton gleichfalls dieses Moment der Präsenz angesprochen.[7] Und genau dieses geheimnisvolle Wirken der Präsenz war auch der Faktor, der das Gelingen des bedeutungsvollen Dialogs beim John-Main-Seminar 1994 sicherte. (Anschließend stellte der Dalai Lama fest, im Lauf des Seminars habe er über das Christentum mehr gelernt als irgendwann sonst seit seinen Gesprächen mit Merton, dreißig Jahre zuvor.)

Präsenz gehört zum Wichtigsten, was wir – Buddhisten, Christen, Anhänger jeden Glaubens – aus diesem Seminar lernen können, falls uns daran gelegen ist, der zeitgenössischen Herausforderung des Dialogs besser gerecht zu werden. Diese Präsenz im Dialog ist nicht-verbal und nicht-begrifflich, was den irrigen Eindruck hervorrufen könnte, sie sei etwas Vages, eine Platitüde. Dessen ungeachtet ist sie eine unumstößliche Tatsache. Zwar fällt es schwer, sie zu beschreiben. Doch genau dieses so schwer zu Beschreibende ist das allererste, was wir im Dialog erfahren. Der Ausgangspunkt jedes Dialogs ist: *Wie* nehmen wir einander wahr? Von dieser Basis der wechselseitigen Präsenz hängt direkt das Gelingen des sprachlichen Dialogs ab. Sie ist das Fundament, auf dem er aufbaut. Falls diese Präsenz nicht gegeben ist, läßt sich mit Worten kein erfolgreicher Dialog erzielen, können Worte in die Irre gehen.

In seinen einleitenden Betrachtungen sprach der Dalai Lama darüber, wie wichtig es ist, daß wir heute im Dialog zwischen den Religionen von all seinen unterschiedlichen Formen Gebrauch machen. Er bekräftigte auch die Bedeutung des wissenschaftlichen Dialogs. Nach seinem Empfinden besteht der wichtigste und, um einen für Buddhisten charakteristischen Ausdruck zu gebrauchen, wirkungsvollste Dialog nicht im intellektuellen Gedankenaustausch. Vielmehr im Gespräch zwischen denen, die – vom Standpunkt der jeweiligen Religion aus gesehen – ihren Glauben aufrichtig praktizieren. In einem Gespräch, das daraus entsteht, daß man einander an der religiösen Praxis teilhaben läßt.

In dieser Vorstellung stimmen christliche und buddhistische Denker überein. In der klösterlichen Tradition des frühen Christentums sprachen die Kirchenväter mit Enthusiasmus über die Bedeutung der *Praktikē*, dem aus der Erfahrung geborenen, nicht bloß in Begriffen gründenden Wissen. Kardinal Newman[8] sprach von der Gefahr, seinen Glauben nur vom Standpunkt der »begrifflichen Zustimmung« aus zu leben, so daß es dann an der persönlichen Überprüfung dieses Glaubens im eigenen Erfahrungsbezug mangele. John Main hat darauf beharrt, es tue den Christen not, die kontemplative Dimension ihres Glaubens wiederzuentdecken: Denn wir müßten »die Wahrheiten unseres Glaubens in der eigenen Erfahrung überprüfen«. Neu ist lediglich, diese Idee auf den Dialog zwischen verschiedenen Glaubensbekenntnissen auszudehnen, sie nicht nur zu einer vertieften Offenbarung von tradierten Glaubensinhalten der eigenen Religion zu nutzen.

Das ist eine echte Herausforderung und hat für viele Menschen, die ihren Glauben aufrichtig praktizieren, etwas Beunruhigendes. Denn es legt die Existenz einer grundlegenden, alles umfassenden Ebene gemeinsamer Wahrheit nahe, zu der man von verschiedenen Glaubensbekenntnissen her Zugang bekommen kann. Wenn Menschen unterschiedlichen Glaubens in erfahrungsbezogenem Dialog miteinander stehen und dabei jeder seinen Alleinvertretungsanspruch auf Wahrheit außer Kraft setzt, kann man die Wahrheit erfahren. Falls dies zutrifft, folgt dann daraus, daß jeder Glaube eine jeweils eigene Pforte für den Zugang zum großen Audienzsaal der Wahrheit ist? Wie wir bald sehen werden, geht der Dalai Lama auf sehr subtile und direkte Weise an diese große Frage heran.

An dieser Stelle ist es wichtig anzumerken, welch große Bedeutung Präsenz für diese Art des neuen und wahrhaft wegbereitenden Dialogs besitzt. Diese Präsenz ist menschlich, sie ist normal, liebevoll, freundlich und vertrauensvoll. Vierhundert Leute haben dies in dem Augenblick gespürt, als Seine Heiligkeit zum ersten Mal den Saal betrat. Diese Qualität der Präsenz sollten wir, wenn wir uns Gedanken über den modernen Dialog zwischen den Religionen und zwischen den Kulturen machen, nicht unterschätzen. Gewiß aber sollte sie nicht als emotionaler und dem Reich der hehren Ideen gegenüber nur untergeordnet bedeutsamer Faktor abgetan werden. Erweist sich, wie der Dalai Lama glaubt, die Tauglichkeit und Authentizität aller Religionen darin, daß sie uns zur Verwirklichung von Herzensgüte verhelfen, zur Verwirklichung der dem Menschen innewohnenden Eigenschaften des Mitgefühls und der Toleranz führen, dann kann man denselben Maßstab auch an den Dialog anlegen, der heute für alle Religionen zu einer wichtigen Aufgabe geworden ist.

In der Vergangenheit konnte man von Religiosität eine eng umrissene Vorstellung haben, die auf das Zelebrieren oder die Erkundung des eigenen Glaubens oder der eigenen Rituale beschränkt war. Heute hat ein zusätzliches Element in die religiösen Aktivitäten der Menschen Einzug gehalten: Einfühlsam und ehrerbietig versetzen wir uns in die Ritual- und Glaubenswelten anderer Religionen, ohne daß wir sie darum gleich zu unserer eigenen machen. Diese neue, den früheren Generationen weitgehend unbekannte oder von ihnen gar als unloyal und blasphemisch angesehene Aktivität bringt dieselbe Frucht und denselben Segen hervor wie alle Religionen: Mitgefühl und Toleranz. Der Dialog sollte uns nicht bloß zu einer besseren Einfühlung in andere verhelfen, sondern auch, auf uns selbst bezogen, zu größerer Bewußtheit und einer stärkeren Übereinstimmung mit dem essentiell Guten in uns. Der Dialog macht uns zu besseren Menschen. Dies können wir nicht im Abstrakten erreichen. Der Dialog erfordert nicht nur Klarheit der Gedanken und ein gewisses Maß an Wissen über die eigene Position und die Position anderer Menschen; er erfordert das persönliche Engagement. Die für den Dialog benötigte Objektivität, Unparteilichkeit und intellektuelle Ordnungskraft sind kein Selbstzweck – ebensowenig wie Effektivität oder Profitstreben für wirtschaftliche oder gesellschaftliche Gruppen Selbstzweck sein sollten. Die für den Dialog benötigte intellektuelle Disziplin ermöglicht es uns, die natürliche Tendenz zum Egoismus herauszufiltern oder im Zaum zu halten. Dies verschafft den in den Dialog einbezogenen Menschen den nötigen Freiraum, um zu den tieferen Ebenen ihres Bewußtseins zu finden, wo der Dialog durch eine Erfahrung, die ganz und gar jenseits des konzepteschmiedenden Verstandes liegt, sich öffnet und ein gemeinsames Fenster zur Wahrheit wird.

Freundschaft

Die Offenheit und die Präsenz des Dalai Lama waren entscheidend für das Gelingen des Seminars. Sein Selbstvertrauen und seine Unbefangenheit, ungeachtet des eingegangenen Risikos, gaben anderen den Anstoß, auch unbefangen zu sein, und uns allen die Zuversicht, daß wir nichts zu verlieren haben – außer unserer Angst. Daraus erwuchs auch die Grundlage zu einer Freundschaft, die wiederum der Grundstein für einen fruchtbaren Dialog war. Der Dialog wird unsere Angst und unser Mißtrauen verringern. Er wird uns zu besseren Freunden machen, selbst von Menschen, die wir als Feinde ansehen oder als eine Bedrohung für uns. Zugleich aber ist Freundschaft – oder zumindest die echte Bereitschaft dazu – eine Vorbedingung für den guten Dialog. Unter Freunden zu sein bedeutet, Vertrauen zu haben und verletzlich zu sein. Dazu gehört auch, daß wir das Risiko eingehen, etwas Kostbares zu teilen und dann, vielleicht, die Enttäuschung zu erleben, daß dieses kostbare Geschenk keine rechte Wertschätzung erfahren hat oder ihm eine schlechte Behandlung zuteil geworden ist. Während die Tage des Seminars verstrichen, gewann die Freundschaft aller Beteiligten an Intensität. Sie strahlte, wie die Leute anmerkten, vom Dalai Lama und seinen Gesprächspartnern aus. Sie spürten, daß das von ihnen mit dieser Zusammenkunft eingegangene Risiko vollauf gerechtfertigt war – und daß dieses Risiko als solches ihnen sogar großes Vergnügen zu bereiten begann.

Freundschaft nimmt im Denken und in der Tradition des Christentums einen zentralen Platz ein. Das christliche Freundschaftsideal gründet auf einer im Westen weit in die Vergangenheit zurückreichenden klassischen Tradition. Diese hat Freundschaft nicht, wie wir es heute oft tun, als eine abgeschwächte Form von Vertrautheit begriffen. Cicero oder der heilige Augustinus hätten moderne Journalisten nicht verstanden, wenn sie schreiben, bei einem

Paar handele es sich um »bloße Freunde«; als sei die einzig wirklich interessante Beziehung diejenige, die »weiter« gehe als Freundschaft. Für sie, wie für viele aus den vorausgegangenen und den nachfolgenden Generationen, war Freundschaft das Ziel aller prägenden Erfahrungen aus menschlichen Beziehungen. Bildung im weitesten Sinn war die Vorbereitung und Freundschaft ihre Erfüllung. Sie gestattete es, miteinander zum tiefgründigsten und wirklichsten Teil unserer selbst in Verbindung zu treten.

Der heilige Aelred von Rievaulx, ein Mönch des 13. Jahrhunderts aus Yorkshire, schrieb eine Abhandlung mit dem Titel *Geistige Freundschaft*. Im Mittelpunkt dieses Werkes steht das christliche Verständnis des klassischen Freundschaftsideals, und es basierte auf Ciceros großem Werk *Über die Freundschaft*. Aelred spricht von disziplinierter Vorbereitung und gegenseitiger Prüfung, die dem vollen Erblühen der Freundschaft vorausgehen, die dann die unsägliche Süße von Vertrauen und Selbstvertrauen, Vertraulichkeit und Offenheit zwischen den Freunden in die sie umgebende Welt verströmt. Bemerkenswert, daß er sagte, solche Freundschaft könne auf nichts Geringerem beruhen als auf dem essentiell Guten in jedem der Freunde. Freundschaft kann nicht auf gierigem Verlangen oder Haß beruhen, weil diese negativen Eigenschaften die menschliche Natur hintergehen. Verbrecherische Spießgesellen geben keine guten Freunde ab. Freundschaft ist die Vollendung der menschlichen Natur. »Ein wirklich loyaler Freund«, so sagt der heilige Aelred, »sieht nichts in seinem Freund als dessen Herz.«[9] Dies veranlaßt Aelred, ohne jede Verlegenheit spezielle Beispiele persönlicher Freundschaften in seinem Leben zu schildern; ferner die Freude, die er beim Rundgang um sein Kloster empfindet; weiß er doch, daß es dort niemanden gibt, den er nicht liebt, und niemanden, von dem er sich nicht geliebt fühlt. Für Aelred erweist sich die Vollkommenheit der menschlichen Freundschaft als das In-Erscheinung-Treten, die Epiphanie, der wirklichen Gegenwart Christi. Christus, so sagt er, erweist sich als der *dritte* zwischen uns. In dieser christlichen Vision wird alle wahre Freundschaft »in Christus beginnen, in Christus fortdauern und in Christus vollendet werden«.[10] Ein schönes und tiefes Verständnis der Menschlichkeit des auferstandenen Jesus.

In dieser Sicht der menschlichen Natur stellt Christus nicht ein Hindernis oder eine intellektuelle Barriere dar, die uns von anderen trennt. Er ist nicht *etwas*, worüber wir sprechen und was wir zergliedern können. Er ist die unaufdringliche Präsenz, in der wir einander wirklich gegenwärtig werden. Er kann benannt werden, oder er kann unbenannt bleiben; in beiden Fällen wird seine Wirklichkeit dadurch weder gesteigert noch geschmälert. Theologisch ist die Idee der Freundschaft ebenfalls zentral für den christlichen Glauben. Als er beim Letzten Abendmahl zu seinen Jüngern sprach, hat Jesus von sich gesagt, er sei ihr Freund: »Ich nenne euch nicht mehr Knechte; denn der Knecht weiß nicht, was sein Herr tut. Vielmehr habe ich euch Freunde genannt; denn ich habe euch alles mitgeteilt, was ich von meinem Vater gehört habe.«[11] Der Heilige Geist, der aus dem in seiner Glorie erstrahlenden Leib Jesu in den Bereich des menschlichen Bewußtseins einströmt, wird ebenfalls in den Bildern der Freundschaft beschrieben. Er ist ein Fürsprecher, jemand *an unserer Seite*, um uns an das zu erinnern, was wir vergessen haben, um die Verheerungen unserer Achtlosigkeit wiedergutzumachen. Die moderne feministische Theologie hat die zentrale Stellung des Freundschaftssymbols im christlichen Glauben erkannt und es dahingehend wiederbelebt, daß es als zentrale Metapher für die menschliche Beziehung zum Göttlichen dient.

Seine Kraft gewinnt dieses Freundschaftsideal aus der Art und Weise, wie es das Absolute und das Persönliche in Einklang bringt. Sie können beim Aussuchen der Farbe eines Teppichs unterschiedlicher Meinung sein und trotzdem Freunde bleiben. Ein Buddhist und ein Christ können befreundet sein, ohne daß der eine den anderen zu bekehren versucht. In einer Freundschaft kann man Unterschiede respektieren, ja, sich an ihnen sogar erfreuen. In Beziehungen, denen es an Freundschaft mangelt, können Unterschiede schlagartig eine völlig unverhältnismäßige Wertigkeit erhalten, wodurch sich dann ethnische, religiöse oder ideologische Gräben auftun. Wir dämonisieren das bedrohlich scheinende *andere*, projizieren unseren Schatten darauf und erfahren es so im Konflikt. Freundschaft ist der höchste Ausdruck von Mitgefühl und Toleranz. Sie respektiert den Vorrang der Wahrheit gegenüber allen subjektiven Tendenzen. Aber Freundschaft ruft uns auch in Erinnerung, daß die Objektivität der Wahrheit das Subjektive nicht zurückweist. Sie faßt das Besondere und das

Allgemeine zur Ganzheit zusammen, erzielt die *coincidentia oppositorum*, die Versöhnung der Gegensätze. Nikolaus von Kues, ein Kardinal, Staatsmann, Mathematiker und Mystiker des 15. Jahrhunderts, hat gesagt, Gott sei »jenseits der Übereinstimmung der Gegensätze zu finden«.

Es gibt eine einfache Methode, um herauszufinden, ob unser Streben nach Wahrheit den Kontakt zu seinem Prüfstein, der Freundschaft, verloren hat. Wenn wir in den Nachrichten hören, ein Katholik ist in Belfast erschossen worden oder ein israelischer Soldat auf der West Bank gestorben, oder soundso viele kleine Chinesinnen sind aus einem Waisenhaus verschwunden, oder soundso viele Tibeter sind getötet worden – hören wir dann eine Nachricht über individuelle Menschen oder über ethnische bzw. religiöse Gruppen? Sehen wir in dem ermordeten israelischen Soldaten oder palästinensischen Demonstranten einen Juden oder einen Araber oder einen Menschen, der nun mal unter anderem auch Jude oder Araber ist? Wie treffen uns die Zahlen – als individuelle Tragödien oder als Statistiken, die man als politische Waffe einsetzt?

Seine Heiligkeit der Dalai Lama hat bei seinen Betrachtungen zu den Evangelien während des John-Main-Seminars, wie bei all seinen spirituellen Unterweisungen, nicht die Gelegenheit genutzt, um über die Besetzung Tibets durch die Chinesen zu sprechen. So tief er auch die Kreuzigung Tibets im Herzen trägt, seinen persönlichen Kummer drängt er anderen Menschen nicht auf. Nichtsdestoweniger gaben alle Seminarteilnehmer der Herzensangelegenheit des Dalai Lama ihre vorbehaltlose Unterstützung. Und dies konnten sie um so freimütiger tun, weil der Dalai Lama ihnen in persönlicher Freundschaft verbunden war. Freundschaft unterliegt bei ihm nicht dem politischen Kalkül. Ich vermute, dies ist eine jener Eigenschaften, die ihn zu einem so erfrischenden Politiker und einer so beispielhaften geistigen Führungspersönlichkeit macht. Gerade weil er seine Freundschaft anbietet, ist der Dalai Lama auf der ganzen Welt so beliebt und respektiert. Diese Gabe der Freundschaft mag ebenfalls der Schlüssel zu seiner großen Begabung für den Dialog sein und für seinen Respekt vor Unterschieden, wenngleich er Einheit anstrebt. Unter diesem Blickwinkel tut die Wärme menschlicher Freundschaft der Konzentration auf die reine Wahrheit überhaupt keinen Abbruch. Wahrheit besteht nicht einfach nur darin, die richtigen Vorstellungen gut zu artikulieren. Wahrheit ohne die menschliche Wärme der Freundschaft ist bloß ein gespenstisch blasser Schatten der Wirklichkeit.

Ein Dialogmodell

Der Erfolg jedes Dialogs hängt um so mehr von freundschaftlicher Gesinnung ab, als wir ja miteinander in vielen speziellen Dialekten reden. Selbst innerhalb unserer Muttersprache können wir feststellen, daß Dialekte und Akzente zunächst befremdend auf uns wirken, daß wir aber lernen können, sie zu verstehen und zu respektieren. Die Dialekte, in denen wir von der Wahrheit reden, lernen heutzutage, miteinander ins Gespräch zu kommen. Das Seminar war ein Modell für den Dialog als Einander-Zuhören.

Kurz nach dem Seminar erlitt der zwischen dem Christentum und dem Buddhismus vonstatten gehende Dialog einen Rückschlag: Seine Heiligkeit Papst Paul II hatte mit einigen unbestimmten Bemerkungen über den Buddhismus in seinem Buch *Über die Schwelle der Hoffnung* eine Kontroverse entfacht. Diese Anmerkungen brachten eine Buddhismus-Sicht zum Ausdruck, gegen die sich zahlreiche buddhistische Mönche und Lehrer vehement verwahrten. Emotionen wurden geweckt. Führende Vertreter des Buddhismus auf Sri Lanka boykottierten den Papstbesuch in ihrem Land. Thich Nhat Hanh brachte seine persönlichen Empfindungen in seinem Buch *Lebendiger Buddha, lebendiger Christus* zum Ausdruck.[12] Überall schien die Freundschaft ins Stocken zu geraten. Der Vatikan veröffentlichte Stellungnahmen, die besagten, der Papst habe nicht beabsichtigt, den Buddhismus als eine lebensverneinende Weltsicht abzutun.

Es sah so aus, als habe der Papst, der eine lange Tradition des Christentums repräsentiert, eine Karikatur des Buddhismus entworfen und ihn abgetan, ohne ihn zu verstehen. Buddhisten bemühten sich, Mitgefühl dafür aufzubringen. Doch viele kamen nicht umhin, bei dieser Gelegenheit alle (oder die meisten) Christen in einen Topf zu stecken und *sie* als intolerant, arrogant und sich im Besitz der alleinigen Wahrheit wähnend zu karikieren. Auch manche westliche Buddhisten zeigten deutliche Emotionen ihrer eigenen christlichen Herkunft gegenüber. Genau dies passiert, wenn die Freundschaft zerbricht. Solange nicht Gutwilligkeit, Vertrauen und Freundschaft wiederhergestellt sind, macht jeder Versuch, bestimmte Begriffe – wie Nirvana, Leerheit und Erleuchtung – zu diskutieren, wenig Sinn. Vielleicht kann dieses Buch ein wenig zu dem Prozeß der Wiederherstellung beitragen.

Karikatur beruht stets auf Auslassung charakteristischer Einzelheiten zugunsten *eines* leicht identifizierbaren Merkmals. Religionen gehen da im Umgang miteinander nicht anders vor als Karikaturisten. In dieser Karikatur sieht der Buddhismus für viele Christen ungefähr so aus: Diese Religion glaubt an ein rationales moralisches Verhalten, das nicht durch die Liebe zu einem persönlichen Gott oder die Furcht vor Bestrafung motiviert ist, sondern von dem Verlangen, eine bessere Wiedergeburt innerhalb einer offenbar endlosen Reihe von Inkarnationen zu erreichen. Dies wird, so faßt diese Karikatur zusammen, durch die Verneinung der Welt und der eigenen Empfindungen zuwege gebracht. Die unermeßlich subtilen und höchst verzwickten philosophischen Begründungen dieser und anderer Elemente des Buddhismus werden von solch einer Karikatur ignoriert. Und über die zentrale Stellung des Mitgefühls im Buddhismus geht sie offensichtlich vollständig hinweg.

Blickt man hinter die Karikaturen, so ist der Buddhismus unter philosophischen Gesichtspunkten eine der größten Errungenschaften des menschlichen Geistes. Doch ungeachtet eines Grundbestands an Prinzipien, denen alle Buddhisten beipflichten – zu diesen zählen beispielsweise die Vier Edlen Wahrheiten –, gliedert sich die buddhistische Philosophie, zumal innerhalb des tibetischen Buddhismus, in zahlreiche Schulen. So stellt sie eines der größten Meisterstücke in puncto Meinungsvielfalt dar. Bezüglich vieler dieser Schulen ist der Dalai Lama einer der am besten bewanderten unter den zeitgenössischen Philosophen. Und wie sein Buch *Die Welt des tibetischen Buddhismus*[13] illustriert, versteht er nicht nur jedes Detail, sondern kann dies auch einleuchtend darlegen. Bei verschiedenen Gelegenheiten im Lauf des Seminars wies er darauf hin, daß seine Kommentare eine ganz spezifische buddhistische Sicht wiedergeben und andere buddhistische Standpunkte ebenfalls in Betracht zu ziehen seien – manche davon recht kompliziert und seiner eigenen Position entgegengesetzt.

Das Christentum verfügt gewiß über eine nicht weniger große Vielfalt innerer Glaubensrichtungen. Eine Religion, die Platz genug hat für eine Bewegung wie Opus Dei und den Reverend Ian Paisley, wird niemals Gefahr laufen, uniform zu werden.[14] Nur um so mehr sollten Buddhisten sich an etwas erinnern lassen, was viele Christen jetzt entdeckt haben – daß »die Kirche« ein sehr allgemeiner Ausdruck ist. Er kann vieles bedeuten: ein kaltes Gebäude an einem regnerischen Sonntagmorgen; eine Weltreligion; eine mystische Tradition; einen geistigen Leib, der sich von Jesu Geburt aus rückwärts und vorwärts in die Geschichte erstreckt; oder die kulturelle Gruppe, in die ich hineingeboren wurde, in der ich großgezogen wurde und der gegenüber ich jetzt gemischte Gefühle habe. Vielleicht kann man das institutionelle und das geistige Christentum nicht vollkommen voneinander trennen, ebensowenig wie man Form und Inhalt, Körper und Geist trennen kann; doch ist es wichtig, die Unterscheidung aufrechtzuerhalten. In der Geschichte gibt es zahlreiche Beispiele von Christen, die außerhalb der institutionellen Kirche geblieben sind, die aber mit der ganzen Kraft ihres Seins wußten, daß sie zur Kirche gehörten.

Wer also eigentlich »spricht für« das Christentum? Wer »spricht für« den Buddhismus?

Und wenn diese Vielfalt vorhanden ist, wie kann dann dieses Buch ein Modell anbieten, mit dem sich der buddhistisch-christliche Dialog wiederaufnehmen und weiterführen ließe?

In der Tat ist dieses Modell auf Dialoge ganz generell anwendbar: zwischen Katholiken und Protestanten, Mahayana- und Theravada-Buddhisten, Republikanern und Demokraten, Männern und Frauen, Menschen jeder Volksgruppe und Kultur auf der Welt.

Bescheidene Zielsetzungen

Vor allem müssen wir bei der Fortsetzung dieses Dialogs bescheidene Ziele haben. In diesem Buch macht der Dalai Lama weder den Versuch, noch nimmt er für sich in Anspruch, einen vollständigen oder erschöpfenden Kommentar zu den Evangelien zu geben, zu Jesu Lehre und

Leben, oder zu den tieferen Wahrheiten des christlichen Glaubens wie der Auferstehung und dem Heiligen Geist. Der Ansatz des Dalai Lama ist eher nachforschend als endgültig, und diese Methode führt er im Dialog mit den christlichen Gesprächsteilnehmern weiter fort.

In der *Suche* nach Wahrheit finden wir Erleuchtung, nicht in ihrer Verkündigung. Genau wie der heilige Benedikt sagt, Mönch ist jemand, der »wahrhaft Gott sucht«. Und im Prozeß des Suchens findet man immer etwas. »Sucht, dann werdet ihr finden; klopft an, dann wird euch geöffnet.«[15] Lesen wir die Schriften mit offenem Herzen, so bringt uns dies über jene düstere Trostlosigkeit hinaus, wie sie ein dekonstruktionistischer[16] Pessimismus jeder Deutung und Bedeutung entgegenbringt. Da *ist* etwas zu finden – zu finden allerdings nur für den Suchenden. Der heilige Gregor von Nyssa hat das in folgende Worte gefaßt: »Gott zu suchen heißt, ihn zu finden; Gott zu finden heißt, ihn zu suchen.«

Der heilige Irenaeus[17], einer der frühesten christlichen Denker, hat gesagt, als ein Objekt, als eine Realität außerhalb von uns, könne Gott niemals erkannt werden. Gott kennen können wir nur durch Teilhabe an Gottes Selbsterkenntnis. Diese frühen Theologen schrieben ihre Gedanken über Gott und das Mysterium Christi aufgrund der mystischen Erfahrung der »Inklusivität« – der Nicht-Dualität – Gottes.[18] Die ersten Theologen, und die besten tun dies auch heute noch, sie haben ihre Erfahrung des Gebets zum Ausdruck gebracht, nicht einfach nur die des Denkens.

In einem solchen Kontext und bei solchen Menschen wird Dialog fließend, beweglich und dynamisch. Wahrheit wird hier als etwas begriffen, das zum Vorschein kommt, wenn wir uns in einen Klärungsprozeß hineinbegeben, in dem die verdunkelnden Schleier von Unwissenheit, Voreingenommenheit und Angst – zumindest zeitweilig – verschwinden können. Das griechische Wort für Wahrheit, *Alētheia*, bedeutet genau dies: ein »Sich-Klären«.[19] Dies ist etwas, das nur Schritt für Schritt, von Augenblick zu Augenblick erfolgen kann. Es bedeutet, mit dem empfindlichen Gleichgewicht in Kontakt zu bleiben, das man zur Freundschaft braucht: vor allem das Gleichgewicht zwischen Reden und Zuhören. Hochambitionierten Projekten, wie den Buddhismus in den christlichen Dialekt zu übersetzen und umgekehrt, fehlt es an jenen bescheidenen Zielsetzungen, die am Anfang und am Ende des Seminars standen. Dialog hat wenig mit Übersetzung zu tun. Doch ein guter Übersetzer, wie wir ihn in Geshe Thubten Jinpa hatten, hilft den Dialogpartnern, in Erinnerung zu behalten, daß sie kein Wörterbuch zu schreiben versuchen.

Ein weiterer Zug von Bescheidenheit zeigte sich in der Aussage des Dalai Lama, er wisse wenig über die Schriften oder die Theologie des Christentums. Doch nur zu gern wolle er etwas darüber erfahren. Er hoffe, niemand werde Anstoß daran nehmen, und ganz gewiß wolle er die am Seminar teilnehmenden Christen nicht in ihrem Glauben erschüttern.

Wissensmängel zuzugeben ist nicht leicht, weil es uns

verwundbar erscheinen läßt, weniger interessant oder weniger mächtig. Wenn wir aber dennoch die Grenzen unseres Wissens zu Beginn eines Dialogs eingestehen, so setzt dies verschiedene Dinge frei. Eines davon ist Vertrauen. Die Menschen brauchen dann nicht zu befürchten, man wolle sie manipulieren oder ihnen etwas einreden. Sie können ihre Schutzhaltung ablegen. Das Eingeständnis mangelnder Erfahrung muß deshalb einer der ersten Schritte auf dem Weg der Gewaltlosigkeit sein.

Eine andere Eigenschaft, die durch solche Demut im Dialog freigesetzt wird, ist Spontaneität. Frei von der Notwendigkeit, zeigen zu müssen, wie gescheit und gebildet man ist – die Versuchung der Gelehrten im Dialog –, ist man frei, unmittelbar und frisch auf das einzugehen, was man vor sich hat. Genau dies geschah. Der Dalai Lama wußte nicht viel »über« die Evangelien. Und dennoch wußte er sehr viel – durch seine buddhistische Gelehrsamkeit, seine klösterliche Ausbildung und seine persönliche geistige Entwicklung. Und dieses Wissen gestattete es ihm, auf christliche Symbole und Vorstellungen so einzugehen, als kenne er sie nur zu gut.

Das hatte zur Folge, daß die christlichen Seminarteilnehmer mit Erstaunen feststellten, daß ein Buddhist ihnen dazu verhalf, jene Geschichten und Texte, mit denen sie wahrscheinlich von Kindesbeinen an vertraut waren, auf eine neue Art und Weise zu verstehen und sie neu zu entdecken. Der Dalai Lama hat oft deutlich zum Ausdruck gebracht, daß er niemandem empfiehlt, sein Glaubensbekenntnis zu wechseln – auch wenn er sehr wohl das

Recht des einzelnen respektiert, diesbezüglich seine Wahl zu treffen. Besser sei es, so sagt er, die tiefere Bedeutung und die Kraft der eigenen religiösen Überlieferung wieder zu entdecken.

Eine erstaunliche Feststellung: Ein Buddhist konnte den Christen helfen, ihren Glauben zu vertiefen, und ihn gerade durch die kontrastierende Gegenüberstellung zum Buddhismus in ein erhellendes Licht rücken. Dies war nur möglich, weil im Dialog offenes Neuland erkundet wurde und keine abgesteckten Positionen diskutiert wurden. Vor allem erkannten die Teilnehmer, daß der Dalai Lama zuhörte, daß er neugierig war, daß er *aufrichtig* interessiert war.

Dialog gleicht mehr einem experimentellen Theaterstück als einem höchst ausgefeilten Broadway-Musical. Manchmal glückt er, bei anderen Gelegenheiten ist ihm weniger Erfolg beschieden. Er erfordert Engagement. Er verlangt von allen, die er angeht, ein Höchstmaß an Beteiligung. Er ist nicht mechanisch. Er ist nicht dogmatisch. Es muß einen regen und verschwenderischen Austausch von Ideen geben, wenn diese erhellend wirken sollen.

Der Dalai Lama stellte viele Fragen. Vor jeder Sitzung habe ich einige Zeit mit ihm in einem ruhigen Raum mit der Vorbereitung der Texte aus den Evangelien zugebracht, zu denen er anschließend ungefähr eine Stunde lang seine Betrachtungen anstellen wollte. Er hörte sich die Hintergrundinformationen, die ich ihm zu den Texten gab, und meine Erläuterung einiger Schlüsselbegriffe und Ideen an. Und wenn er auch mit den Evangelien, wie er ja sagte,

»nicht vertraut« war, so machten sein phänomenales Auffassungsvermögen und die Bereitwilligkeit seines Geistes, Ideen neu zu gestalten, diesen Kenntnismangel mehr als wett. Das erinnerte mich an eine Redewendung, die Gregor der Große in seinem *Leben* zur Beschreibung des heiligen Benedikt verwendet. Benedikt, so sagt er, habe im Zustand *weiser Unwissenheit* seine Schulung in Rom abgebrochen und sich in eine Einsiedelei begeben.

Die intellektuelle Schulung des Dalai Lama und sein Scharfsinn sind unaufdringlich. Er stellt sie nicht zur Schau. Doch im Streben nach Wahrheit weiß er sie klug einzusetzen. Den Christen im Seminar wurde diese Gabe besonders durch die Bedeutungen und subtilen Feinheiten deutlich, die er in der oft nur allzu gut vertrauten Schrift zutage förderte. Durch ihn bereicherten und erneuerten sie ihren Glauben in einer solchen Weise, daß es sie mit Verwunderung und Dankbarkeit erfüllte.

Wenn Wissen Macht ist, dann rief das Wissen, das der Dalai Lama bei den Evangelien an den Tag legte, die Macht der Einsicht hervor – eine Einsicht, die er niemals in irgendeiner Weise manipulativ eingesetzt hat. Er stritt nicht mit den Christen über die Bedeutung der Evangelien. Er stellte ihnen ganz gelöst und unvoreingenommen seine Deutung zur Verfügung, sprach mit ihnen über diese Auffassung und überließ es sodann ganz und gar ihnen, ob und in welcher Weise sie sich diese Deutungen zunutze machen wollten.

Ähnlich und unähnlich

Eines der »Mittel für gute Werke« (das christliche Äquivalent zu den »hilfreichen Mitteln« eines Buddhisten) beinhaltet die Warnung, »niemals in einen falschen Frieden einzuwilligen«.[20] Im Dialog ist es ebenso wichtig, der Gefahr falscher Freundschaft zu entgehen, wie die Fallen der Karikatur, der Verdrehung oder der abschätzigen Beurteilung zu vermeiden. Professionelle Übersetzer bezeichnen bestimmte Worte in zwei verschiedenen Sprachen, die eine formale Ähnlichkeit aufweisen, jedoch ganz unterschiedliche Bedeutungen haben, als »falsche Freunde«. Das Seminar blieb dem Prinzip wahrer Freundschaft treu und respektierte die Unterschiede zwischen den Auffassungen und Einstellungen der Seminarteilnehmer ebensosehr wie die vorhandenen Ähnlichkeiten.

Eine große Versuchung im Dialog zwischen zwei religiösen Überlieferungen besteht darin, sich für die Beschränkung auf einen sicheren Bereich von allgemeingültigen Feststellungen zu entscheiden. Tut man dies, so vermeiden beide Seiten die möglichen Konflikte, und anschließend geht man dann – hoch erfreut übereinander – seiner Wege. Dieses Gefühl überkam mich stark, als ich vor ein paar Jahren an einem Dialog mit buddhistischen und christlichen Meditierenden in Kanada teilnahm. Wir sprachen darüber, wie wir unseren jeweiligen Weg gefunden hatten und in welcher Weise wir mit der Schwierigkeit umgingen, diesen Weg beharrlich weiterzuverfolgen. Das war nützlich und auf seine Weise inspirierend. Doch hatte ich das

Gefühl, daß wir zu wenig risikobereit waren. Zu dem, was uns das Kostbarste ist, das ganz Besondere für uns persönlich, haben wir uns nicht gemeinsam vorgewagt.

Statt also meinen Nachmittagsvortrag so wie eigentlich vorgesehen zu halten, bat ich, man möge mir gestatten, beim Seminar über Jesus zu sprechen. Ich konnte spüren, wie da Argwohn und die Angst vorhanden war, dies werde der guten Atmosphäre Abbruch tun. Ich spürte, daß plötzlich jenes nach-imperiale Schuldgefühl[21] aufkam, das viele Christen empfinden: zumal dann, wenn sie mit Menschen sprechen, mit denen sie viel Gemeinsames verbindet, die jedoch – aus Wut oder Enttäuschung über menschliche Schwächen und Versäumnisse – »die Kirche verlassen« haben. Doch ich konnte unmöglich ausdrücken, was Meditation für mich als Christen bedeutet, ohne zugleich darüber zu sprechen, was Jesus für mich bedeutet. Meditation hat einen so großen Anteil daran, wie ich mich in meinem Leben an das Mysterium der realen Gegenwart Jesu herantaste, daß es richtig zu sein schien, nicht einfach über Gott oder *die* Wahrheit im allgemeinen zu sprechen, sondern ganz speziell über das, was ein Christ in bezug auf Jesus empfindet. Dabei war mir schon klar, daß es sehr wohl einen Schatten auf die Ereignisse werfen könnte, wenn da jemand aufstünde und erklärte: »Jesus Christus ist mein persönlicher Erlöser.«[22] Jedenfalls hatte ich nicht die Absicht, so zu verfahren.

Woran ich andere Menschen teilhaben lassen wollte, waren der Wert und die Bedeutung der *Person* Jesu, nicht nur der *Ideenwelt* des Christentums. Ich wußte, daß ich dadurch ein Schlaglicht auf einen der wesentlichen Punkte werfen würde, in denen christliche und buddhistische Meditierende sich voneinander unterscheiden. Aber ich spürte: Wenn wir den zwischen uns gegebenen Abstand wahrnehmen und anerkennen könnten, würde uns dies in Wahrheit einander näher bringen. Folgerichtig wurde die Atmosphäre der Freundschaft, die wir aufs Spiel gesetzt hatten, nur noch weiter vertieft und verstärkt. Freundschaft muß eben, wie schon der heilige Aelred sagte, beständig auf die Probe gestellt werden, falls sie sich denn zu ihrem vollen Potential entwickeln soll.

Der Wert der Unterschiedlichkeit

Während des Seminars brachte der Dalai Lama uns unmittelbar und ohne Zögern dahin, daß uns dieser *Wert der Unterschiedlichkeit* bewußt wurde. Von Anfang an sprach er aus, daß er mit seinen Betrachtungen zu den Evangelien keineswegs die Absicht verfolge, an der Konstruktion einer synthetischen Universalreligion mitzuwirken. Er glaubt nicht, man könne oder solle eine einzige Universalreligion schaffen – man müsse vielmehr die einzigartigen charakteristischen Besonderheiten einer jeden Religion respektieren: Mehr noch, man müsse ihnen mit Ehrerbietung begegnen. Einige Christen vertreten diesbezüglich eine fundamentalistischere Auffassung, viele andere hingegen sind einer liberaleren Tradition verbunden und würden dieser Vorstellung, andere religiöse Überlieferungen zu respektieren, beipflichten. Allerdings würden der Dalai Lama und diese gläubigen Christen aus unterschiedlichen Gründen in diesem Punkt übereinstimmen.

Der Dalai Lama bekräftigte mehrere Male im Verlauf des Seminars, er sei Buddhist. Es gab Augenblicke, da er uns (und sich vielleicht auch?) dies in Erinnerung rufen mußte. Ich meine damit nicht, er habe jemals das Gefühl gehabt, etwas anderes zu sein als ein kompletter (ein sehr kompletter) Buddhist. Als er jedoch einige der wirklichen, starken Parallelen zwischen den Lehren von Jesus und Buddha erkannte, witterte er die Gefahr, daß gewisse Worte sich als »falsche Freunde« aufdrängen könnten. Dann pflegte er zu sagen, wie wichtig es doch sei, die Bedeutung von Parallelen ebenso anzuerkennen wie diejenige von Unterschieden. Er sagte, die Bedeutsamkeit dessen, worin die Religionen miteinander übereinstimmten oder aber voneinander abwichen, sei in den geistigen und seelischen Bedürfnissen der Menschen zu finden, die sie praktizieren. Die Menschen haben unterschiedliche Bedürfnisse, denen die einzigartigen Besonderheiten (die »Unterschiede«) einer Religion gerecht werden. Dies klingt annehmbar, tolerant und liberal. Und den meisten Menschen würde es als eine dem globalen Pluralismus des nächsten Jahrtausends angemessene Einstellung erscheinen. Doch wirft sie schwerwiegende Fragen auf.

Vielleicht kann ein hochgradig verwirklichter Praktizierender, eine überaus heilige Person, dieses Maß von Toleranz wirklich in die Tat umsetzen. Für viele von uns jedoch wird in der Praxis stets die Gefahr des Zwiespalts bestehen zwischen dem, was wir zu glauben *meinen*, und dem, was wir tatsächlich *empfinden* und glauben. Wenn die Wahrheit verschiedener Religionen sich also doch nur nach ihrer psychologischen Eignung für die Bedürfnisse eines Individuums bemißt, wo bleibt dann die absolute Wahrheit in ihrer unverfälschten Einheit? Wenn der Buddhismus und das Christentum nur in bezug auf die subjektiven Lebensumstände der einzelnen Buddhisten und Christen ihre Geltung haben, wie steht es dann mit ihrem Anspruch auf die volle Wahrheit oder gar auf Allgemeingültigkeit? Ich habe diese Frage des religiösen Relativismus im Gespräch mit dem Dalai Lama angeschnitten, und er gab mir zur Antwort, im Buddhismus gebe es sogar Lehrmeinungen, denen zufolge die gleichzeitige Existenz verschiedener absoluter Wahrheiten möglich sei. Wir sind nicht weiter darauf eingegangen, vielleicht weil uns klar war, daß wir uns in ein sehr spezielles philosophisches Fachgebiet hineinbegeben würden – nicht unbedingt eine geeignete Wegstrecke für unseren Dialog. So lachten wir und machten weiter.

Allerdings nagt die Frage beunruhigend am Herzen unseres Dialogs. Christen sind beispielsweise oft besorgt, totale Toleranz werde die Glaubensgrenzen überschreiten und außer Kraft setzen. Wenn wir die Wahrheit der buddhistischen Zufluchtnahme zum Buddha, zum Dharma und zur Sangha anerkennen, tut dies dann unserer Überzeugung Abbruch, der christliche Glauben sei wesensmäßig eine an uns ergehende Aufforderung, Jesus als seine Jünger nachzufolgen? Ist der Glaube an Christus *ein* Weg, *die* Wahrheit zu finden, während der Glaube an den Buddha einen anderen Weg repräsentiert? Jung dachte so, als er sagte, der eine repräsentiere das wahre Selbst des Westens, der andere das des Ostens. Doch Christen könnten sich fragen, ob dies nicht ihre zentrale Vorstellung überstrapaziere, Gott sei vollständig in dem Menschen Jesus verkörpert, dem »die ganze Fülle Gottes wirklich innewohnt«.[23]

Wird aber das christliche Verständnis Jesu auch in Frage gestellt, wenn man anerkennt, daß Wahrheit ebenfalls beim Buddha, bei Moses und bei Lao-tze zu finden ist?[24] Die frühchristlichen Kirchenväter waren die ersten, die sich im Dialog zwischen dem Evangelium und anderen Glaubensbekenntnissen geübt haben. Und für sie beinhaltete dies von Anfang an ein Ringen mit dieser Frage der »Einzigartigkeit«. Der Dialog war für sie der Amboß, auf dem sie die begrifflichen Formulierungen ihres Glaubens schmiedeten. Weil ihr Glauben der Neuankömmling war inmitten der schon etablierten jüdischen und christlichen Glaubenssysteme[25] und auch weil sie tiefen Respekt vor den Errungenschaften der vorchristlichen Philosophen hatten, war der Dialog für sie der unumgängliche Weg, um ihren Glauben zu vertiefen – nicht, ihn zu verwässern. Unglücklicherweise gewährte die Geschichte ihnen nicht die Gelegenheit zum Dialog mit Buddhisten: Dialogpartner der Christen waren die Griechen und die Juden. Die christliche Einstellung bestand darin, die Wahrheit, die in diesen anderen Überlieferungen zum Ausdruck gebracht worden war, nicht zu bestreiten und nicht unterzubewerten. Statt dessen sannen die

Kirchenväter darüber nach, in welchem Verhältnis diese Glaubenssysteme zu der Wahrheit standen, die sie in Jesus verkörpert sahen. Diese Frage, *der* Dialog ihres Zeitalters, vertiefte und klärte ihre Einsicht in Jesus und die Evangelien und führte zur großen Theologie des Logos.

Lange vor Plato sagte Heraklit[26], der Logos sei die Weisheit, die alle Dinge forme und beherrsche. Der Logos ist die einheitliche Feldtheorie, die jedem den ihm zukommenden Platz zuweist. Insbesondere das Evangelium des heiligen Johannes erlaubte den frühen Christen, auf diese Auffassung einzugehen; und ihnen zeigte sich, daß die Inkarnation des Logos in Jesus in keiner Weise die übrigen zuvor-inkarnierten oder nicht-inkarnierten Epiphanien *der* Wahrheit in ihrer Bedeutung herabsetzte und in ihrer Gültigkeit einschränkte. Ganz im Gegenteil: Eine klare Wahrnehmung oder Erkenntnis Jesu öffnet Fenster der Einsicht, die es gestatten, den Logos klarer zu sehen, wo man ihn möglicherweise vorher zu sehen versäumt hatte. Es gibt daher Unterschiede in den Manifestationen des Logos, unterschiedliche Ausdrucksformen *der* Wahrheit, Dialekte derselben Sprache. Die Hinnahme von Unterschieden (Toleranz) und das Geltendmachen der Einzigartigkeit (Glauben) können als Widersprüche erscheinen. Doch beide sind unerläßlich, um Frieden und Einheit zwischen allen Menschen herbeizuführen. Aus Uniformität läßt sich auf Unwahrheit schließen. Gerade in ihrer Vielfalt bringen die unterschiedlichen Wege, denen die Menschen folgen, die Einheit der Wahrheit zum Ausdruck. Es gibt *eine* Wahrheit, *einen* Gott, *ein* Wort, aber viele Dialekte.

Das Problem mit der Toleranz

Man mag vielleicht die Vorstellung paralleler absoluter Wahrheiten akzeptieren – allerdings macht einem dieser Gedanke die tagtägliche Aufgabe, mit Menschen anderer Glaubensbekenntnisse zusammenzuleben, nicht viel leichter. Versucht man auf diese Weise, mit dem Problem der Toleranz zurechtzukommen, bestehen die Schwierigkeiten trotzdem weiter fort.

Für Nichtchristen kann es den Anschein haben, als nehme das Christentum dadurch, daß es auf die Einzigartigkeit der Leibhaftigkeit Gottes besteht, heimlich, still und leise sämtliche anderen Glaubensbekenntnisse unter seine Fittiche: Das Judentum ist wahr, doch es ist prophetisch. Krishna ist wahr, doch er war mythisch. Philosophie ist wahr, doch sie ist eine Kopfgeburt. Der Buddhismus ist wahr, doch er ist psychologisch. Christus ist wahr, weil er die vollständige Menschwerdung des Göttlichen ist. Viele Christen bedienen sich genau dieser Sprache, wenn sie sich zu ihrem Glauben bekennen bzw. ihr Überzeugtsein von dieser Vorstellung ausdrücken – unabhängig davon, ob sie es nun wirklich aussprechen oder nicht. In der Tat ist dies Teil der Einzigartigkeit[27] des orthodoxen Christentums, sein Unterscheidungsmerkmal: Die orthodoxe Christenheit *ist* von der Überzeugung beseelt, daß Jesus die Verkörperung des Göttlichen ist. Die sprachlichen Formen, derer man sich zum Ausdruck dieser Glaubensinhalte bedienen muß, werden durch den Dialog zwischen Menschen, die unterschiedlichen Glaubens sind und »unterschiedliche Sprachen« sprechen, beständig erneuert. Doch der Christ hört in diesem Dialog den Logos, und er respektiert und ehrt jede Manifestation *der* Wahrheit als eine Epiphanie der Liebe Gottes. Über dieses sprachliche Sich-Austauschen hinausreichend gibt es jedoch eine tiefere Erfahrung jenseits von Sprache und Denken. In jener Erfahrung, der des Schweigens, kommen Einzigartigkeit und Verschiedenheit – wie alle übrigen Dualitäten – wieder zusammen: Die Einheit, in der sie sich treffen, respektiert und verwirklicht die Verschiedenheit, und sie geht gleichzeitig über alle Abgrenzung hinaus. Diese Einheit ist die Liebe.

Auch für den Buddhismus sind Toleranz und Dialog eine Herausforderung. Auch er stellt sich auf das Toleranzproblem auf seine einzigartige Weise ein, und indem er dies tut, läuft er ganz genauso Gefahr, auf subtile Weise intolerant zu sein. Ein Buddhist, vielleicht vor allem ein Buddhist aus dem Westen, sagt also, alle Religionen seien miteinander vereinbar, da sie ja die unterschiedlichen persönlichen oder psychischen Bedürfnisse der Individuen verkörpern – und zwar, so werden viele hinzufügen oder denken, »auf verschiedenen Stufen ihrer Entwicklung«. Dahinter mag das Empfinden stecken – das ich beim Dalai Lama ganz und gar nicht verspürt habe, weder im persönlichen noch im öffentlichen Gespräch –, die Vorstellung von einem persönlichen Gott sei zwar akzeptabel, sie repräsentiere allerdings eine unreifere, vielleicht frühere Stufe spiritueller Entwicklung: dem zusätzlichen Stützrädchen an einem Kinderfahrrad vergleichbar.

Auch die christliche Theologie weiß um die Gefahr dieser Art von Infantilismus. Sie bezeichnet ihn als Anthropomorphismus. Sie räumt ein, daß es in der Tat Stufen des Glaubens gibt, auf denen man ein reiferes Verständnis des Gottessymbols gewinnt. Jeder, der an Gott glaubt, muß sich mit Götzenanbetung und Aberglauben auseinandersetzen, bevor er zum Mysterium der göttlichen Andersheit gelangt. Der Dalai Lama schien dies ganz natürlich so zu akzeptieren. Dabei ließ er die Frage nach der – wie er es bei einem Gedankenaustausch lachend nannte – »Natur des Vaters«, die bei uns, wie es scheint, so viel Verwirrung stiftet, offen. Auf genauso offene Weise verwendete er unbekümmert das Wort »Gott«, und dieses blieb im Lauf unserer Diskussionen ein flexibler Begriff.

Der Zweck des Dialogs ist, daß wir still werden

Wenn der Zweck des Dialogs darin besteht, für diese Problembereiche von Unterschied und Ähnlichkeit die Antworten zu finden, dann ist das Seminar fehlgeschlagen. Doch der Zweck des Dialogs ist ein anderer. Der Dialog ist dazu da, gleichermaßen das ans Licht zu bringen, worin die Glaubensbekenntnisse einander entsprechen, wie auch dasjenige, worin sie voneinander abweichen: um so die finsteren Mächte von Täuschung, Angst, Wut und Stolz zu vertreiben, die in dem Raum zwischen den Menschen und ihren Religionen lauern können. Insoweit hat der Dialog in der Religion einen anderen Zweck als beispielsweise der Dialog zwischen politischen oder wirtschaftlichen Konkurrenten, in dem man irgendeine Art von praktischer Antwort herbeizuführen versucht, die für alle Beteiligten akzeptabel ist. Solche Antworten sind in der Religion oft gefährliche Errungenschaften. Sie sind wie falsche Freunde, die uns im Stich lassen, sobald echte Schwierigkeiten auftreten.

Der Dialog bringt nicht nur ans Licht, in welchen Bereichen es zwischen den Religionen Übereinstimmungen oder Abweichungen gibt, sondern er fördert auch jene verborgenen inneren Mächte zutage, die Andersgläubige so schnell zu unerbittlichen Rivalen machen. In der Geschichte der religiösen Intoleranz und Verfolgung steht der Buddhismus, wie der Jainismus, in besserem Ruf als das Christentum. Nichtsdestoweniger gibt es unterschiedliche Formen von Intoleranz. Manche sind eher politisch, manche eher psychologisch. Und sie alle haben ihre Wurzel in der Tyrannei des individuellen Ego, das sich an seiner Obsession festklammert, etwas Besonderes zu sein, sich aber vor der Herausforderung drückt, seine Einzigartigkeit zu akzeptieren. Hier sind die Kräfte von Unwissenheit und Angst am Werk. Je weniger wir über eine andere Person oder Gruppe wissen, mit um so größerer Wahrscheinlichkeit werden wir unsere übelsten Gefühle und Vorurteile auf sie projizieren.

Als der heilige Franz Xaver[28] in Indien an Land ging, um das Evangelium zu verkünden, betrachtete er alle Hindus als Teufelsanbeter. Er wußte nichts vom Vedanta[29] oder der mystischen Erfahrung, die der in diesem Land allgemein verbreiteten Religion zugrunde liegt. Ein Mensch aus dem Westen kann es nach wie vor ein wenig furchteinflößend finden, ins Innere eines Hindutempels geführt und dort Zeuge jener Gesänge und Rituale der Gläubigen zu werden, von denen eine überwältigende sinnliche Kraft ausgeht. Andererseits: Als Franz Xavers Zeitgenosse und Jesuitenbruder Matteo Ricci nach China ging, war ihm schnell klar, daß er durch den Dialog und das Eingehen auf die ihn umgebende Kultur seiner Mission am besten würde gerecht werden können.[30] Matteo Riccis Ordensobere waren gegenteiliger Auffassung und versetzten ihn an einen anderen Ort. Eine der großen Gelegenheiten für den Ost-West-Dialog war damit vertan. Heute können wir vielfältige Situationen derselben Art sehen, in denen Menschen mit einer ganz andersartigen Kultur oder Religion umgehen müssen. Und wir sehen ferner auch dieselbe Vielfalt von Reaktionen auf diese Situationen. Indem wir aber den Wert des Dialogs erkennen und die egoistische Arroganz glaubensmäßiger Voreingenommenheit verringern, ist es für uns vielleicht einfacher als für unsere Vorfahren, die oft unbewußten Vorurteile aufzuspüren und sie durch Schweigen zu korrigieren. Wir haben es heute leichter, weil wir mehr übereinander wissen. Außerdem ist es notwendiger als je zuvor in der Menschheitsgeschichte, daß wir in den Dialog eintreten – und einen Dialog im Schweigen führen.

Soll sich die Toleranz zwischen den Religionen weiter ausbreiten, dann müssen zweifellos auch mehr Christen eine größere Vertrautheit mit den wichtigen Texten der anderen Überlieferungen entwickeln. Auch könnte die Lektüre der *Bhagavad-Gītā*[31] oder des *Dhammapada* dazu verhelfen, daß sich die Art und Weise, wie viele Christen die eigenen Schriften lesen (sofern sie dies denn überhaupt tun), wandelt. Andererseits stehen die Buddhisten ganz genauso vor der Herausforderung, Unwissenheit und Vorurteile mit ebensolcher Entschlossenheit zu überwinden. In Asien wird das Christentum mitunter immer noch negativ mit Erinnerungen an den westlichen Imperialismus identifiziert. Viele Buddhisten im Westen, insbesondere jene, die als Christen aufgezogen worden sind, haben eine Vorstellung vom Christentum, die in bedauerlicher Weise auf mangelnder Information und auf Fehlinformation beruht. Und in diesen Fällen weist man sehr leicht die Fehler *einer* Glaubensgemeinschaft dem christlichen Glauben als ganzem zu.

Einige Referenzbegriffe

Buddhisten oder Christen in einem von Bedeutung erfüllten Sinn sind wir nicht nur, weil wir an etwas glauben, sondern auch dadurch, wie wir handeln und wie wir sind. So gesehen wird es Christen geben, die bessere Buddhisten sind als manch ein erklärter Buddhist, weil sie sich ernsthafter in Achtsamkeit üben oder genauere Einsicht in die vergängliche Natur der Dinge haben. Und es wird vorkommen, daß Christen im ureigensten Bereich von Buddhisten übertroffen werden, weil diese Nächstenliebe praktizieren, statt darüber zu reden. Auf dieser Ebene der authentischen Religion zählen persönliche Erfahrung und Frömmigkeit, nicht ein objektives Glaubenssystem und philosophische oder theologische Feinsinnigkeiten. Man kann viele (für manche Leute) faszinierende Gespräche beispielsweise über die Frage führen, ob die Drei Juwelen des Buddhismus (*Triratna*) sich wohl mit der Dreifaltigkeit vergleichen lassen oder ob der *Dharmakāya* dem christlichen Heiligen Geist gleichkomme. Aber derartige philosophische Konversationen stehen möglicherweise in ganz und gar keiner Beziehung zum persönlichen Verhalten oder der Einstellung der Betreffenden.

Anitaytā (Vergänglichkeit), *Duhkha* (Leid), *Anātman* (Nicht-Selbst), *Dharmatā* (Natürlichkeit)*, *Shūnyatā* (Leerheit) und *Tathatā* (Soheit) können in Entsprechung gesehen werden zu christlichen Begriffen wie Armut, Reue, Verlust des Ich, in Christus, Einfachheit, göttlicher Geist und Mysterium.[32] In einer Parabel erinnert der Buddha uns

---

* *Dharmatā* wird hier von Pater Laurence Freeman im Englischen mit *naturalness* wiedergegeben. Dafür lassen sich gute Gründe anführen, doch gerade für derart komplexe Begriffe gibt es in vielen Fällen keine vollkommen stimmige Übersetzung. Später wird noch eingehend dargelegt, daß die »Natur«, auf die »Natürlichkeit« sich hier bezieht, nicht etwa den Gegenstandsbereich der modernen Naturwissenschaften meint, sondern die »wahre Natur« aller Erscheinungen, die »Buddha-Natur«. Insofern ist *Dharmatā* gleichbedeutend mit *Tathatā* (Soheit). [A. d. Ü.]

daran, daß wir nicht die Energie unserer spirituellen Übung auf die Theorie um ihrer selbst willen lenken sollten. Wir werden um nichts näher an Nirvana sein, wenn wir bloß ein paar glückliche Momente lang philosophische Gewißheit erreichen, ehe erneute Selbstzweifel einsetzen. Mit dieser Parabel reagiert der Buddha auf *Mālunkyaputtas* kritische Vorhaltung, er habe nichts über spekulative Fragen gelehrt: Wenn ein Mann, so fragt der Buddha, von einem vergifteten Pfeil getroffen wird, wird er dann wohl seine Zeit damit vertun zu fragen, wer diesen abgeschossen habe, woher er komme und um welche Art von Gift es sich handele? Ist es nicht wahrscheinlicher, daß er den Pfeil so schnell wie nur irgend möglich entfernen wird?

Jesus richtet in einem ekstatischen Moment des Evangeliums seine Augen zum Himmel empor und dankt seinem Vater dafür, daß er die Mysterien vom Reich Gottes den Einfältigen und Ungebildeten offenbare und sie vor den Gelehrten und »Weisen« verberge.[33] Der heilige Paulus schilt einige der Frühchristen angesichts ihrer nicht enden wollenden Streitigkeiten und Haarspaltereien, obwohl sie doch eigentlich die Bedeutung jener Worte, über die sie sich streiten, mit Leben erfüllen sollten.[34] Er selbst, so sagt er, spreche von der Torheit des Kreuzes, und selbst mit gelehrten Griechen vermeide er philosophische Erörterungen. Seine Autorität ist der göttliche Geist, nicht logische Kunstfertigkeit. »Wir sorgen für die Demontage sophistischer Spitzfindigkeiten«, sagt er stolz, »und all dessen, was sein stolzes Haupt wider das Wissen aus Gott erhebt.«

Buddhisten und Christen haben hier im wesentlichen

dieselbe Perspektive. Da gibt es die Erfahrung, und es gibt die Reflexion über die Erfahrung. Wenn man sich auf Reflexionen einlassen will, so legen beide uns nahe, sollte man zumindest sicherstellen, daß man über seine eigenen Erfahrungen reflektiert – direkt – statt über die von jemand anderem angestellten Reflexionen zu den Reflexionen von jemand anderem ... und so weiter.

Nirvana und *Reich Gottes* sind keine gegeneinander austauschbaren Begriffe, doch beide beziehen sich auf ein Geschehen im Leben, nicht auf eine Nachtoderfahrung. *Erlösung* und *Befreiung* sind ebenfalls nicht genau synonym, doch beide Begriffe verweisen auf ein Ziel des menschlichen Lebens, das Engagement und Beharrlichkeit erfordert. Buddhisten wie Christen müssen es »mit Eifer« selbst zuwege bringen. Die Hindernisse, denen sie auf ihrem Weg begegnen – in der eigenen Persönlichkeit wie auch im kollektiven *Karma*, der kollektiven *Sünde* in der Welt –, sind existentiell dieselben, werden aber in unterschiedlicher Weise begriffen. Letzten Endes ist ein stolzer oder wütender Buddhist jedoch genau dasselbe wie ein stolzer oder wütender Christ.

Unterschiede müssen keine Gegensätze sein

Um die Bedeutung dieser existentiellen Realitäten auszudrücken, brauchen wir viele verschiedene Sprachen. Dies gilt gewiß von einer Überlieferung zur anderen, und sogar innerhalb derselben Überlieferung. In gewisser Weise setzen diese verschiedenen Sprachen dann ihre eigenen Grenzen innerhalb einer gemeinsamen Überlieferung. Sogar die katholische Kirche hinterläßt – im Vergleich zu dem, was sie vor Anbruch der Moderne war – keinen ausgesprochen einheitlichen Gesamteindruck. Ihre Vielgestaltigkeit liegt mit ihrer Einheit in schmerzlicher Spannung: Genau dies ist die Herausforderung der Allgemeingültigkeit. Die Diskussionen im Buddhismus mögen weniger im Blickpunkt der Öffentlichkeit stehen als diejenigen, die durch päpstliche Enzykliken entfacht werden, sind aber nicht weniger intensiv. Beispielsweise ergeben sich aus Intoleranz und stereotypen Vorstellungen Spannungen zwischen den Lehrmeinungen des Mahayana- und denjenigen des Theravada-Buddhismus. Sogar innerhalb derselben nationalen Tradition kommt es zu tief empfundenen Glaubensspannungen. In Thailand hat der große buddhistische Lehrer Buddhadasa Bhikkhu das Establishment dadurch schockiert, daß er die gesamte Frage der Wiedergeburt verwarf und erklärte, diese sei töricht und habe mit Buddhismus rein gar nichts zu tun. Buddhisten diskutieren darüber, ob *Nirvana* (Befreiung) das Ziel des Geistes sei oder aber der ursprüngliche Geist, ganz so, wie Christen über die Bedeutung der Erbsünde oder über die Göttlichkeit Jesu diskutieren.

Gott spielte in der Vorstellung des Buddha von der Befreiung keine Rolle. Er fand, für die praktische Arbeit der Selbstbefreiung aus der Unwissenheit sei es nicht hilfreich, die Frage nach der Existenz und der Natur Gottes aufzuwerfen und über sie nachzusinnen. Wie Jesus wandte er sich gegen den Ritualismus und jene hohle Religiosität, zu deren Fortbestand stark ausgeprägte Glaubensvorstellungen und die polemische Auseinandersetzung über Gott erforderlich waren. Doch andererseits verwarf der Buddha nicht den Gottesbegriff. Diesbezüglich schwieg er einfach. Sein Schweigen war weder agnostisch noch atheistisch. Schweigen ist ein bedeutsamer Zugang zu der Frage nach Gott, zum Mysterium Gottes.[35]

Der Ansatz des Buddha mag sich von demjenigen vieler christlicher Heiligen, Mystiker und Theologen etwas unterscheiden, doch gewiß wäre er für viele von ihnen verständlich. Der heilige Augustinus glaubte zweifellos an Gott, doch war er sich gleichfalls sicher, daß Gott sich jenseits der dem denkenden Verstand allein verfügbaren Erkenntnismöglichkeiten befindet. »Falls du es begreifen kannst«, sagte er, »dann ist es nicht Gott.« Sein Zeitgenosse Gregor von Nyssa, ein großer mystischer Lehrer der Ostkirche, sagte, alle Vorstellungen von Gott liefen Gefahr, zu Abgöttern zu werden.

Die *apophatischen* Traditionen des christlichen Gebets – Gebet ohne irgendeinen Gedanken oder ein Vorstellungsbild – bleiben der biblischen Grundidee vom unerklärlichen Mysterium Gottes in profunder und existentieller Weise treu. Wie es in der *Wolke der Unwissenheit*[36] zum Ausdruck gebracht wird, einer mittelalterlichen englischen Abhandlung über das kontemplative Gebet, können wir Gott nicht durch das Denken erkennen, sondern nur durch Liebe. Der am stärksten systematisch vorgehende und *kataphatische* Theologe, der große Thomas von Aquin, hat gesagt: Alles, was wir über Gott aussagen könnten, sei, *daß* Gott ist, nicht *was* Gott ist. Gegen Ende seines Lebens, nach einer ihn verwandelnden mystischen Erfahrung, verwarf Thomas von Aquin alles, was er gedacht und geschrieben hatte, als Nichtigkeit. Nikolaus von Kues sprach ebenfalls von einer »gelehrten Unwissenheit«, von der er sagte, sie sei eine Form von Bewußtsein, das keine intellektuelle Wurzel habe, hingegen ein überaus großes Potential, uns zur Wahrheit zu führen. Meister Eckhart hebt – dem Buddhismus durchaus verwandt – Gottes Nicht-Erkennbarkeit hervor, sein Nichtetwas-Sein, mitunter bis hin zu einer herrlichen Übersteigerung: »Laß deine Seele ent-geistet sein von allem Geist; laß sie geistlos sein. Liebe Gott, wie er ist: als einen Nicht-Gott, einen Nicht-Geist, eine Nicht-Person, ein Nicht-Abbild; als schiere, reine, klare Einheit, fernab von aller Zweiheit.«[37]

Eher das Paradox als die schlichte Logik wird so der Schlüssel zur mystischen Theologie – wie auch der zum Dialog zwischen Theisten und Nicht-Theisten über die Bedeutung Gottes. Was aus buddhistischer Sicht als grober, anstoßerregender Dualismus des Theismus erscheinen mag, ist in der Tat eine ebenso große Treulosigkeit dem Kern der christlichen Theologie gegenüber: Dort gibt es das Bemühen, die absolute Andersheit Gottes mit der göttlichen Universalität als dem Daseinsgrund zu versöhnen, Gottes Transzendenz mit seiner Immanenz und den Schöpfer mit der Schöpfung zu versöhnen. »Bei DIR sind

Schöpfung und Dasein dasselbe« – so lautet eine christliche Schlüssel-Einsicht in die Bedeutung Gottes.[38]

Der Achtfache Pfad und die Zehn Gebote oder die Seligpreisungen erleuchten den Weg der täglichen Übung, den wir alle in Richtung auf diese die Zeit aufhebende und das Denken transzendierende Erfahrung hin gehen. Wie der Dalai Lama häufig hervorhebt, liegt es in der Natur dieser Wege, daß sie tiefgreifende persönliche Engagiertheit und Konzentration erfordern. Die Wege sind die äußere Schulung für ein noch tieferes Engagement – das der eigentlichen Meditationspraxis.

Jeder dieser Wege mag dazu beitragen können, den anderen zu erhellen. Und jeder mag zu dem Schweigen hinführen, das einem Geist zu eigen ist, dessen Aktivitäten man hat zur Ruhe kommen lassen. Dennoch sind sie getrennte Wege, denen man mit Hingabe, Aufrichtigkeit und Zielstrebigkeit folgen muß. Jenseits eines bestimmten Punktes können wir in dem, worin wir uns üben, nicht authentisch sein, wenn wir dabei weiterhin verschiedenen Wegen gerecht zu werden versuchen. Man kann nicht zwei Pferde gleichzeitig reiten. Mit der Zeit muß das stetige Sich-Üben sich für eine zielgerichtete Hingabe entscheiden. Dieses zielgerichtete Vorgehen ist jedoch keine Engstirnigkeit. Tatsächlich stärkt es die Toleranz und die Empfänglichkeit, die man anderen Wegen gegenüber hat, und es begünstigt daher den Gleichmut des Geistes. Jesus hat gesagt, der Weg, der zum Leben führt, sei schmal, und es gebe nur wenige, die ihn fänden. Daß der Weg zum Leben schmal ist, beruht nicht auf Ausschließung, sondern auf Konvergenz und Konzentration. Es gibt sogar eine aufrichtige, durch Zielstrebigkeit wirklich begünstigte Toleranz, die geradezu strotzt vor Wissensdurst in bezug auf andere Wege und Pfade.

Daß man seine eigene Überlieferung und Religion liebt, ist wahrscheinlich eine Voraussetzung des spirituellen Lebens, und es ist gewiß eine Vorbedingung dafür, andere Wege und Überlieferungen lieben zu können. Es ist nicht fanatischer, wenn Sie Ihre christliche oder buddhistische Überlieferung lieben, als wenn Sie den Ort lieben, an dem Sie geboren wurden, oder das Haus, in dem Sie wohnen. Allerdings kann Heimatliebe zu einem eifersüchtigen und ausschließenden Nationalismus werden, voller Angst vor Fremden. Und die Liebe zur Religion kann Bigotterie hervorbringen. Doch niemand muß in diese Richtung fehlgehen. Üben wir uns innerlich ernsthaft in Schweigen und Stille und überwinden derart die egoistischen Kräfte der Selbstbezogenheit, so erlaubt uns dies, tief im Boden unserer Überlieferung verwurzelt zu bleiben, während wir uns offen in den erhabenen Raum der Wahrheit hinaus und empor ausdehnen.

Heilige Schriften

Die Schriften einer Religion gehören offenkundig zu ihrer spezifischen Überlieferung. Sie haben eine »Nationalität«. Doch stellen sie auch einen Treffpunkt dar zwischen

Nachbarn aus voneinander abweichenden Überlieferungen, ähnlich dem zollfreien Bereich von Flughäfen, in dem sich alle Nationen in gleicher Weise mischen. Die Schriften sind der Raum der symbolischen Wahrheit zwischen dem Land der philosophischen oder theologischen Debatte und dem Bereich der reinen Wahrheitserfahrung, wo das Denken in der Wahrheitsschau zusammengefaßt ist. Philosophen und Theologen mögen sich in ihre Schriften vertiefen, um dort das Material für ihr Handwerk zu finden. Andere Menschen, die einfach ihrer Übung nachgehen, zehren von der spirituellen Nährkraft der Schriften, deren Weisheit sie in sich aufnehmen und sich anverwandeln.

Christen verehren die Heiligen Schriften der Bibel – die Evangelien und das Schriftgut des Alten Testaments –, nicht nur in Anbetracht dessen, was sie besagen, sondern auch in Anbetracht dessen, was sie sind. Wenn das Wort Fleisch geworden ist, wie die Evangelien versichern, dann wird in den Heiligen Schriften in gewissem Sinn auch das Fleisch wieder zum Wort. Wenn sie beispielsweise die Eucharistie feiern, glauben und empfinden viele Christen, daß die Gegenwart Christi nicht auf das Brot und auf den Wein beschränkt ist. Sie ist uns auch zugänglich im Glauben der am Gottesdienst teilhabenden Gemeinde, in der Art und Weise unserer Präsenz füreinander und in der Lesung der Heiligen Schrift, die den ersten Teil des sakramentalen Ritus ausmacht. Die Frühchristen maßen der *Äußerung des Wort Gottes*[39] in der privaten oder gemeinschaftlichen Lesung des Evangeliums große Bedeutsamkeit zu. Seine Auslegung vorzunehmen – dies war etwas weitaus Reichhaltigeres als eine bloß intellektuelle Errungenschaft. Dies war ein Werk der Weisheit. Es führte zur Einsicht.

Einsicht ist eine Erfahrung der Wahrheit, die nicht einfach in jener Weise an eine andere Person weitergegeben werden kann, in der wir uns sonst über viele Ideen und Glaubensvorstellungen verständigen können. Einsicht ist spontan und hat den Charakter eines Geschenks. Sie ist erstaunlich, wenn sie zustande kommt, und dennoch so naheliegend. Sie ist freudig und doch ruhig. Die klösterliche Tradition praktiziert eine Form von spirituellem Lesen (*lectio divina*, wie der heilige Benedikt sie genannt hat), die nicht dasselbe ist wie das Studium, das analytische Lesen. Und sie ist der fortschreitenden Erweckung von Einsicht bei demjenigen, der sie ausübt, gewidmet. Wie in der jüdischen Tradition der Bibellesung kommt es hier mehr auf Qualität statt auf Quantität, auf Tiefe statt auf Breite an. Wenn man in dieser Weise liest, wählt man dafür eine kurze Textstelle und sinnt anschließend weiter darüber nach, »kaut« daran. Man geht sie viele Male aufs neue durch, versucht mehr und mehr davon zu erfassen, bis schließlich ein einziges Wort oder eine kurze Redewendung übrig bleibt, den Geist innehalten und ihm die Bedeutung bewußt werden läßt. Auf diese Weise wird man, während der Geist zur Ruhe kommt, an die Schwelle der Meditation gebracht.

Wie das Wort gelesen werden sollte

Origenes, ein christlicher Lehrer des dritten Jahrhunderts in der alexandrinischen Schule der christlichen Philosophie hat als erster systematisch den Vorgang des Lesens und Interpretierens der Schrift dargelegt. Ebenso hat er als erster geschildert, wie in der Begegnung mit den Schriften der Geist über sich selbst erhoben wird. Er ermittelte die verschiedenen Bedeutungsebenen (eine Andachtsübung, von Fundamentalisten damals ebenso verdammt wie heute), die in den Schriften darauf warten, in Erfahrung gebracht zu werden.

Er sah das Lesen der Heiligen Schrift als einen Prozeß der Vertiefung von Bewußtheit und Einsicht an. Der Prozeß beginnt mit der buchstäblichen Bedeutung des Textes, eine Bedeutung, die Sprach- und Geschichtsverständnis erfordert. Doch jenseits des »Buchstabens, der tötet«[40], der nicht über die äußere Bedeutung hinausgeht, stieß Origenes weiterhin zur Ebene der moralischen Bedeutung vor. Diese Ebene erreicht man dadurch, daß man in den Geschichten und den handelnden Personen der Schrift jeweils einen »Typus«, ein Symbol sieht; und diese können uns dann im Kontext unserer persönlichen oder sozialen Verhältnisse als Lehre dienen. Sodann, sagte Origenes, wartet die »allegorische« oder mystische Bedeutung darauf, entdeckt zu werden, indem wir über uns selbst erhoben und in den Logos einbezogen werden. Ein gutes Beispiel für diesen Prozeß hat man vor Augen, wenn man die unterschiedlichen Bedeutungsebenen des Ausdrucks »Jerusalem« in der Bibel erkundet: das Wort, den Platz und das Symbol. Jerusalem hat eine buchstäbliche historische Bedeutung. Als Zentrum heiliger Präsenz und der Verehrung für drei Religionen symbolisiert es die spirituelle Realität der Pilgerreise unseres Lebens. Als das »himmlische Jerusalem« repräsentiert es das Ziel der spirituellen Reise.

Origenes wandte diese Methode auf viele Bibel-Passagen an. »Ihr dürft nicht glauben«, sagte er über die Geschichten aus dem Alten Testament, »daß all diese Dinge lediglich in früheren Zeiten geschahen. Tatsächlich werden all diese Dinge auf mystische Weise in euch wahr.« Das Buch Josua beispielsweise erzählt die Geschichte von der Dirne Rahab, die es den Israeliten ermöglichte, die Stadt einzunehmen.[41] In Origenes' Vorstellung wird sie zu einem »Typus« oder Symbol der Kirche, eine Dirne wurde zur Jungfrau. Das Blut Christi, das uns vor der Verdammnis rettet, deutet sich hier vorweg in der scharlachroten Schnur an, die Rahab an das Fenster band, um ihre Familie kenntlich zu machen und sie so vor den angreifenden Israeliten zu schützen. In einem anderen Beispiel war die Durchquerung des Jordans eine Vorwegnahme der Taufe – und die Taufe als ein Übergangsritus ist ihrerseits ein Symbol für etwas, das erst noch erreicht werden muß: »Uns wurde eine Reise durch die schiere Luft versprochen.« Das Ziel beim Lesen der Bibel besteht für den Leser letztendlich darin, in die höchste Wirklichkeit einzugehen, in die die menschliche Natur Jesu schon aufgenommen wurde. Und so kommen wir, wie Origenes sagte, indem wir die Evangelien lesen und für alle Wissens- und Bedeutungsebenen offen sind, dahin, »den weiten Raum mystischen und spirituellen Verstehens schnell zu durchschreiten«.[42]

Der heilige Bernhard, ein Mönch und Lehrer aus dem zwölften Jahrhundert, war ein weiterer wichtiger Einfluß auf die christliche Tradition, die Evangelien zu lesen. Er bezeichnete die Schrift als ein Fenster, durch das wir einen Eindruck von der göttlichen Wirklichkeit gewinnen können. Indem wir die Schrift lesen, verfolgen wir das zeitlose Wort Gottes zurück zu seiner Quelle: was der heilige Bernhard das »endlose Gefolge des Wortes« nannte. Auf dem Weg dorthin durchlaufen wir die Erfahrung der *Inverbation*, durch die das Wort tatsächlich Teil von uns wird und wir Teil von ihm.

Und so sehen wir, daß man in der christlichen Tradition die Evangelien nicht allein deshalb liest, um die Wahrheiten aus dem Leben Jesu oder die Antworten auf die Fragen aus dem Katechismus in Erfahrung zu bringen. Das Evangelium lesen heißt die mystische Intelligenz erwecken. Man könnte sagen, die Evangelien in dieser Weise zu lesen bedeute, das *Buddhi*, die spirituelle Intelligenz, zu stärken. Und diese Stärkung bleibt nicht auf die Zeiten der förmlichen spirituellen Übung beschränkt, sondern sie findet Eingang in alle Aktivitäten und Situationen in unserem Leben und verwandelt diese. Sich auf die wirbelnden Muster des Bedeutungsgehalts der Schriften zu konzentrieren, darin kann man auch eine Übung für die Ausrichtung des Bewußtseins sehen. Ähnlich wie man die visuelle Aufmerksamkeit dazu einsetzt, um den Geist mit Hilfe eines Mandalas zu zentrieren.

Aufmerksamkeit führt zu Weisheit

Die Evangelien zu lesen erfordert, daß wir mit Aufmerksamkeit und Konzentration ans Werk gehen. Das kann ungeheuer lohnend und bereichernd sein. Doch die Schrift zu lesen verlangt von uns ein starkes Bemühen. Wir müssen uns mehr bemühen als bei vielen der alten Weissagungs- und Vorhersagesysteme, die ja teilweise – das Tarot, die Runen oder das I-Ching – wieder populär geworden sind. Beim Lesen der Schrift wird uns eine weitergehende Arbeit abverlangt, darunter auch eine Interaktion mit dem Text und seinen zahlreichen Bedeutungen. Wir sind nicht passiv vor Gottes Wort. Wenn wir das Wort hören, verleiht es uns Energie, und sie bewirkt, daß wir aufspringen – bereit, tätig zu werden. Durch das Wort können wir uns die Bedeutung der Texte in einer persönlicheren Weise zu eigen machen, ebenso den Prozeß des Verstehens und dessen Früchte. Wir haben nicht länger das Gefühl, die Weisheit, die wir beim Lesen der Evangelien suchen, sei auf wunderbare Weise in dem wirklichen Vorgang des Lesens ausfindig zu machen. Bei den Worten der Heiligen Schrift handelt es sich nicht um Zaubersprüche, beim Wort Gottes nicht um Magie.

Es stellt sich heraus, daß die Weisheit ihren Sitz in der Person hat, die die Übung der Schrift-Lesung ausführt. Den göttlichen Geist im Inneren erkennt man in der Interaktion mit der angesammelten Weisheit der Überlieferung, die das Lesen trägt.

Wenn Menschen in einer Therapie wollen, daß der Therapeut oder die Therapiesitzung die Arbeit für sie erledigt, haben sie ihre persönliche Autorität verloren. Ein ich-bezogener Therapeut kann das ermutigen und einer Abhängigkeit Vorschub leisten, so daß ein Patient in die Falle eines infantilen Bewußtseins gerät. Der göttliche Geist jedoch, der uns führt, der beim aktiven Lesen der Schrift der wahre Therapeut ist, ermutigt den Leser, die Arbeit zu leisten. Nur um die Entrichtung einer einfachen Anmeldegebühr werden wir gebeten, damit wir die Schrift gut lesen können: Wir werden gebeten, ihr unsere ungeteilte Aufmerksamkeit zu schenken. Einzig und allein Aufmerksamkeit ist notwendig, damit wir uns bei unserer Reise, unserer Übung, auf die beiden Pfeiler der geistigen Autorität stützen können: auf die Autorität der persönlichen Einsicht und auf die Autorität der lebendig weitergegebenen Überlieferung.

Wir entwickeln, indem wir die Evangelien auf diese Weise lesen, mystische Intelligenz. In zunehmendem Maß erhellt diese Intelligenz dann unser Alltagsleben und bereichert es. Dies ist etwas ganz anderes, als der buchstäblichen Bedeutung magische Kraft zuzuschreiben – ein Fehler, der das Alltagsleben eher behindern und stören kann, als es zu verbessern.

Ein fundamentalistischer Bibelleser wandte sich einst, als er in der Klemme saß, Rat suchend an sein zerlesenes Buch. Er blätterte die Seiten schnell durch und legte seinen Finger blindlings auf einen Vers. Der lautete: »Und Judas ging und erhängte sich.« Da er dachte, etwas müsse wohl schiefgegangen sein bei seiner Weissagung, meinte er, er wolle es ein weiteres Mal versuchen. Der Vers, bei dem er diesmal landete, lautete: »Geh, und tu es ihm gleich.« Vielleicht war dies für ihn der Ausgangspunkt, die wahre Art und Weise zu erlernen, wie man das Heilige Buch liest.

Das Lesen der Evangelien ist eine künstlerische Betätigung des Herzens. Uns der verlorengegangenen Kunst der Schrift-Lesung wieder zu bemächtigen ist heutzutage eine der großen Aufgaben für das Christentum. Als ich dem Dalai Lama am Ende des Seminars für sein Geschenk an die Anwesenden – und in gewisser Weise auch an die Kirche im Westen – Dank sagte, dachte ich unter anderem an diese Notwendigkeit, die Kunst der Schrift-Lesung zurückzugewinnen.

Seine Heiligkeit gibt der Religion ein Selbstvertrauen und eine Integrität zurück, die vielen Westlern abhanden gekommen sind. Und obendrein zeigt er, wie es selbst in diesem Spätstadium unserer westlichen Entfremdung vom Spirituellen noch möglich ist, viele der überlieferten religiösen Übungen – wie das Lesen der Schrift – wiederzugewinnen.

Meditation

Zu entdecken, wie man die Evangelien wahrhaft liest und erfährt, gehört zu den ersten Früchten der Meditation. Selbst Menschen, denen das spirituelle Lesen keine Gewohnheit ist, entwickeln als Konsequenz ihrer Meditationspraxis einen unerwarteten Durst nach Gottes Wort in der Schrift. Andere, die über viele Jahre hinweg die Schrift gelesen haben, werden merken, daß die Qualität des Lesens sich in der Weise substantiell ändert, daß nun sie *von* der Schrift gelesen werden.

Meditation stärkt den Glauben. Mit dem geöffneten und klar gewordenen *Auge des Glaubens* wird eine gänzlich andere Dimension des Bewußtseins erweckt. Wir lesen die Evangelien, die *Sutras* [43] und sämtliche heiligen Schriften der Menschheit mit diesem Auge des Glaubens. Die Bewußtseinsdimension, die sich uns so auftut, steht nicht im Wettstreit mit der wissenschaftlichen Vernunft oder der philosophischen Logik. Jedoch unterscheidet sie sich von ihnen durch ihre Atmosphäre der Freiheit. Glauben ist nicht logische Gewißheit. Bei der Logik gibt es keine persönliche Freiheit. Der Verstand muß die Wahrheit einer logischen Aussage vorgeben. Beim Glauben hingegen verlangen die tieferen Ebenen der Wahrheit nach einer persönlichen Antwort, die zu geben oder zurückzuhalten wir auf immer frei sind. Wenn Sie mit Ihrem rationalen Verstand einsehen, daß sich aus zehn geteilt durch fünf das Resultat zwei ergibt, sind Sie nicht wirklich frei, dies zu glauben oder nicht. Es zu leugnen ist absurd. Wenn Sie jedoch mit dem Auge der Weisheit erkennen, daß Sie von Liebe ergriffen sind, dann sehen Sie sich dem weiten Raum menschlicher Freiheit gegenüber: In ihm kann man diese Wahrheit ausleben oder abweisen, akzeptieren oder ihr ausweichen.

Was ich gerade geschrieben habe, ist auf eine ausgesprochen christliche Art und Weise ausgedrückt. Das Wort Glauben mag manchem Buddhisten Unbehagen bereiten. Doch ist es wichtig, daß wir an einem Verständnis dieses Wortes miteinander teilhaben, wenn denn gemeinsame Meditation die beiderseitige Grundlage sein soll, von der aus der Dialog tiefer vordringen kann als bis zu bloßen gelehrten oder diplomatischen Treffen. Jesus hat gesagt, daß der Glaube uns rettet, daß er Berge versetzt und daß wir durch den Glauben geheilt werden. Eine im Glauben gründende Handlung – etwa eine, die wir einem anderen Menschen oder einem Gemeinwesen gegenüber verrichten – ist eine Handlung, die den Heilungsprozeß der menschlichen Integration voranbringt. Ohne solche im Glauben gründende Handlungen als Nährstoff und Herausforderung für unser Leben fühlen wir uns weniger lebendig, weniger ganz, weniger heil.

In genau diesem Sinn sage ich, Meditation ist eine Art Glauben. Weil wir dreimal täglich zusammen meditiert haben, war es möglich, daß die Kommentare des Dalai Lama zu den Evangelien in einer Atmosphäre eines gemeinsamen Glaubens vorgetragen und aufgenommen werden konnten. Von Anfang an war uns allen klar, daß diese Phasen des Schweigens entscheidend waren für den

Erfolg des Experiments. Der Dalai Lama zeigte dies durch seine Bereitschaft – die, glaube ich, nur wenige so hochrangige religiöse Führungspersönlichkeiten aufbringen würden –, jeden Tag frühmorgens zur Meditationshalle zu kommen: eine kleine Reise, die es erforderlich machte, daß er zum Frühstück wieder in das Haus fuhr, in dem er während seines Aufenthalts wohnte, und für die erste Sitzung des Tages eine Stunde später erneut denselben langen Weg zurücklegte.

Wir meditierten jeder auf seine eigene Weise. Es gab keine Diskussion über Methoden oder Techniken und – natürlich – keine Analyse in bezug auf das, was während der Meditation geschah (oder nicht geschah). Diese Erfahrung des Schweigens und gedankenfreien Zusammen-*Seins füreinander* war die eigentliche Grundlage für den Dialog.

Dies war, glaube ich, die entscheidende Dialog-Handlung, die während des gesamten Seminars stattfand. Dieses Buch übermittelt die Worte, derer wir uns bedient haben. Doch ich hoffe, es wird deutlich, daß die Worte mit der Kraft des Schweigens aufgeladen waren. Möglicherweise wurde auch aufgrund dieses Schweigens so viel gelacht, trat so viel freundliches Wohlwollen zutage. Das Seminar war eine bemerkenswerte Lehrstunde zum Wesen des Schweigens als Medium, das die Sprache und das Gespräch durchdringt. Ramana Maharshi[44], ein großer indischer Weiser dieses Jahrhunderts, hat einmal gesagt, daß das Schweigen der Kommunikation nicht »den Hahn abdreht«, sondern ihn vollständig öffnet.

Im Gebäude der Vereinten Nationen in New York hat eine christliche Meditationsgruppe wöchentliche Meditationssitzungen zur festen Einrichtung gemacht: Menschen jeden Glaubens und aus allen Kulturen sind willkommen. Das Gebäude selbst ist eine der großen zeitgenössischen Ikonen der Hoffnung. Seine Architektur und seine Geräumigkeit bringen das dringende Verlangen zum Ausdruck, nach einem Jahrtausend der Kriege eine Zeit der Ruhe zu erleben, in der man zu guter Letzt Schwerter zu Pflugscharen schmieden wird. Das Gebäude ist auch ein Labyrinth der Bürokratie und des Geredes. Jeder ist damit beschäftigt zu reden; und über das Reden zu reden. Dies alles ist notwendig, ist jedoch noch nicht alles. Manche dort – wie die Frau, die die Meditationsgruppe ins Leben gerufen hat – haben das Empfinden, durch Schweigen werde der Dialog zwischen den Nationen nicht außer Kraft gesetzt, sondern Schweigen erleichtere den Dialog – außerdem das Verständnis und die Freundschaft, die wir für den Frieden benötigen.

Und warum brauchen wir überhaupt Frieden? Warum sollen wir uns nicht bekämpfen und der Kriegskunst frönen, wie wir das so lange getan haben? Die Antwort darauf liegt, natürlich, jenseits von Worten. Man findet sie in der Meditation selbst. Buddhisten und Christen und Menschen jeden Glaubens würden darin übereinstimmen, daß der Grund für Frieden als *Liebe* oder *Güte* nicht schlecht beschrieben ist. Wenn der Mensch im Grunde seines Herzens gut ist – welche Hoffnung gibt es, falls wir glauben, dies sei nicht so? –, dann ist er gut, weil er lieben kann.

Dieses Buch ist ein Ausdruck dieser Liebe, einer Liebe, die unsentimental und nicht selbstbezogen ist. Der Dialog zwischen Christentum und Buddhismus ist ein Modell dafür, wie es möglich sein kann, daß Menschen einander lieben, *weil* sie verschieden sind – und nicht nur ungeachtet ihrer Verschiedenheit. Dieses Ziel wird während des nächsten Jahrhunderts durch Begegnungen von Geist und Herz noch bereichert und bestärkt werden – wie durch die Begegnung von Geist und Herz, die zustande kam, als der Dalai Lama lachend und voller Hochachtung die Herausforderung annahm, mit einer Gruppe kontemplativer Christen die Evangelien zu lesen.

Laurence Freeman OSB

♣

Das Herz
aller Religionen
ist eins

♣

Ein Wunsch nach Harmonie

*D*er Vorlesungssaal in der Middlesex-Universität im Londoner Norden war eine eher schmale und beengte Räumlichkeit mit quietschenden, in steil aufsteigender Reihe angeordneten Holzsitzen, die polterten und knarrten, sobald irgend jemand sich bewegte. Zwischen Fenstern, die den Ausblick auf den grauen englischen Himmel freigaben, an die Wand geheftete große Poster mit Kalligraphien von John Main. Ein paar Stühle, ein kleiner Teppich und ein kleiner Blumenstrauß wirkten auf einem wackeligen, provisorisch hergerichteten Podium verlassen und verloren. Alles sah nach einem Notbehelf aus, ganz so, als habe man es erst am Abend zuvor zusammengeschustert und als könne sich dort auf keinen Fall etwas von irgendwelcher Bedeutung ereignen.

Im Auditorium erwartungsvolle Unruhe. Unter englische, kanadische und amerikanische Laien hatten sich buddhistische Mönche und Nonnen in safrangelben oder purpurroten Roben gemischt, ihre geschorenen Köpfe ruhende Pole in der wogenden Menschenmenge. In den vorderen Reihen Benediktinermönche und -schwestern, manche in Schwarz, Olivetaner in Weiß. Kameras und Mikrofone wurden eingestellt. Man räusperte sich. Keine Orgel spielte, keine Trompeten erklangen. Eine kleine Gruppe betrat von einem Seiteneingang her das Podium: mitten darin Seine Heiligkeit der Dalai Lama, festes Schuhwerk an den Füßen und in sein purpurrotes und gelbes Ordensgewand gehüllt. Er lachte, nickte und winkte mit offensichtlicher Freude ins Publikum.

Er war angekommen, nicht aufgetreten. Eine Prozession fand nicht statt. In der Tat war seine Ankunft eine buddhistische Nicht-Prozession: Vor einem Moment war er noch nicht da, im nächsten Moment war er da – sehr da.

Es gab verschiedene Begrüßungsreden, darunter diejenige der Bürgermeisterin von Enfield. Sie beschrieb ihren Stadtbezirk als »von vielen Rassen geprägt, multikulturell, multireligiös«. Mit seinem starken Engagement für Harmonie im Pluralismus war dieser nördliche Vorort von London ein passender Treffpunkt für ein Seminar, das zwei große religiöse Überlieferungen zusammenführte.

Nach der Bürgermeisterin erhob sich Dom Laurence Freeman OSB, um Seine Heiligkeit willkommen zu heißen. Als spiritueller Leiter und Lehrer der Weltgemeinschaft für christliche Meditation hatte Pater Laurence die Einladung an den Dalai Lama ausgesprochen, und für die Dauer des Seminars hatte er die Rolle des Gastgebers inne. Bei aller Liebenswürdigkeit und Sanftheit seines Auftretens, kam eine intellektuelle und spirituelle Energie in ihm zum Ausdruck, die der Ehrengast offenbar als kongenial und faszinierend empfand. Im weiteren Verlauf der Tagung entwickelte sich

sichtlich eine Harmonie und Zuneigung zwischen den bei-
den Mönchen.

In seinen ersten Bemerkungen ließ Pater Laurence etwas
anklingen, das zu einem Leitmotiv des Seminars werden
sollte – den Charakter der Gegenseitigkeit, der diese Veran-
staltung auszeichnete.

❧ ‡ ❧

Es ist eine große Ehre, Eure Heiligkeit willkommen heißen
zu dürfen. Sie sagten mir, daß Sie gern von uns lernen
wollten; ebenso sind wir hier, um von Ihnen zu lernen. Für
uns ist es ein großes Privileg, daß Sie die Leitung dieses
John-Main-Seminars übernehmen und daß Sie voller Offenheit und Großzügigkeit unsere Einladung angenommen haben, Betrachtungen zu den Evangelien, der christlichen Heiligen Schrift, anzustellen.

In der christlichen Tradition bezeichnen wir die Schrift
als die Heilige Schrift, weil wir glauben, in ihr die Gegenwart Christi finden zu können, sogar beim Lesen der Worte.
Es sind menschliche Worte, und sie unterliegen dem Verständnis und natürlich auch dem Mißverständnis. Diese
Worte müssen vom Geist gedeutet werden, damit das Herz
ihre Bedeutung erkennen kann. Wir wissen, daß Sie eine
reichhaltige und wundervolle buddhistische Überlieferung repräsentieren, die das Instrumentarium des Geistes
zur Erkenntnis der Wahrheit verfeinert hat. Und daher ist
uns sehr daran gelegen, unsere Heilige Schrift durch Ihren
Geist lesen und sie gemeinsam mit Ihnen in neuer Weise
verstehen zu können.

Ganz so, wie wir sicher sind, daß wir Christen dadurch bereichert werden, hoffen wir, daß alle Buddhisten, die mit Ihnen hier sind, und Menschen anderer Glaubensrichtungen dadurch ebenfalls bereichert werden. Die Suche nach Verstehen ist, wie wir wissen, nicht nur intellektuell, sondern es geht um wahre Einsicht, *Vipashyanā* – darum, die heiligen Worte in ihrer Bedeutung zu erfahren. Einer der großen Lehrer der christlichen Theologie, Thomas von Aquin, hat gesagt, daß wir mit unserem Glauben nicht auf Behauptungen setzen, sondern auf die Realitäten, auf die die Worte verweisen. Diese Realitäten erfahren zu können, darauf kommt es an, nicht allein auf die Vorstellungen. So wie wir es verstehen, wird der Weg der Meditation, den wir im Verlauf des Seminars mit Eurer Heiligkeit zurücklegen werden, ein allumfassender, einheitstiftender Weg in jene Erfahrung jenseits von Worten sein.

John Main begriff, daß das einheitstiftende Schweigen uns über Worte hinauszuführen vermag. Darum wird in diesem Seminar wohl die bedeutsamste Zeit, die wir miteinander verbringen werden, die Zeit des Schweigens sein. Nachdem Seine Heiligkeit zu uns gesprochen hat, wird er uns in eine Phase der Meditation geleiten. Während dieser Phasen werden wir stets über Worte hinausgehen können, hinein in jene Wahrheit, die im Herzen der Wirklichkeit liegt. Meditation bereichert uns auf so vielfältige Art und Weise. So auch dadurch, daß sie uns die Befähigung verleihen kann, die heiligen Schriften der Welt verständiger und mit größerer Auffassungsfähigkeit zu lesen, als wir dies ansonsten könnten.

Wir wissen das Geschenk Ihrer Gegenwart zu schätzen, Eure Heiligkeit. Wenn wir offen sein können für die Wirklichkeit der *Präsenz* – für die Präsenz, die wir in der Heiligen Schrift erfahren werden, die Präsenz, die wir erfahren werden, wenn Sie uns Ihren Geist und Ihr Herz öffnen –, so soll dadurch auch die Gesinnung des Friedens und der Freundschaft in uns wachsen.

Im Namen unserer gesamten weltweit vertretenen Gemeinschaft möchte ich Ihnen versichern, daß wir das tibetische Volk im Sinn behalten – und in unseren Herzen. Wir spüren, daß es heute mit Ihnen hier gegenwärtig ist. Das Kreuz und die Auferstehung Christi machen den Kern des christlichen Glaubens aus. Vielleicht können wir anhand der Geschichte Tibets und Ihrer persönlichen Geschichte verstehen, daß das Kreuz und die Auferstehung menschliche Realitäten sind, die alle Menschen betreffen und nicht nur eine Religion. Wir haben gesehen, daß Tibet gekreuzigt wurde. Allerdings haben wir auch die Auferstehung der tibetischen Weisheit und Lehre erlebt, die – besonders durch Eure Heiligkeit – zu einem Geschenk für die ganze Welt wurde.[45]

Wir sind offen für das Mysterium der Wirklichkeit. Wir hoffen und beten, daß wir im Schweigen der Meditation wie auch in den Worten, durch die Sie uns anleiten werden, in die reiche Fülle von Bewußtsein und Licht werden eintreten können.[46]

Als Pater Laurence geendet hatte, klatschte das Auditorium begeistert Beifall. Danach sprach der Dalai Lama:

Meine geistigen Brüder und Schwestern, es ist mir eine große Freude und besondere Ehre, daß ich die Gelegenheit erhalte, an diesem Dialog teilzunehmen und das John-Main-Seminar zu leiten. All denen gegenüber, die bei der Organisation dieser Veranstaltung mitgeholfen haben, möchte ich meine tiefe Dankbarkeit zum Ausdruck bringen.

Dem verstorbenen Pater John Main bin ich vor vielen Jahren in Kanada begegnet, und ich war beeindruckt, in der christlichen Tradition auf einen Menschen zu treffen, der den Stellenwert von Meditation als Bestandteil spiritueller Praxis betonte. Heute, zu Beginn dieses Seminars, halte ich es für sehr wichtig, daß wir seiner gedenken.

Auch bin ich froh, daß ich so viele vertraute Gesichter sehe und hier die Gelegenheit habe, neuen und alten Freunden zu begegnen.

Trotz zahlreicher materieller Fortschritte auf unserem Planeten sieht sich die Menschheit heute mit vielen Problemen konfrontiert, von denen wir manche selbst hervorgebracht haben. Und in hohem Maß ist unsere Geisteshaltung – unsere Auffassung vom Leben und der Welt – der entscheidende Faktor für die Zukunft: für die Zukunft der Menschheit, die Zukunft der Erde und die Zukunft der Umwelt. Viele Dinge hängen von unserer Geisteshaltung ab, im persönlichen wie im öffentlichen Bereich. Ob wir in unserem persönlichen Leben oder Familienleben glücklich sind, liegt zum größten Teil an uns. Natürlich sind die materiellen Voraussetzungen ein wichtiger Faktor für Glück und für ein angenehmes Leben, doch unsere Geisteshaltung ist von ebenso großer oder größerer Bedeutung.

Während wir uns dem 21. Jahrhundert nähern, sind die religiösen Überlieferungen so bedeutsam wie eh und je. Dennoch kommt es, wie in der Vergangenheit, zu Konflikten und Krisen im Namen unterschiedlicher religiöser Traditionen. Dies ist sehr, sehr bedauerlich. Wir müssen jede Bemühung unternehmen, diese Situation zu überwinden. Durch eigene Erfahrungen habe ich herausgefunden, daß die wirkungsvollste Methode zur Überwindung dieser Konflikte ein enger Kontakt und Austausch unter diesen verschiedenen Glaubensbekenntnissen ist – nicht nur auf intellektueller Ebene, sondern in tieferen spirituellen Erfahrungen. Dies ist eine wirkungsvolle Methode, Verständnis und Respekt füreinander zu entwickeln. Durch diesen Austausch kann man eine stabile Grundlage für echte Harmonie schaffen.

Daher freut es mich immer so sehr, wenn ich am religiösen Dialog teilnehmen kann. Und besonders erfreut bin ich darüber, daß ich diese wenigen Tage damit zubringen darf, mich mit Ihnen unterhalten und mein gebrochenes Englisch anzuwenden! Wenn ich ein paar Wochen zurückgezogen in Dharamsala verbringe, meinem Wohnsitz in Indien, stelle ich fest, daß mein Englisch danach noch gebrochener ist. Daher werden mir diese Tage des Austauschs eine dringend benötigte Übungsmöglichkeit bieten.

Da nach meiner Überzeugung die Harmonie zwischen verschiedenen religiösen Überlieferungen höchst bedeutsam, höchst notwendig ist, möchte ich Ihnen gern ein paar Vorschläge unterbreiten, wie wir sie fördern können. Zunächst schlage ich vor, Begegnungen zwischen Gelehrten unterschiedlicher religiöser Herkunft zu ermutigen, damit sie über Unterschiede und Ähnlichkeiten in ihren Überlieferungen diskutieren können. So wird Einfühlungsvermögen gefördert, und wir können mehr übereinander in Erfahrung bringen.

Zweitens schlage ich vor, daß wir Begegnungen zwischen solchen Menschen aus verschiedenen religiösen Überlieferungen ermutigen, die tiefer gehende spirituelle Erfahrungen gehabt haben. Sie brauchen keine Gelehrten zu sein, sondern nur ernsthaft ihren Übungen nachgehende Menschen, die zusammenkommen und Einsichten miteinander teilen, die ihnen aus ihrer religiösen Übung erwachsen sind. Meiner Erfahrung nach ist dies ein kraftvolles und wirksames Mittel, wie wir einander auf eine tiefgründigere und direktere Weise die Augen öffnen können.

Einige von Ihnen haben mich möglicherweise schon einmal erwähnen hören, daß ich beim Besuch des großen Klosters Montserrat[47] in Spanien einem Benediktinermönch begegnet bin. Er kam eigens, um mich zu sehen – und sein Englisch war noch gebrochener als meines, so hatte ich mehr Mut, mit ihm zu sprechen. Nach dem Mittagessen verbrachten wir einige Zeit unter vier Augen, und ich erfuhr, daß dieser Mönch einige Jahre in den Felsen gleich hinter dem Kloster gelebt hatte. Ich fragte ihn, in welcher

Art von Kontemplation er sich in diesen Jahren der Einsamkeit geübt habe. Seine Antwort war einfach: »Liebe, Liebe, Liebe.« Wie wundervoll! Ich nehme an, manchmal wird er auch geschlafen haben. Doch ansonsten verbrachte er all diese Jahre einfach mit Meditationen über die Liebe. Und er hat nicht einfach nur über das Wort meditiert. Als ich ihm in die Augen blickte, konnte ich deutlich sehen, daß er von tiefer Spiritualität und Liebe erfüllt war – etwas, das ich auch bei meinen Begegnungen mit Thomas Merton gesehen hatte.

Diese beiden Begegnungen verhalfen mir dazu, daß ich eine aufrichtige Verehrung für diese christliche Überlieferung entwickelt habe, die Menschen von solcher Güte hervorzubringen vermag. Ich glaube, der Zweck all der großen religiösen Überlieferungen liegt nicht darin, draußen große Tempel zu errichten, sondern *drinnen*, in unseren Herzen, Tempel der Güte und des Mitgefühls zu erschaffen. Jede große Religion hat das Potential dazu. Je mehr wir dessen gewahr sind, welcher Wert und welches Wirkungsvermögen anderen religiösen Überlieferungen innewohnt, um so tiefer werden unser Respekt und unsere Ehrerbietung anderen Religionen gegenüber sein. Dies ist der geeignete Weg für uns, echtes Mitgefühl und Harmonie unter den Religionen der Welt zu fördern.

Zusätzlich zu Begegnungen unter Gelehrten und erfahrenen Praktizierenden ist es wichtig, vor allem in den Augen der Öffentlichkeit, daß führende Vertreter der verschiedenen religiösen Überlieferungen hin und wieder zu einem

Treffen und zum Gebet zusammenkommen: so wie bei dem wichtigen Treffen 1986 in Assisi.[48] Dies ist eine dritte, einfache, aber wirkungsvolle Art, Toleranz und gegenseitiges Verständnis zu fördern.

Ein viertes Mittel, um auf Harmonie unter den Religionen der Welt hinzuwirken, besteht darin, daß Menschen aus unterschiedlichen religiösen Traditionen sich gemeinsam auf Pilgerreisen begeben und wechselseitig ihre heiligen Stätten besuchen. Vor ein paar Jahren habe ich in Indien damit begonnen, dies in die Tat umzusetzen. Seither hatte ich die Gelegenheit, als Pilger nach Lourdes, der heiligen Stätte in Frankreich[49], und nach Jerusalem zu reisen. An diesen Orten habe ich mit den Anhängern der verschiedenen Religionen gebetet, manchmal in stiller Meditation. Und in diesem Gebet und der Meditation habe ich eine wahrhaft spirituelle Erfahrung gemacht. Ich hoffe, dies wird ein Beispiel geben, als eine Art Präzedenzfall dienen, so daß die Menschen es in Zukunft als ganz normal ansehen werden, sich zu Pilgerreisen an heilige Stätten zusammenzuschließen und die Erfahrung ihrer unterschiedlichen religiösen Herkunft miteinander zu teilen.

Zu guter Letzt möchte ich auf das Thema Meditation zurückkommen und auf meine christlichen Brüder und Schwestern, die in ihrem Alltag meditieren. Ich denke, Ihre Übung ist höchst bedeutsam. Traditionell gibt es in Indien die *Samādhi*-Meditation, die »Beruhigung des Geistes«. Sie ist allen indischen Religionen gemeinsam, einschließlich Hinduismus, Buddhismus und Jainismus. Und vielen dieser Überlieferungen sind bestimmte Arten von *Vipashyanā*, analytischer Meditation, ebenfalls geläufig. Wir könnten uns fragen, warum *Samādhi*, »Beruhigung des Geistes«, so wichtig ist. Weil *Samādhi*, konzentrierende Meditation, das Mittel ist, Ihren Geist zu mobilisieren, Ihre mentale Energie zu kanalisieren. *Samādhi* wird in *allen* großen religiösen Überlieferungen Indiens als unabkömmlicher Bestandteil spiritueller Übung angesehen, weil wir dadurch die Möglichkeit erhalten, all unsere mentale Energie zu kanalisieren, und die Fähigkeit, unseren Geist in einsgerichteter Weise auf einen speziellen Gegenstand zu lenken.

Es ist meine Überzeugung, daß die Wirkung auf den Geist und das Herz des Praktizierenden um so größer sein wird, wenn er oder sie Gebet, Meditation und Kontemplation – die mehr ein Nachdenken beinhaltet und stärker analytisch ist – in der täglichen Übung miteinander verbindet. Ein Hauptziel und Hauptzweck der religiösen Übung für den einzelnen ist innere Wandlung: von einem undisziplinierten, ungezähmten und unkonzentrierten zu einem disziplinierten, gezähmten und ausgeglichenen Geisteszustand. Wer die Fähigkeit zu einsgerichteter Konzentration vervollkommnet hat, wird sicherlich eher in der Lage sein, dieses Ziel zu erreichen. Wenn die Meditation zu einem wichtigen Bestandteil Ihres spirituellen Lebens wird, können Sie diese innere Wandlung auf immer wirksamere Weise vollziehen.

Sobald diese Wandlung eingetreten ist, werden Sie – während Sie weiter Ihrer spirituellen Überlieferung folgen –

feststellen, daß eine Art natürliche Demut in Ihnen ent-
steht, die Ihnen eine bessere Verständigung mit Menschen
aus anderen religiösen Traditionen und anderer kultureller
Herkunft ermöglicht. Sie werden dann den Nutzen und die
Kostbarkeit anderer Überlieferungen mehr schätzen, weil
Sie diesen Nutzen aus Ihrer eigenen Überlieferung kennen.
Man verbindet oft mit seinem Glauben Gefühle der Exklu-
sivität – ein Gefühl, der eigene Weg sei der einzig richtige.
Diese können eine gewisse Abneigung dagegen hervorrufen, zu Menschen mit einem anderen Glauben in Verbindung zu treten. Ich glaube, diesem Einfluß läßt sich am besten dadurch begegnen, daß man den Nutzen des eigenen
Weges durch ein meditatives Leben erfährt. Dies versetzt
uns dann auch in die Lage, den Nutzen und die Kostbarkeit
anderer Überlieferungen zu erkennen.

Um von einer soliden Wissensgrundlage aus eine echte
Gesinnung der Harmonie entwickeln zu können, ist es,
glaube ich, sehr wichtig, die grundlegenden Unterschiede
zwischen den religiösen Überlieferungen zu kennen. Und
es ist möglich, die grundlegenden Unterschiede zu begreifen, zugleich jedoch den Nutzen und das Potential jeder
religiösen Überlieferung anzuerkennen. Auf diese Weise
kann man eine ausgewogene und harmonische Auffassung entwickeln. Manche Menschen meinen, der vernünf-
tigste Weg, Harmonie zu erzielen und Probleme zu lösen,
die mit religiöser Intoleranz zu tun haben, bestünde darin,
eine einzige Universalreligion für alle Menschen einzu-
führen. Hingegen habe ich es immer so empfunden, daß
wir unterschiedliche religiöse Überlieferungen haben soll-

ten, weil die Menschen so viele unterschiedliche geistige Veranlagungen haben: Eine einzige Religion kann einfach nicht die Bedürfnisse einer solchen Vielzahl von Menschen zufriedenstellen. Wenn wir versuchen, die Glaubensbekenntnisse der Welt in einer Religion zu vereinen, werden wir viel von den Qualitäten und dem Reichtum der einzelnen Überlieferungen verlieren.

Deshalb finde ich es trotz der vielen Streitereien im Namen von Religion besser, die Vielfalt an religiösen Überlieferungen zu erhalten. Denn nur sie kann den Anforderungen, die sich aus den unterschiedlichen geistigen Veranlagungen der Menschen ergeben, gerecht werden. Doch unglücklicherweise besitzt diese Vielfalt von Natur aus auch das Potential für Konflikt und Uneinigkeit. Daher müssen die Menschen aller religiösen Traditionen sich im Streben nach Harmonie besondere Mühe geben, um über Intoleranz und Mißverstehen hinauszugelangen.

Dies sind einige Punkte, von denen ich dachte, sie könnten zu Beginn des Seminars hilfreich sein. Nun freue ich mich auf die Herausforderung, Texte und Vorstellungen zu erkunden, die mir nicht vertraut sind. Sie haben mir eine schwere Verantwortung übertragen, und ich will mein Bestes tun, Ihre Wünsche zu erfüllen. Ich empfinde es als große Ehre und als großes Privileg, daß ich gebeten werde, mich vor Ihnen zu ausgewählten Passagen der Heiligen Schrift kommentierend zu äußern – einer Schrift, mit der ich zugegebenermaßen nicht sehr vertraut bin. Ferner muß ich gestehen, daß ich dies hier zum ersten Mal versuche. Ob dieser Versuch glücken oder fehlschlagen wird, weiß ich nicht! Aber in jedem Fall will ich mein Möglichstes tun. Nun werde ich einige Verse der Glückverheißung anstimmen, und dann werden wir meditieren.

❦

Die Saalbeleuchtung wurde ausgeschaltet, und im weichen, nur durch die Fenster hereinkommenden Licht, sammelten sich die Zuhörer, als Seine Heiligkeit die Augen schloß und ein altes tibetisches Gebet sprach:

> Reich an Vorzügen wie ein Berg von Gold,
> sind die dreifachen, von den drei Makeln
>   befreiten Weltenretter,
> die Buddhas, ihre Augen wie erblühte Lotos-
>   blumen.
> Sie sind der erste glückverheißende Segen der
>   Welt.

> Die Lehren, die sie bekannt machten, sind
>   erhaben und dauerhaft,
> berühmt in den dreifachen Welten, von Göttern
>   und Menschen gleichermaßen verehrt.
> Diese heilige Lehre gewährt allen empfindenden
>   Wesen Frieden.
> Sie ist der zweite glückverheißende Segen der
>   Welt.

Die heilige, an gelehrtem Wissen reiche Gemeinschaft wird
von Menschen, Göttern und Halbgöttern verehrt.
Jene höchste Gemeinschaft ist bescheiden, dennoch ist sie die Stätte der Glorie.
Sie ist der dritte glückverheißende Segen der Welt.

Der Lehrer ist in unsere Welt gekommen;
die Lehre verbreitet Licht wie die Strahlen der
  Sonne;
die lehrenden Meister stimmen miteinander überein wie Geschwister.
Mögen daher die glückverheißenden Segnungen
  für die Lehren lange erhalten bleiben.[50]

ഌ ⚶ ഌ

*Nach dreißig Minuten Schweigemeditation und zum Ab-
schluß der ersten Sitzung bat Pater Laurence zuerst Seine
Heiligkeit, eine Kerze als Symbol der Einheit anzuzünden.
Gäste, die andere Überlieferungen repräsentierten, entzün-
deten an seiner Kerze weitere Kerzen.[51] Für die Dauer des
Seminars symbolisierten diese Kerzen die Einheit und die
Freundschaft der verschiedenen Glaubensbekenntnisse.*

I

Liebe deinen Feind

Matthäus 5, 38–48

*N*ach einigen einleitenden Bemerkungen begann Seine Heiligkeit den Morgen mit Betrachtungen zu einer Passage aus dem Matthäus-Evangelium. Während des gesamten Seminars betonte er, sein Ziel sei es nicht, die Christen im Auditorium zu Buddhisten zu machen, sondern ihnen aus Sicht eines buddhistischen Mönchs einzelne Passagen aus den Evangelien darzulegen.

❧ ☙

Da dieser Dialog von der Weltgemeinschaft für christliche Meditation organisiert worden ist und die hier anwesenden Zuhörer zum Großteil praktizierende Christen sind, die der Ausübung ihres Glaubens mit ernsthaftem Engagement nachgehen, werden meine Ausführungen sich in erster Linie an sie richten. Dementsprechend werde ich diejenigen buddhistischen Techniken und Methoden zu erläutern versuchen, die von einem praktizierenden Christen übernommen werden können, ohne die tiefer gehende buddhistische Philosophie damit zu verknüpfen. Manche der tiefer gehenden metaphysischen Unterschiede zwischen den beiden Überlieferungen werden möglicherweise im Podiumsgespräch zutage treten.

Mein Hauptinteresse ist folgendes: Wie kann ich den praktizierenden Christen einen Dienst erweisen? Am allerwenigsten möchte ich eine Saat des Zweifels und der Skepsis säen. Wie zuvor erwähnt, ist es meine volle Überzeugung, daß die heutige Vielfalt von religiösen Traditionen nützlich und bedeutungsvoll ist. Meiner eigenen Erfahrung zufolge halten alle großen religiösen Überlieferungen der Welt eine gemeinsame Sprache und Botschaft bereit, auf der wir ein echtes Verständnis aufbauen können.

Im allgemeinen bin ich dafür, daß die Menschen der Religion ihrer eigenen Kultur nachgehen. Selbstverständlich hat jedes Individuum das Recht zu einem Wechsel, *falls* es erkennt, daß eine neu gefundene Religion wirkungsvoller ist und seinen spirituellen Erfordernissen besser gerecht wird. Doch im großen und ganzen ist es besser, den Nutzen seiner eigenen religiösen Überlieferung zu erfahren. Ich erzähle Ihnen ein Beispiel, welche Schwierigkeiten auftreten können, wenn man seine Religion wechselt. In einer tibetischen Familie starb in den 6oer Jahren der Familienvater. Später kam die Mutter zu mir und wollte mich sprechen. Sie sagte mir, soweit es dieses Leben betreffe, sei sie Christin, doch für das nächste Leben gebe es für sie keine andere Alternative als den Buddhismus. Wie kompliziert! Wenn Sie Christ sind, ist es besser, sich innerhalb Ihrer Religion spirituell zu entwickeln und ein echter, guter Christ zu sein. Falls Sie Buddhist sind, seien Sie ein echter Buddhist. Nicht halb dies und halb das! Letzteres kann in Ihrem Geist nur Verwirrung anrichten.

Bevor ich mit den Betrachtungen zum Text beginne, möchte ich über Meditation sprechen. Der tibetische Ausdruck für Meditation ist *gom*. Dieses Wort bedeutet auch »eine beständige Vertrautheit mit einer bestimmten Übung oder einem bestimmten Gegenstand entwickeln«. Der Vorgang des »Vertrautwerdens« übernimmt dabei die Schlüsselrolle, denn die Verfeinerung oder Entwicklung des Geistes erwächst aus der zunehmenden Vertrautheit mit dem gewählten Gegenstand. Infolgedessen kann man nur dann erwarten, eine innere Umwandlung oder geistige Disziplin zu erreichen, wenn man Techniken der Meditation und der Geistesschulung kontinuierlich anwendet. In der tibetischen Überlieferung gibt es im großen und ganzen zwei grundlegende Arten von Meditation. Die eine setzt in einem gewissen Maß Analyse und logisches Denken ein. Sie wird kontemplative oder analytische Meditation genannt. Bei der anderen geht es mehr um Versenkung und Konzentration, und sie wird die einsgerichtete Meditation genannt, in der sich der Geist auf dem Meditationsgegenstand niederläßt.

Nehmen wir als Beispiel das Meditieren auf Liebe und Mitgefühl bzw. Barmherzigkeit im christlichen Kontext. In ihrem analytischen Aspekt würde sich diese Meditation an bestimmte Gedankengänge halten – etwa folgendermaßen: Damit wir Gott wahrhaft lieben können, muß sich unsere Liebe in unserem Handeln erweisen, in echter Liebe zu unseren Mitmenschen, zu unserem Nächsten.

Man könnte über das Beispiel nachdenken, das uns das Leben von Jesus Christus gibt; darüber, wie er sein Leben geführt, wie er zum Wohl anderer Wesen gewirkt, wie sein Handeln seine mitfühlende Lebensweise veranschaulicht hat. Diese Art von Denkprozeß ist der analytische Aspekt der Meditation über das Mitgefühl. Über Geduld und Toleranz könnte man auf ähnliche Art und Weise meditieren.

Diese Überlegungen werden Sie dazu befähigen, eine tiefe Überzeugung zu entwickeln, daß Mitgefühl und Toleranz überaus wichtig und wertvoll sind. Sobald Sie diesen gewissen Punkt erreichen, an dem Sie aus ganzem Herzen von der Kostbarkeit und Notwendigkeit des Mitgefühls und der Toleranz überzeugt sind, werden Sie spüren, daß diese Erfahrung Sie berührt, daß Sie sich von innen her wandeln. Das ist der Punkt, an dem Sie Ihren Geist einsgerichtet in dieser inneren Gewißheit ruhen lassen sollten, ohne noch weiter von der Analyse Gebrauch zu machen. Ihr Geist sollte vielmehr einsgerichtet im Gleichgewicht verweilen. Dies ist der Versenkungsaspekt der Meditation: Der Geist verweilt auf dem Meditationsgegenstand. Auf diese Weise kann man in einer einzigen Meditationssitzung beide Arten der Meditation anwenden.

Warum sind wir dazu imstande, mit solchen Meditationstechniken Mitgefühl nicht nur zu entwickeln, sondern es auch zu vergrößern? Weil Mitgefühl jene Art von Emotion ist, die über das Potential verfügt, sich zu entwickeln. Ganz allgemein lassen sich zwei Arten von Emotionen aufzeigen. Die eine hat mehr instinktiven Charakter und basiert nicht auf Vernunft. Die andere Art von Emotion – wie etwa Mitgefühl und Toleranz – ist nicht so sehr instinktiv verankert und basiert auf einer soliden Vernunfts- und Erfahrungsgrundlage. Wenn Sie die verschiedenen logischen Gründe klar erkennen, weshalb man diese Emotionen entwickeln sollte, und innerlich mehr und mehr von ihrem Nutzen überzeugt sind, dann können Sie diese Emotionen vergrößern. Wir sehen hier, wie Intellekt und Herz eine Verbindung eingehen. Mitgefühl repräsentiert die Emotion, das Herz, und bei der Anwendung der analytischen Meditation kommt der Intellekt zum Zug. Wenn Sie also den meditativen Zustand erreicht haben, in dem das Mitgefühl sich vergrößert, so sehen Sie Intellekt und Herz auf eine besondere Weise miteinander verschmelzen.

Wenn Sie die Natur dieser meditativen Zustände untersuchen, werden Sie auch erkennen, daß sie unterschiedliche Elemente beinhalten. Beispielsweise könnten Sie mit der analytischen Vorgehensweise befaßt sein und darüber nachsinnen, daß wir alle Geschöpfe desselben Schöpfers und daher in Wahrheit alle Brüder und Schwestern sind. In diesem Fall richten Sie Ihren Geist auf einen bestimmten Gegenstand. Das heißt, Ihre analytische Subjektivität ist auf die Idee oder Vorstellung ausgerichtet, analytisch vorzugehen. Sobald Sie jedoch den einsgerichteten Zustand erreicht haben – wenn Sie also diese innere Verwandlung, dieses Mitgefühl in sich erfahren –, gibt es nicht länger einen meditierenden Geist und einen Meditationsgegenstand. Vielmehr nimmt Ihr Geist die Form von Mitgefühl an.

Soweit ein paar Vorbemerkungen zur Meditation. Ich werde nun aus dem Evangelium lesen.

> Ihr habt gehört, daß gesagt worden ist: Auge für Auge und Zahn für Zahn. Ich aber sage euch: Leistet dem, der euch etwas Böses antut, keinen Widerstand, sondern wenn dich einer auf die rechte Wange schlägt, dann halt ihm auch die andere hin. Und wenn dich einer vor Gericht bringen will, um dir das Hemd wegzunehmen, dann laß ihm auch den Mantel. Und wenn dich einer zwingen will, eine Meile mit ihm zu gehen, dann geh zwei mit ihm.
>
> Wer dich bittet, dem gib, und wer von dir borgen will, den weise nicht ab.
>
> *[Matthäus 5, 38–42]*

Diese Textstelle plädiert dafür, daß wir uns in Toleranz und Geduld üben. Das ähnelt außerordentlich der Übung von Toleranz und Geduld, für die der Buddhismus generell eintritt – was in Zusammenhang mit dem *Bodhisattva-Ideal* ganz besonders für den Mahayana-Buddhismus gilt. Dieses Ideal ermutigt jeden, dem Leid widerfährt, darauf gewaltlos und mitfühlend zu reagieren. Man könnte tatsächlich beinahe sagen: Würden diese Zeilen in einen buddhistischen Text eingefügt, könnte man nicht einmal erkennen, daß es sich um christlich überlieferte Bibelzitate handelt.

Ihr habt gehört, daß gesagt worden ist: Du sollst deinen Nächsten lieben und deinen Feind hassen. Ich aber sage euch: Liebt eure Feinde und betet für die, die euch verfolgen, damit ihr Söhne eures Vaters im Himmel werdet; denn er läßt seine Sonne aufgehen über Bösen und Guten, und er läßt regnen über Gerechte und Ungerechte. Wenn ihr nämlich nur die liebt, die euch lieben, welchen Lohn könnt ihr dafür erwarten? Tun das nicht auch die Zöllner? Und wenn ihr nur eure Brüder grüßt, was tut ihr damit Besonderes? Tun das nicht auch die Heiden?

Ihr sollt also vollkommen sein, wie es auch euer himmlischer Vater ist.

[Matthäus 5, 43–48]

Dies erinnert mich an eine Stelle in einem *Kurzdarstellung der Übungen*[52] genannten Text des Mahayana-Buddhismus, in dem Shantideva fragt: »Wenn ihr euch nicht eurem Feind gegenüber in Mitgefühl übt, wem gegenüber könnt ihr euch dann darin üben?« Damit soll gesagt sein, daß selbst Tiere den Ihren gegenüber Liebe, Mitgefühl und Einfühlungsvermögen zeigen. Da wir für uns in Anspruch nehmen, einen spirituellen Weg zu beschreiten und uns in Spiritualität zu üben, sollten wir zu Besserem fähig sein als die Tiere.

Diese Passagen des Evangeliums erinnern mich auch an Reflexionen in dem Mahayana-Text *Eintritt in das Leben zur Erleuchtung*. Dort erklärt Shantideva, wie wichtig es ist, seinem Feind gegenüber die richtige Einstellung zu entwickeln. Denn falls Sie dies können, sind Ihre Feinde die besten spirituellen Lehrer, weil ihr Vorhandensein Ihnen die Gelegenheit verschafft, Toleranz, Geduld und Verständnis zu entwickeln und zu vergrößern. Mit größerer Toleranz und Geduld werden Sie leichter die Kraft aufbringen, sich in Mitgefühl und – dadurch – in uneigennützigem Handeln zu üben. Gerade wenn Sie einen spirituellen Weg beschreiten, ist das Vorhandensein eines Feindes unerläßlich. Die im Evangelium hergestellte Entsprechung, derzufolge »die Sonne nicht unterscheidet, wohin sie scheint«, ist sehr bedeutungsvoll. Die Sonne scheint für alle und nimmt keinerlei Unterscheidungen vor. Dies ist eine wundervolle Metapher für das Mitgefühl mit seiner unparteiischen und allumfassenden Natur.

Nach meinem Eindruck beim Lesen dieser Passagen betont das Evangelium, wie wichtig es ist, daß wir Toleranz üben und allen Geschöpfen gegenüber unparteiische Empfindungen hegen. Eine wichtige Voraussetzung dafür, daß wir unsere Fähigkeit zur Toleranz allen Geschöpfen – und insbesondere einem Feind – gegenüber entwickeln können, besteht meiner Ansicht nach darin, ihnen allen gegenüber gleichmütig zu bleiben. Sagt Ihnen jemand, Sie sollten Ihrem Feind nicht feindselig gegenübertreten, oder Sie sollten ihn lieben, wird diese Aufforderung allein Sie nicht zu einem Wandel bewegen. Für uns alle ist es etwas ganz Natürliches, denen gegenüber, die uns Leid zufügen, Feindseligkeit zu empfinden, und an denen zu hängen, die uns lieb sind. Das ist ein natürliches menschliches Empfinden. Darum müssen wir wirkungsvolle Techniken zur Hilfe nehmen, damit uns der Übergang von dieser naturgegebenen Voreingenommenheit zu einem Zustand größeren Gleichmuts gelingt.

Es gibt spezifische Techniken, um allen empfindenden Wesen gegenüber solchen Gleichmut zu entwickeln. Will man Gleichmut entwickeln, kann man sich beispielsweise im buddhistischen Kontext auf die Vorstellung der Wiedergeburt beziehen. Hier sprechen wir jedoch darüber, wie man als praktizierender Christ Gleichmut entwickeln kann: Eine Möglichkeit besteht vielleicht darin, den Schöpfungsgedanken zu Hilfe zu nehmen, demzufolge alle Geschöpfe einander darin gleich sind, daß sie ausnahmslos Geschöpfe desselben Gottes sind. Mit diesem Glauben kann man Gleichmut entwickeln. Vor unserer Morgensitzung hatte ich ein kurzes Gespräch mit Pater Laurence. Er verwies auf den von der christlichen Theologie vertretenen Glauben, alle Menschen seien nach Gottes Ebenbild geschaffen. Wir haben demnach alle Anteil an einer gemeinsamen göttlichen Natur. Ich finde, dies ist der Idee von der Buddha-Natur im Buddhismus ganz ähnlich. Auf der Basis dieses Glaubens, daß alle Menschen dieselbe göttliche Natur miteinander teilen, haben wir eine ganz starke Veranlassung, einen wirklich überzeugenden Grund, darauf zu vertrauen, daß es jedem von uns möglich ist, allen Wesen gegenüber echten Gleichmut zu entwickeln.

Wir sollten Gleichmut nicht als Selbstzweck ansehen. Ebensowenig sollten wir uns vorstellen, Gleichmut sei ein Zustand totaler Apathie, in dem wir keine Empfindungen oder schwankenden Emotionen unseren Feinden oder auch unseren Lieben und Freunden gegenüber hätten. Keineswegs versuchen wir so etwas zu erreichen. Unser Bestreben geht dahin, eine Grundlage zu schaffen, eine Art freies Feld, auf dem wir dann andere Gedanken aussäen können. Gleichmut ist dieser ebene Boden, den wir zunächst anlegen. Auf dieser Grundlage sollten wir dann darüber nachdenken, welches die Vorzüge von Toleranz, Geduld, Liebe und Mitgefühl allen Wesen gegenüber sind. Und wir sollten auch die Nachteile und negativen Auswirkungen von ich-bezogenem Denken betrachten, von Voreingenommenheit und von schwankenden Emotionen Freund und Feind gegenüber.

Der springende Punkt dabei ist, wie Sie diesen Gleichmut als Grundlage nutzen. Wichtig ist, sich auf die negativen Züge von Wut und Haß zu konzentrieren, die uns am meisten dabei behindern, daß wir unsere Fähigkeit zu Mitgefühl und Toleranz vergrößern. Sie sollten auch darüber nachdenken, welches Verdienst und welche inneren Qualitäten es mit sich bringt, wenn Sie Ihre Toleranz und Geduld vergrößern. Im christlichen Kontext kann dies ohne Bezugnahme auf einen Wiedergeburtsglauben geschehen. Wenn Sie darüber nachdenken, welches Verdienst und welche inneren Qualitäten mit Toleranz und Geduld einhergehen, könnten Sie beispielsweise folgenden Gedanken nachgehen: Gott hat Sie als ein Individuum geschaffen und Ihnen die Freiheit gegeben, in einer Weise zu handeln, die den Wünschen des Schöpfers gemäß ist – in ethischer, in moralischer Weise zu handeln und das Leben eines ethisch disziplinierten, verantwortlichen Individuums zu führen. Indem Sie anderen Mitgeschöpfen gegenüber Toleranz und Geduld empfinden und diese auch wirklich aufbringen, erfüllen Sie jenen Wunsch: Sie erfreuen Ihren Schöpfer. Das ist in gewisser Weise das schönste Geschenk, die bestmögliche Opfergabe für Ihren göttlichen Schöpfer.

Im Buddhismus gibt es etwas, das man *Opfern der Übung (drupai chöpa)* nennt: Unter all dem, was man opfern kann – materielle Opfer, Lieder der Lobpreisung oder andere Gaben –, besteht das beste Opfer darin, den Grundwahrheiten dieses Wesens gemäß zu leben. Durch eine ethisch disziplinierte, auf Toleranz und Geduld gründende Lebensführung machen Sie gewissermaßen Ihrem Schöpfer ein wundervolles Geschenk. Dies ist in mancher Hinsicht viel wirkungsvoller, als sich allein auf die Verrichtung des Gebets zu stützen. Wenn Sie beten, dann jedoch nicht diesem Gebet gemäß leben, bringt das keinen großen Nutzen.

Milarepa, einer der großen Yogis des tibetischen Buddhismus, erklärt in einem seiner von spiritueller Erfahrung durchdrungenen Gesänge: »Was die Opferungen materieller Gaben anbelangt, da bin ich mittellos; da habe ich nichts zu opfern. Was ich im Überfluß zu opfern habe, sind die Gaben meiner spirituellen Übung.« Generell können wir erkennen, daß es im Leben einer Person, die über außerordentliche Reserven an Geduld und Toleranz verfügt, ein gewisses Maß an Ruhe und Gelassenheit gibt. Solch eine Person ist nicht nur glücklich und emotional stabil, sondern scheint auch körperlich gesünder zu sein und seltener zu erkranken. Sie oder er besitzt einen starken Willen, verfügt über einen guten Appetit und kann ruhigen Gewissens schlafen. All diese Vorzüge von Toleranz und Geduld können wir in unserem eigenen Alltag erkennen.

Ich bin zutiefst davon überzeugt, daß der Mensch von Grund auf eine starke Bereitschaft hat, Mitgefühl und Zuneigung zu empfinden. Im Grunde seines Wesens ist der Mensch sanft, nicht aggressiv oder gewalttätig. Dies geht Hand in Hand mit der von Pater Laurence getroffenen Feststellung, daß alle Menschen an derselben göttlichen Natur Anteil haben. Wenn wir die Beziehung zwischen Geist – oder Bewußtsein – und Körper untersuchen, dann sehen wir, so möchte ich behaupten, daß heilsame Einstellungen, Emotionen und Geisteszustände wie Mitgefühl, Toleranz und Versöhnlichkeit in enger Verbindung zu körperlicher Gesundheit, körperlichem Wohlbefinden stehen. Durch sie erhöht sich das körperliche Wohlbefinden, wohingegen negative, unzuträgliche Einstellungen und Emotionen – Wut, Haß, verstörte Geisteszustände – die körperliche Gesundheit untergraben. Diese Entsprechungen zeigen, so möchte ich behaupten, daß wir Menschen im Grunde unserer Natur den heilsamen Einstellungen und Emotionen näher stehen.

Nachdem Sie darüber nachgedacht haben, worin der Wert von Toleranz und Geduld besteht, und in sich die Überzeugung verspüren, Sie müßten diese bei sich entwikkeln und vergrößern, sollten Sie Ihren Blick auf die verschiedenen Arten und Stufen von Geduld und Toleranz richten. In den buddhistischen Texten werden beispielsweise drei Arten von Geduld und Toleranz beschrieben. Die erste ist der Zustand unbeirrbarer Indifferenz – man ist imstande, Schmerz oder Leid zu ertragen, ohne davon überwältigt zu werden. Das ist die erste Stufe. Auf der zweiten Stufe ist man nicht nur in der Lage, solches Leid zu akzeptieren, sondern man ist auch darauf vorbereitet und sogar gewillt, nötigenfalls die Entbehrungen, den Schmerz und das Leid auf sich zu nehmen, die der spirituelle Weg mit sich bringt. Das heißt, man nimmt freiwillig zugunsten eines höheren Zwecks Entbehrungen in Kauf. Die dritte ist eine Art von Geduld und Toleranz, die aus einer wohlfundierten inneren Gewißheit in bezug auf die Natur der Wirklichkeit entsteht.

Im Kontext des christlichen Glaubens könnte diese Art von Geduld auf einem unerschütterlichen Vertrauen auf die Mysterien der Schöpfung beruhen. Zwar findet man die Unterscheidung zwischen diesen drei Stufen der Toleranz nur in buddhistischen Texten. Trotzdem lassen sie sich auch auf das Christentum anwenden. Dies trifft insbesondere auf die zweite Art von Toleranz und Geduld zu – mit Bedacht die Entbehrungen und Schmerzen auf sich zu nehmen, die der spirituelle Weg mit sich bringt. Darum geht es offenbar im nächsten Abschnitt, den Seligpreisungen aus dem Evangelium des Matthäus.

2

Die Bergpredigt:
Die Seligpreisungen

Matthäus 5, 1–10

Als Jesus die vielen Menschen sah, stieg er auf einen Berg. Er setzte sich, und seine Jünger traten zu ihm. Dann begann er zu reden und lehrte sie:

Er sagte:
Selig, die arm sind vor Gott;
    denn ihnen gehört das Himmelreich.
Selig die Trauernden;
    denn sie werden getröstet werden.
Selig, die keine Gewalt anwenden;
    denn sie werden das Land erben.
Selig, die hungern und dürsten nach der
    Gerechtigkeit;
    denn sie werden satt werden.
Selig die Barmherzigen;
    denn sie werden Erbarmen finden.
Selig, die ein reines Herz haben;
    denn sie werden Gott schauen.
Selig, die Frieden stiften;
    denn sie werden Söhne Gottes genannt werden.

Selig, die um der Gerechtigkeit willen verfolgt
werden;
denn ihnen gehört das Himmelreich.
[Matthäus 5, 1–10]

Wenn ich diese Zeilen aus den Seligpreisungen lese, kommt mir als erstes folgender Punkt in den Sinn: Dieser Textabschnitt scheint die schlichte Tatsache zum Ausdruck zu bringen, daß jene, die gewillt sind, sich auf einen spirituellen Weg einzulassen und die Entbehrungen und den Schmerz auf sich zu nehmen, die damit verbunden sind, den Lohn für ihr Engagement ernten werden. Wenn wir von einer Art von Toleranz, von einer Duldsamkeit sprechen, die erfordert, daß wir Entbehrungen, Schmerz und Leid als Tatsachen akzeptieren, sollten wir nicht die irrige Vorstellung haben, diese spirituellen Lehren besagten, Leid sei etwas Schönes oder Erstrebenswertes. Überflüssig zu sagen, daß ich solch eine Sicht nicht gutheiße. Ich persönlich glaube, daß der Zweck unseres Daseins darin besteht, nach Glück zu trachten, ein Empfinden von Zufriedenheit und Erfüllung anzustreben. Wir machen jedoch die Erfahrung von Entbehrungen, Schmerz und Leid. Daher ist es von entscheidender Bedeutung, daß wir diesen Prüfsteinen des Lebens gegenüber eine Einstellung entwickeln, die uns realistisch mit ihnen umgehen läßt, damit wir einen gewissen Nutzen aus ihnen ziehen können.

Untersuchen wir die Natur des Leids, werden wir feststellen, daß wir für bestimmte Arten von Leid Abhilfe finden, sie also überwinden können. Sobald wir das wirklich erkennen, sollten wir nach diesen Möglichkeiten und den Mitteln zur Überwindung des Leids suchen. Doch es gibt auch andere Arten von Leid, die unausweichlich und unüberwindlich sind. In solchen Fällen ist es wichtig, einen Geisteszustand zu entwickeln, der es Ihnen gestattet, auf realistische Weise mit diesem Leid umzugehen.

Indem Sie dies tun, werden Sie möglicherweise imstande sein, diese Schwierigkeiten so zu nehmen, wie sie kommen. Solch eine Haltung wird Sie schützen: nicht unbedingt vor der physischen Wirklichkeit des Leids, aber vor der unnötigen, zusätzlichen seelischen Belastung, gegen dieses Leid anzukämpfen.

Einen besonders wirkungsvollen Ansatz, dem Leid zu begegnen, finden wir in Shantidevas *Eintritt in das Leben zur Erleuchtung*: Ist das Problem so beschaffen, daß es einen Ausweg, eine Lösung gibt, brauchen wir uns darüber keine Sorgen zu machen. Existiert andererseits aber kein Ausweg, keine Lösung, macht es ebensowenig Sinn, sich darüber zu sorgen!

Diese Verse aus den Seligpreisungen scheinen ferner auf das Kausalitätsprinzip zu verweisen. Zwar ist im biblischen Kontext nicht – mit dem Ausdruck aus dem Sanskrit – von *Karma* die Rede, doch offenbar wird hier auf das allgemeine Prinzip der Kausalität verwiesen, das hinter der Lehre vom Karma steht. Die Verse besagen: Wenn Sie in einer bestimmten Weise handeln, dann erleben Sie eine bestimmte Wirkung; und handeln Sie nicht in einer bestimmten Weise, dann werden Sie diese bestimmte Wirkung nicht erleben. Also ist das Kausalitätsprinzip hier eindeutig in die Lehre eingebettet.

Mag sein, daß nicht alle großen spirituellen Überlieferungen der Welt unter dem Gesichtspunkt zahlreicher Lebenszyklen von Kausalität sprechen. Aber all diesen Überlieferungen scheint eine zentrale Aussage gemeinsam zu sein, die auf dem Kausalitätsprinzip beruht. Diese besagt: Wenn Sie Gutes tun, dann erleben Sie wünschenswerte Auswirkungen; und wenn Sie Übles tun, dann erleben Sie unerwünschte Auswirkungen. Diese fundamentale ethische Botschaft scheint in allen großen spirituellen Überlieferungen tief verwurzelt zu sein.

Nebenbei bemerkt ist es auch sehr interessant zu sehen, daß stilistisch gewisse, ganz erstaunliche Ähnlichkeiten zwischen den christlichen und den buddhistischen Schriften bestehen. In der Einleitung zu den Seligpreisungen heißt es im Evangelium, Jesus sei, als er die Menschenmengen sah, den Berg hinaufgestiegen, habe seinen Platz eingenommen und so weiter. Ganz ähnlich beginnen manche Sutras, die heiligen Schriften des Buddhismus. Sie beschreiben, daß der Buddha zu einem bestimmten Zeitpunkt die und die Stätte besucht hat, von soundso vielen Schülern umgeben war, sich hingesetzt und seine Belehrung begonnen hat. Der Aufbau dieser Textpassagen weist also eine interessante Parallele auf.

Eine für Buddhisten überaus schwierige Vorstellung ist das Konzept von einem göttlichen Wesen, von Gott. Natürlich kann man in dem Sinn an diese Vorstellung herangehen, hier handele es sich um etwas Unaussprechliches, das jenseits von Sprache und Begrifflichkeit liegt. Doch muß man einräumen, daß auf einer theoretischen Ebene die Vorstellungen von Gott und der Schöpfung ein Punkt sind, an dem Buddhisten und Christen unterschiedliche Wege einschlagen. Allerdings glaube ich, daß einige Aspekte des Gedankengangs, der zu diesem Glauben führt, Buddhisten wie Christen vertraut sind.

Untersucht man beispielsweise das Wesen aller natürlichen Begebenheiten, sagt uns der gesunde Menschenverstand, daß jedes Geschehnis eine Ursache haben muß. Bestimmte Bedingungen und Ursachen müssen gegeben sein, damit ein Geschehnis zustande kommt. Dies gilt nicht nur für unser individuelles Leben, unser Dasein, sondern für das gesamte unermeßliche Universum. Für unseren gesunden Menschenverstand ist die Annahme, etwas habe keine Ursache, nicht akzeptabel – gleichgültig, ob es sich dabei nun um das Universum handelt oder um unser individuelles Dasein. Dann stellt sich aber folgende Frage: Wenn dies so ist, wenn unser Dasein eine Ursache haben muß, wenn selbst das unermeßliche Universum eine Ursache haben muß, woher kommt dann diese Ursache? Und ist hier nun unsere Folgerung die, daß *jene* Ursache ebenfalls eine Ursache haben muß, so entsteht ein endloser Regreß von Ursache zu Ursache.

Um dieses Problem des endlosen Regresses zu überwinden, ist es hilfreich, einen Anbeginn zu postulieren, einen Schöpfer, und bezüglich der Wesensbeschaffenheit des Schöpfers bestimmte Wahrheiten zu akzeptieren: Er ist unabhängig, selbsterschaffen, allmächtig und erfordert keine andere Ursache. Einen solchen Anbeginn zu akzeptieren ist eine mögliche Antwort auf das Problem des endlosen Regresses.

Postuliert man solch einen Schöpfer und untersucht dann vom Urknall an den Prozeß der Evolution und das ganze Mysterium des Universums, so kann man dem Schöpfer ganz plausibel Allmacht zusprechen. Untersuchen Sie darüber hinaus die Beschaffenheit des Universums, so werden Sie in seinen Abläufen kein totales Chaos, keine totale Zufälligkeit erkennen. Da scheint es eine innere Ordnung zu geben, ein Kausalitätsprinzip scheint wirksam zu sein. Dadurch wiederum kann man dem Schöpfer eine Art Allwissenheit zusprechen, als sei der gesamte Prozeß, der gesamte Vorgang geplant. Unter diesem Gesichtspunkt sind in gewissem Sinn alle Geschöpfe eine Manifestation seiner göttlichen Kraft. Man könnte sagen, der Schöpfer sei das *Letztendliche* und die Schöpfung das *Relative*, das rasch Vergängliche. In diesem Sinn ist der Schöpfer die absolute und letztendliche Wahrheit. Ich weiß allerdings nicht, was christliche Theologen dazu sagen würden!

Schaue ich persönlich mir die Idee der Schöpfung und den Glauben an einen göttlichen Schöpfer an, dann besteht, so meine ich, die hauptsächliche Wirkung dieses Glaubens darin, daß er ein Gefühl der Motivation vermittelt – das praktizierende Individuum empfindet, wie dringlich es ist, daß er oder sie sich dafür engagiert, ein guter Mensch, eine ethisch disziplinierte Person zu werden. Solch eine Vorstellung, solch ein Glauben gibt Ihrem Dasein auch eine Zielrichtung. Dies hilft sehr dabei, moralische Grundsätze zu entwickeln.

So verstehe ich die christliche Theologie!

Gespräch über die Auslegung
des Evangeliums

Pater Laurence: Eure Heiligkeit, ich möchte Ihnen aufrichtig danken für das, was Sie uns heute morgen über die Bibel gelehrt haben. Für mich selbst, und ich glaube für uns alle, darf ich sagen, daß es mich als Christ sehr bewegt hat, Sie die Worte Jesu mit solcher Reinheit und solch tiefem Verständnis ihrer Bedeutung lesen und auslegen zu hören. Da nun die Zeit für das erste Podiumsgespräch gekommen ist, möchte ich Ihnen Ihre beiden Gesprächspartner vorstellen. Die Gesprächsteilnehmer sind Robert Kiely, ein Laienbruder unserer Gemeinschaft und Professor für Literatur an der Harvard-Universität, und Isabelle Glover; sie ist als benediktinische Laienschwester ebenfalls ein Mitglied unserer Gemeinschaft, und sie ist Sanskrit-Lehrerin.

Das Podiumsgespräch soll uns helfen, das Wort der Heiligen Schrift, das uns schon heute morgen berührt hat, noch tiefgründiger zu begreifen. In unserer Diskussion geht es nicht darum, Unterschiede ausfindig zu machen. Vielmehr wollen wir mit möglichst großer geistiger Offenheit und Großzügigkeit Betrachtungen zu den Ähnlichkeiten wie auch zu den reichlich vorhandenen Unterschieden zwischen unseren Glaubensbekenntnissen anstellen. Ich werde nun Robert Kiely bitten, zunächst ein paar einleitende Worte zu sagen.

Robert Kiely: Eure Heiligkeit, den von Pater Laurence ausgesprochenen Worten des Dankes dafür, daß Sie heute vormittag die Bibeltexte für uns gelesen und kommentiert haben, möchte ich mich anschließen. Da ich ein wenig über Ihre Lebensgeschichte und die Geschichte Ihres Volkes im 20. Jahrhundert weiß, hat es mich besonders berührt, als Sie aus den Seligpreisungen lasen, speziell die Zeilen: »Selig die Trauernden; denn sie werden getröstet werden.« Und: »Selig, die um der Gerechtigkeit willen verfolgt werden; denn ihnen gehört das Himmelreich.« Es ist ein christlicher Glaube, daß die Heilige Schrift für uns alle wieder lebendig wird, wenn jemand sie mit gütigem Herzen liest. Diese Worte von Ihnen zu hören hat dies für mich bewirkt, und ich glaube, für viele hier unter uns.

Zu den Dingen, zu denen ich ein paar Worte sagen will und von Ihnen eine Antwort erbitte, gehört folgendes: Nach jüdischer und christlicher Vorstellung hat sich Gott, das Absolute, in die Relativität der Geschichte, der Raumzeitlichkeit hineinbegeben. Wenn Christen die Worte hören, die Sie heute gelesen haben, oder die Lehren Jesu überhaupt, umfaßt der Kontext, in dem sie diese Lehren ansiedeln, zumindest drei Geschichten. Eine dieser Geschichten ist das Leben Jesu. Jedem Christen, der seine Lehre hört, ist dabei in Erinnerung, daß Jesus arm zur Welt kam, daß er ein Jude in einem besetzten Land war, daß er nur für einen sehr kurzen Lebensabschnitt öffentlich als Lehrer gewirkt, daß man ihn verfolgt und als gewöhnlichen Verbrecher gekreuzigt hat und daß er von den Toten auferstanden ist. Wenn Christen die Worte hören, die Sie gelesen haben, ist in erster Linie dies der Kontext.

Zweitens wissen wir, wenn wir die Evangelien hören, um unser Erbe aus der Geschichte des jüdischen Volkes, deren Schilderung ebenfalls ein Bestandteil unserer Heiligen Schrift ist: eine Geschichte, geprägt durch Sklaverei in Ägypten, durch Gefangenschaft, durch Befreiung unter der Führung von Moses, dem Überbringer der Gebote, und letztlich dadurch, daß die Juden über aller Herren Länder versprengt wurden. Die dritte Geschichte ist immer unsere persönliche Lebensgeschichte. Wenn wir also über die Worte Jesu nachdenken, so gelangen diese durch Erzählungen von Begebenheiten zu uns, die sich innerhalb der Zeit, in einem geschichtlichem Rahmen zugetragen haben – persönlich, national und theologisch im Leben Jesu. Ich möchte gern wissen, ob Sie als buddhistischer Mönch zu diesem zeitlichen Aspekt des Christentums Stellung nehmen und mögliche Entsprechungen oder Ähnlichkeiten auf seiten des Buddhismus aufzeigen könnten.

Dalai Lama: Wenn wir zwei so alte spirituelle Überlieferungen wie den Buddhismus und das Christentum miteinander vergleichen, erkennen wir deutliche Gemeinsamkeiten zwischen den Berichten von den Meistern, auf die diese

Überlieferungen zurückgehen: Jesus Christus im Christentum und der Buddha im Buddhismus. Eine ganz bedeutsame Parallele sehe ich darin, daß uns in beiden Fällen das Leben des Meisters oder Lehrers, der die Überlieferung ins Leben ruft, die Essenz der Lehre vor Augen führt. Im Leben des Buddha beispielsweise verkörpern die Vier Edlen Wahrheiten die Essenz seiner Lehre: die Wahrheit des Vorhandenseins von Leid, die Wahrheit vom Ursprung des Leids, die Wahrheit vom Aufhören des Leids und die Wahrheit von dem Weg, der zum Aufhören des Leids führt. Für diese Vier Edlen Wahrheiten gibt das Leben des Buddha, des Lehrers, auf den diese Überlieferung zurückgeht, ganz unverhüllt und klar ein Beispiel. Ich meine, beim Leben von Jesus Christus ist dies ganz genauso der Fall. Wenn Sie sich das Leben Jesu anschauen, sehen Sie darin Beispiele für alle wesentlichen Lehren des Christentums und für all seine religiösen Übungen. Eine weitere Ähnlichkeit sehe ich darin: Am Leben von Jesus Christus ebenso wie an dem des Buddha erweist sich, daß spirituelles Wachstum und Erleuchtung sich nur durch Entbehrung, Hingabe und Engagement und dadurch, daß man fest zu seinen Grundsätzen steht, erreichen lassen. Das scheint eine zentrale und beiden gemeinsame Aussage zu sein.

Isabelle Glover: Eure Heiligkeit, Sie haben von »Wiedergeburt« gesprochen. In den frühen Tagen der christlichen Kirche gibt es viele Anzeichen dafür, daß der Glauben an die Wiedergeburt, der ja jetzt im christlichen Denken keinerlei Rolle mehr spielt[53], ein anerkannter Glauben war. Könnten Sie mehr darüber sagen? Wie wichtig ist die Lehre von Wiedergeburt und Karma?

Dalai Lama: Ich habe davon gehört. In den Lehren der Frühkirche, auf die Sie hier ansprechen, gibt es bestimmte Teile, die man dahingehend auslegen könnte, daß ein Wiedergeburtsglauben mit dem christlichen Glaubensbekenntnis vereinbar sei. Darum habe ich mir die Freiheit genommen, über diesen Punkt mit verschiedenen christlichen Priestern und führenden Vertretern der Kirche zu sprechen – natürlich hatte ich nicht die Gelegenheit, Seine Heiligkeit den Papst direkt zu fragen. Ansonsten habe ich jedoch viele verschiedene praktizierende Christen und christliche Priester darüber befragt. Sie alle haben mir ziemlich einhellig gesagt, daß die christliche Lehrauffassung diesen Glauben an die Wiedergeburt nicht akzeptiert. Allerdings hat man mir keinen speziellen Grund dafür genannt, weshalb die Vorstellung von der Wiedergeburt im weiteren Kontext des christlichen Glaubens und seiner Ausübung keinen Platz hat.

Vor etwa zwei Jahren jedoch in Australien, bei meiner letzten Begegnung mit Pater Bede Griffiths (ich habe ihn bei verschiedenen Gelegenheiten getroffen), richtete ich diese Frage an ihn. Unsere Begegnung habe ich noch lebhaft vor Augen: Er trug seine safrangelben *Sadhu*-Gewänder, und es war ein sehr bewegendes Treffen. Er sagte mir, wenn man von der Wiedergeburt überzeugt sei, so würde dies vom christlichen Standpunkt aus den Nachdruck auf den eigenen Glauben und seine Praxis untergraben. Wenn Sie glauben, daß dieses Leben, Ihr individuelles Dasein, direkt vom Schöpfer erschaffen wurde und wie ein Geschenk direkt von ihm kommt, wird dadurch sogleich ein ganz spezielles Band zwischen Ihnen als einem individuellen Geschöpf und dem Schöpfer geknüpft. Es besteht eine direkte, persönliche Verbindung, die Ihnen ein Gefühl der Nähe und eine Vertrautheit mit Ihrem Schöpfer gibt. Ein Glauben an die Wiedergeburt würde diese besondere Beziehung zu Ihrem Schöpfer untergraben. Ich fand diese Erklärung zutiefst überzeugend.

Pater Laurence: Eure Heiligkeit, ich sehe einen Zusammenhang zwischen der Frage, die Robert Kiely zur Sprache gebracht, und derjenigen, die Isabelle gerade gestellt hat, in bezug auf das Verhältnis zwischen Zeit und Ewigkeit, dem Absoluten und dem Relativen. Einer der Namen, den die Christen für Gott haben, ist Wahrheit. Und alle Menschen wissen aus Erfahrung, daß Wahrheit etwas ist, das wir stufenweise entdecken. Wahrheit ergibt sich; sie kommt im Leben eines Individuums nach und nach zum Vorschein – ob dies nun *ein* Leben ist oder mehrere Leben. Wir sehen auch, daß es eine historische Entwicklung der Religionen gibt. Da gibt es einen absoluten Kern in den Lehren des Buddha und den Lehren Jesu, doch ihre Wahrheit tritt geschichtlich, durch Reflexion zutage. Anderenfalls würde es keinen Sinn machen, ein Seminar wie dieses hier abzuhalten, denn es gibt immer noch mehr Wahrheit zu enthüllen. Könnten Sie uns diese Idee der Wahrheit erläutern – Wahrheit als etwas, das hier und jetzt in seiner ganzen Fülle zugegen ist, aber auch als das, was man Schritt für Schritt in Stufen erfährt?

Dalai Lama: Buddhistische Lehren widmen sich ebenfalls der Frage, wie letztendliche Wahrheit sich stufenweise manifestiert und eine historische Entwicklung nimmt, während sie zugleich absolut oder letztendlich ist. Es gibt einen besonderen Abschnitt im *Prajñāpāramitā-Sūtra*, dem Sutra von der *Vervollkommnung der Weisheit*, der sich ganz speziell mit diesem Gedanken befaßt. Im betreffenden Abschnitt kommt man zu der Feststellung, daß – gleichgültig, ob die Buddhas der Vergangenheit oder der Zukunft auf die Welt gekommen sein werden oder nicht oder ob überhaupt ein Buddha auf der Welt existent ist oder nicht – die Wahrheit der letztendlichen Seinsweise der Dinge und Geschehnisse jederzeit dieselbe bleiben wird. Diese Wahrheit ist immer gegenwärtig; sie ist jederzeit da. Damit ist jedoch nicht gesagt, daß alle Lebewesen spontan oder mühelos an dieser Wahrheit teilhaben, das heißt, Befreiung erreichen werden. Denn die Individuen müssen diese Wahrheit in abgestufter Weise erfahren. Daher ist es nötig, daß wir eine Unterscheidung vornehmen zwischen dem tatsächlichen Vorhandensein der Wahrheit einerseits und der Erfahrung dieser Wahrheit andererseits. Hier wird der Berührungspunkt zwischen der Geschichtlichkeit und der absoluten Natur der Wahrheit verständlich.

Sie haben eine interessante Frage angesprochen. Wie kann ein absolutes Prinzip wie der göttliche Schöpfer sich in einer historischen Gestalt wie Christus manifestieren? Worin besteht genau die Natur, das Wesen dieser Beziehung, und welche »Mechanismen« könnten die Beziehung erklären zwischen dem Absoluten in seiner Zeitlosigkeit und einer historischen Gestalt, die zeitgebunden ist? Im buddhistischen Kontext würde man diese Frage unter einem Aspekt betrachten, den man als die Lehre von den *drei Kayas*, den drei Verkörperungen eines erleuchteten Wesens, bezeichnet. In diesem Rahmen wird die physische, historische Manifestation erleuchteter Wesen in gewissem Sinn als spontanes In-Erscheinung-Treten aus dem zeitlosen, letztendlichen Zustand des *Dharmakāya*, des »Wahrheitskörpers« eines Buddha, angesehen.

Robert Kiely: Eine andere Möglichkeit, zumal aus dem Blickwinkel der tagtäglichen Übung und Andacht, Überlegungen dazu anzustellen, bestünde wahrscheinlich darin, sich die Titel oder Namen ins Gedächtnis zu rufen, die Jesus von den Christen erhalten hat und der Buddha von den Buddhisten. Es ist ein scheinbares Paradox des Christentums, daß wir Jesus als unseren Bruder und als unseren Retter, als unseren Bruder und unseren Heiland bezeichnen. Persönlich gesehen kann das bedeuten, daß wir dazu aufgefordert sind, Jesus als Mensch zu lieben, als Bruder, als Gattin oder als Gatten. Gleichzeitig glauben wir, daß er unser Heiland, unser Erlöser ist; daher verehren wir ihn auch als Gott. Diese Namen erinnern uns daran, daß Jesus uns die Kraft dazu gibt, ihn auf beiderlei Art und Weise zu lieben. Er bringt seine Göttlichkeit in unser Herz. Entspricht das irgendwie den Empfindungen, die Buddhisten für den Buddha haben, und den Namen, die sie ihm geben?

Dalai Lama: In Anbetracht dessen, daß selbst innerhalb der buddhistischen Überlieferungen eine große Vielfalt vorhanden ist, sollten wir nicht den Eindruck haben, es gebe nur eine einzige homogene Überlieferung, einen genau festgelegten Weg gewissermaßen. Ich persönlich beziehe mich am liebsten auf Buddha als historische Gestalt und Persönlichkeit – jemand, der die menschliche Natur zur Vollendung gebracht und sich zu einem voll und ganz erleuchteten Wesen entwickelt hat.

Allerdings wird Buddha, bestimmten Lehrmeinungen des Buddhismus zufolge, nicht bloß als eine historische Gestalt angesehen, sondern er hat auch an einer zeitlosen, unendlichen Dimension teil. Auch in diesem Kontext ist Buddha eine historische Gestalt. Doch würde man die Geschichtlichkeit Buddha Shakyamunis hier als mitfühlende Buddha-Aktivität ansehen, die in meisterlicher Vollkommenheit in Erscheinung tritt: als Manifestation der zeitlosvollendeten Seinsweise des *Dharmakāya*, des »Wahrheitskörpers«. Buddha Shakyamuni als historische Gestalt wird als der *Nirmānakāya* bezeichnet, was »Ausstrahlungskörper« bedeutet: Die Buddha-Aktivität nimmt eine solche Ausstrahlung oder Emanation an, um in bezug auf die geistigen Veranlagungen und Erfordernisse einem bestimmten Zeitpunkt, Ort und Kontext gerecht zu werden. Diese Emanation beruht auf einer ihr vorausgehenden Emanation, dem *Sambhogakāya*, dem in vollkommener Weise mit den Gaben spontaner Aktivität ausgestatteten Körper. Würden wir uns jetzt allerdings mit all diesen Details abgeben, hätten wir Stoff für Kopfweh und Konfusion in Hülle und Fülle!

Am einfachsten kann man Buddha Shakyamuni folgendermaßen als historische Gestalt ansehen: Für Buddhisten – insbesondere für diejenigen, die ein klösterliches Leben führen – hat Buddha die klösterliche Tradition des Buddhismus begründet. Mit ihm beginnt die Linie des buddhistischen Klosterlebens. Voll ordinierte Mönche oder Nonnen innerhalb dieser Linie müssen sich voll und ganz an ihre Ordinationsgelübde halten. Damit jemand ein *Bhikshu*, ein voll ordinierter Mönch, sein kann oder eine *Bhikshuni*, eine voll ordinierte Nonne, muß er oder sie ein Mensch sein. Wenn Sie sich daher auf den Buddha als einen voll ordinierten Mönch beziehen, dann wenden Sie sich an ihn als historische, menschliche Person.

Isabelle Glover: Eure Heiligkeit, ich möchte mich nach dem häufig von Ihnen gebrauchten Ausdruck »die Natur von … untersuchen« erkundigen. Die meisten von uns sind, glaube ich, nicht so systematisch, »die Natur von etwas zu untersuchen«. Wenn es uns beispielsweise an Mitgefühl mangelt, wie können wir dann »die Natur davon untersuchen«?

Dalai Lama: Der Bequemlichkeit halber besteht ein typischer buddhistischer Ansatz, Zugang zu einer Thematik zu gewinnen, darin, das betreffende Phänomen in verschiedene Klassen und Kategorien einzustufen und zu untergliedern. Geistige Phänomene beispielsweise lassen sich in unterschiedliche Klassen einordnen: begrifflich und nichtbegrifflich, verzerrt und unverzerrt usw. Dementsprechend finden Sie in der buddhistischen Literatur ganze Listen von unterschiedlichen Modalitäten und Aspekten des Geistes, die auf seinen unterschiedlichen Funktionen beruhen. Ich gebe Ihnen ein weiteres Beispiel: Wenn Sie die Natur des Mitgefühls untersuchten, würden Sie sich zunächst um eine Definition bemühen, um zu verstehen, was genau wir mit »Mitgefühl« meinen. Dann stellen Sie sich vielleicht bestimmte Fragen, um es weitergehend zu klassifizieren. Welche Auswirkungen hat Mitgefühl, von allen Erfahrungsmöglichkeiten des menschlichen Daseins aus betrachtet, welche Phänomenologie? Welche Ursachen und Bedingungen lassen eine solche emotionale Verfassung zustande kommen? Welches sind die typischen emotionalen Reaktionen, wenn man Mitgefühl erfährt? Welche Auswirkungen hat Ihr Mitgefühl auf andere? Und so weiter. Durch diese Analysen bekommen Sie allmählich ein Gespür dafür, wie Mitgefühl beschaffen sein könnte oder *ist*.

Vertiefen Sie sich weiter in die buddhistische Literatur, finden Sie auch Erörterungen verschiedener Arten von Mitgefühl. Bei einer Art von Mitgefühl zum Beispiel legt man nicht bloß Einfühlungsvermögen für das Wesen an den Tag, dem dieses Mitgefühl gilt, sondern man hat auch ein Verantwortungsbewußtsein in dem Sinn, daß Sie dem Wesen sein Leid abnehmen wollen. Dies ist ein kraftvolleres Mitgefühl, als wenn Sie bloßes Einfühlungsvermögen an den Tag legen. Und so nimmt das Mitgefühl unterschiedliche Ausmaße an, je nachdem, mit welcher geistigen Verfassung es bei Ihnen einhergeht. Wenn Sie beispielsweise – im buddhistischen Kontext – ein aufrichtiges und tiefgründiges Verständnis von der vergänglichen Natur des Lebens haben, dann wird Ihr Mitgefühl aufgrund dieser Einsicht um so kraftvoller. Falls das Festhalten an einem Ich[54] sich bei Ihnen deutlich verringert, so wird Ihr Mitgefühl natürlich auch dadurch wiederum kraftvoller.

Damit Sie solche Unterscheidungen vornehmen können, benötigen Sie zunächst ein gewisses Wahrnehmungsvermögen, das Sie die unterschiedlich subtilen Feinheiten erfassen läßt. Ferner sollten Sie, wenn Sie ein Phänomen wie das Mitgefühl untersuchen, nicht davon ausgehen, es handele sich bei diesem lediglich um *ein* Gebilde. Schon ein einziger Geisteszustand hat ja vielerlei Aspekte. So ist Mitgefühl etwa – als emotionaler Zustand – von gleicher Natur wie das Bewußtsein. Es ist kein physisches Objekt; es ist ein Gemütszustand, daher der Natur von Erfahrung zugehörig und insofern von gleicher Natur wie alle emotionalen Zustände.

Lassen Sie uns, um ein anderes Beispiel zu verwenden, die Identität einer einzelnen Person untersuchen. Wenn Sie mit der Beschreibung dieser Identität beginnen, wissen Sie unmittelbar die Komplexität dieser Person zu würdigen. Eine Facette ihrer Identität bezieht sie aus ihrem kulturellen Hintergrund, der womöglich europäisch oder amerikanisch ist. Aufgrund ihres Geschlechts wird die

Person als Mann oder Frau identifiziert. Identität beruht weiterhin auf dem Herkunftsland der oder des Betreffenden und auf der Religionszugehörigkeit. Sie sehen, wie viele Unterscheidungen sich selbst innerhalb der Identität einer einzigen Person vornehmen lassen. Ebenso untersuchen Sie auch die Natur jeder anderen Gegebenheit.

Pater Laurence: Sich im Buddhismus zu schulen und ihn auszuüben scheint in hohem Maß die Fähigkeit zu rationaler Analyse zu erfordern. Und Sie, Eure Heiligkeit, haben zuvor gesagt, das große Geschenk bei einer Geburt als Mensch sei der Geist. Doch man kann Mitgefühl haben, ohne intelligent zu sein. Könnten Sie mir dabei helfen, dies zu verstehen? Ist es notwendig, sehr intelligent zu sein und einen gut geschulten, gebildeten und präzisen Geist zu haben, um Erleuchtung zu erlangen?

Dalai Lama: Nein, selbstverständlich nicht! Wie immer und bei allen Dingen ist es ein Fehler, wenn ein Extrem überhand nimmt. Indem die buddhistischen Schriften zeigen, welchen Arten von Mensch eine tiefgründige spirituelle Übung am meisten zugute kommt, beschreiben sie anhand deren Befähigung zu spiritueller Übung drei Kategorien von Menschen. Ich kann mich zwar nicht genau an das Zitat erinnern, aber es lautet in etwa folgendermaßen: Die am besten für die Übungen geeigneten Personen – der Idealfall – sind nicht nur intellektuell begabt, sondern sie haben auch einsgerichtetes Vertrauen und Engagement, und sie sind einsichtig. Diese Menschen sind am empfänglichsten für die spirituellen Übungen. Zur zweiten Gruppe gehören jene Personen, die vielleicht nicht hochintelligent sind, jedoch auf dem sicheren Grund eines felsenfesten Vertrauens stehen. Am ungünstigsten sind die Aussichten für diejenigen in der dritten Kategorie. Diese Personen mögen zwar hochintelligent sein, doch sie werden immerfort von Skepsis und Zweifel heimgesucht. Sie sind geistreich, neigen aber dazu, zögerlich und skeptisch zu sein, und können nirgendwo wirklich heimisch werden. Sie werden als die am wenigsten empfänglichen Menschen eingestuft.

Wenn wir über unterschiedlich hohe Intelligenz sprechen, reden wir über ein relatives Phänomen. Jemand mag im Vergleich zu anderen Menschen eine größere Intelligenz haben, aber eine geringere Intelligenz im Verhältnis zu anderen. Im allgemeinen scheint in bezug auf unsere eigene spirituelle Übung allerdings folgendes zu gelten: Basiert unser Glauben, unsere Überzeugung auf einem Verständnis, das wir uns gedanklich erarbeitet haben, so ist dieser Glauben, diese Überzeugung sehr gefestigt. Solch eine Überzeugung ist gefestigt, da Sie sich selbst von der Wirksamkeit oder Gültigkeit der Idee überzeugt haben, auf die Sie Ihren Glauben setzen. Und dementsprechend ist diese Überzeugung für Sie eine sehr kraftvolle Handlungsmotivation. Darum ist aus der Sicht des Buddhismus auf dem spirituellen Weg Intelligenz sehr bedeutsam. In der buddhistischen Überlieferung finden Sie, wie die Intelligenz mit dem Herzen, der emotionalen Seite, zusammenwirkt. Wenn Glauben und Mitgefühl, die zur Natur der emotionalen Zustände gehören, von einer kraftvollen Überzeugung gestützt werden, zu der man durch Nachdenken und Nachforschen gelangt ist, dann sind sie tatsächlich sehr gefestigt. Demgegenüber sind Glauben und Mitgefühl, die nicht auf solch kraftvollen Überlegungen beruhen, sondern eher gefühlsmäßig und instinktiv motiviert sind, nicht so sehr gefestigt. Sie werden allzu leicht unterminiert und erschüttert, wenn Sie auf die Probe gestellt werden. Es gibt sogar ein tibetisches Sprichwort, das besagt: »Jemand, dessen Glauben nicht auf Vernunft gründet, ist wie ein Wasserlauf, der überall hingeleitet werden kann.«

Robert Kiely: Bei den Themen emotionale Gemütsregungen und Vernunft frage ich mich, Eure Heiligkeit, ob Sie wohl mit uns überlegen könnten, worin die Stellung des Rituals in der Religion besteht. Das Ritual war jahrhundertelang eine Quelle großer Meinungsverschiedenheiten unter den Christen. Manche Menschen meinen, Ritual, Gesang, Weihrauch, Kerzen, farbenprächtige Gewänder und bestimmte zeremonielle Vorgaben gereichten unserer Andacht zum Vorteil. Andere sehen in diesen Dingen lediglich eine Behinderung ihrer Andacht. Können Sie uns sagen, welche Stellung das Ritual in Ihrer Überlieferung einnimmt?

Dalai Lama: Wenn wir darüber nachdenken, welche Rolle und Bedeutung das Ritual in unserer spirituellen Übung hat, ist es wichtig zu untersuchen, wie der Mensch von seiner Umgebung beeinflußt wird. Beispielsweise scheint es so zu sein, daß bestimmte festgelegte Formen – wie die Rituale – uns dabei helfen, eine Atmosphäre zu schaffen, die für den geistigen Zustand, den wir zu erreichen suchen, besonders förderlich ist. Und in diesem Sinn kommt ihnen eine bedeutsame Rolle zu. Ein Beispiel: Sie mögen den Wunsch haben, eine bestimmte Sache zu erreichen. Eine andere Person jedoch, die aufgrund ihres Wunsches in aller Form ein Gelöbnis abgelegt hat, wird infolge ihrer stärkeren Motivation mit größerer Wirksamkeit handeln. Ähnlich verhält es sich, wenn Sie durch Rituale und eine zeremonielle Form den spirituellen »Raum«, die Atmosphäre schaffen, die Sie brauchen. Dies wird dann einen starken Einfluß auf Ihre Erfahrung haben.

Ist all dies für Sie ohne innere Bedeutung, fehlt Ihnen im Inneren die durch bestimmte Formen angestrebte Erfahrung, dann werden Rituale zur bloßen Formalität, zu äußerlicher Abwicklung. In diesem Fall verlieren sie ihre Bedeutung und werden überflüssiges Brauchtum – allenfalls noch ein Vorwand, sich die Zeit zu vertreiben. Der große tibetische Yogi Milarepa hat Förmlichkeiten und Rituale stets kritisiert. Seine Schriften sind voll von sarkastischen Kommentaren zu mancherlei Aspekten von Ritualen hier und Förmlichkeiten da!

Pater Laurence: Die Frage, die ich Ihnen gern stellen möchte, Eure Heiligkeit, ergibt sich aus dieser Erörterung des Rituals als physischem Ausdruck des Glaubens, als Möglichkeit, unser Glaubensbekenntnis durch unseren Körper und mit unseren Sinnen auszudrücken. Das Christentum im Westen war früher sehr dualistisch. Man ging davon aus, Körper und Geist stünden miteinander in Konflikt, der Körper müsse vom Geist kontrolliert und beherrscht werden. Heutzutage sehen wir, daß unter den Christen ein Wiederentdecken des urchristlichen Verständnisses der Freundschaft von Körper und Geist einsetzt. Wir dürfen und können in diesem Leben nicht Körper, Geist und Seele voneinander trennen, und darum müssen sie Freunde sein. Ich möchte gern wissen, ob Sie uns aus einem buddhistischen Blickwinkel helfen könnten, das Verhältnis zwischen Körper und Geist zu verstehen. Ich mag mich irren, doch mitunter scheint es so, als gebe es im Buddhismus einen noch größeren Gegensatz zwischen Geist und Körper als im Christentum.

Dalai Lama: Sie haben recht. In bestimmten Passagen der buddhistischen Schriften gibt es Aussagen des Buddha, die den Eindruck einer dualistischen Sicht von Körper und Geist vermitteln. Er sagt in einem der Sutras, die *fünf Anhäufungen*[55] seien wie eine Bürde oder Last, und die Person sei der Träger dieser Last. Der Buddha führt uns also eine zwischen der Person und ihren psychophysischen Bestandteilen bestehende dualistische Wahrnehmung vor Augen. Daraus ergibt sich aber nicht, daß dies der buddhistische Standpunkt ist. Der traditionellen buddhistischen Interpretation zufolge richtet sich diese Passage an jemanden, dessen philosophische Auffassung zum Glauben an ein *Ātman*, einen ewigen, immer weiter fortbestehenden Seelengrund tendiert. Der Standpunkt des Buddha zur Natur des Geist-Körper-Zusammenhangs ist – im Unterschied zu dieser Vorstellung von persönlicher Identität – die *Anāt-man*-Lehre: Diesem Prinzip zufolge gibt es, abgesehen von den psychophysischen Anhäufungen, den *Skandhas*, keinen separaten, eigenständigen, auf ewig fortdauernden Seelengrund. Dies ist eine in allen buddhistischen Schulrichtungen verbreitete und gültige Lehre.

Obwohl diese Lehre umfassende Gültigkeit besitzt, haben jedoch selbst die Buddhisten untereinander diesbezüglich wieder viele unterschiedliche philosophische Auffassungen. Und so stellen wir hier erneut fest, daß die Meinungen darüber auseinandergehen, was genau nun die Natur des Ich oder der Person sei. Manche buddhistischen Schulen erkennen die Person unter den psychophysischen Anhäufungen oder aber als das Bewußtsein oder als die Anhäufungen in ihrer Gesamtheit und so weiter; wohingegen andere Lehrmeinungen eine eher nominalistische Position einnehmen, indem sie sagen, Person oder Ich seien bloße Bezeichnungen.

Pater Laurence: Dies mag eine gute Stelle sein, um innezuhalten und zu meditieren. Wenn Seine Heiligkeit die Kerzen anzündet, können wir alle aufstehen und danach mit unserer Meditation beginnen.

3

Gleichmut

Markus 3, 31–35

Da kamen seine Mutter und seine Brüder; sie blieben vor dem Haus stehen und ließen ihn herausrufen. Es saßen viele Leute um ihn herum, und man sagte zu ihm: Deine Mutter und deine Brüder stehen draußen und fragen nach dir. Er erwiderte: Wer ist meine Mutter, und wer sind meine Brüder? Und er blickte auf die Menschen, die im Kreis um ihn herumsaßen, und sagte: Das hier sind meine Mutter und meine Brüder. Wer den Willen Gottes erfüllt, der ist für mich Bruder und Schwester und Mutter.
[Markus 3, 31–35]

Als erster Gedanke kommt mir beim Lesen dieser Stelle aus dem Evangelium des Markus in den Sinn, daß diese Zeilen nicht allein definieren, worin Mitgefühl besteht, sondern auch die Entwicklungsstufen eines Bewußtseins beschreiben, das jenes Mitgefühl hervorbringt. Beispielsweise zeigt dieser Textabschnitt bei Jesus eine ganz bestimmte Haltung, die darin besteht, daß er seiner Mutter, seinen

Brüdern und Schwestern keine herausgehobene Wichtigkeit beimißt. Meiner Meinung nach sagt uns dies, daß wahres und aufrichtiges Mitgefühl ein von Anhaftung und von der Beschränkung durch persönliche Vorlieben freies Mitgefühl ist. Dies kommt der buddhistischen Vorstellung von Mitgefühl sehr nahe. Sie beinhaltet ebenfalls die Einsicht, daß man in gewissem Maß von Anhaftungen frei sein muß, um Mitgefühl haben zu können. Wie ich bereits dargelegt habe, als wir über die Natur des Mitgefühls sprachen, ist die Vorbedingung für echtes Mitgefühl, daß wir allen empfindenden Wesen Gleichmut entgegenbringen.

Unser gewöhnlicher Geisteszustand ist sehr voreingenommen. Wir haben eine distanzierte Haltung zu Menschen, die wir als unfreundlich oder als Feinde ansehen. Unseren Freunden gegenüber, empfinden wir hingegen ein unverhältnismäßig starkes Gefühl der Nähe, der Anhaftung. Wir können beobachten, welchen Schwankungen und Vorlieben unsere emotionale Reaktion auf andere unterliegt. Solange wir diese Abhängigkeit nicht überwinden, haben wir keine Chance, echtes Mitgefühl hervorzubringen. Wir mögen vielleicht imstande sein, manchen Menschen ein gewisses Maß an Mitgefühl entgegenzubringen. Doch solange dieses Mitgefühl nicht auf tiefempfundenem Gleichmut beruht, bleibt es voreingenommen, denn es ist mit Anhaftung vermischt.

Betrachten Sie Mitgefühl, das mit Anhaftung vermischt ist, so werden Sie erkennen, daß dieses gemischte Gefühl – wie intensiv und stark es auch sein mag – auf Ihrer Projektion beruht: Sie projizieren bestimmte positive Eigenschaften auf diejenige Person, auf die sich Ihr Mitgefühl richtet. Gleichgültig, ob es sich nun um einen engen Freund, ein Familienmitglied oder wen auch immer handelt. In Abhängigkeit von Ihrer sich ständig wandelnden Haltung dieser Person gegenüber werden sich Ihre emotionalen Empfindungen ebenfalls wandeln. In einer freundschaftlichen Beziehung beispielsweise können Sie womöglich in einem Menschen ganz plötzlich nicht mehr die guten Eigenschaften erkennen, die Sie zuvor wahrgenommen haben. Und diese veränderte Haltung würde sich dann sogleich auf Ihre Empfindungen jenem Menschen gegenüber auswirken.

Echtes Mitgefühl andererseits entspringt aus der klaren Einsicht in die Leiderfahrung desjenigen, dem dieses Mitgefühl gilt, und aus der daraus erwachsenden Erkenntnis, daß dieses Geschöpf Mitgefühl und Zuneigung verdient. Jede mitfühlende Empfindung, die aus diesen beiden Erkenntnissen hervorgeht, kann keiner Schwankung unterliegen – es spielt dann keine Rolle, wie jenes Wesen, dem Ihr Mitgefühl gilt, auf Sie reagiert. Selbst wenn es sehr negativ reagiert, wird dies Ihr Mitgefühl nicht beeinflussen. Ihr Mitgefühl wird gleich bleiben oder sogar noch kraftvoller werden.

Falls Sie die Natur des Mitgefühls sorgfältig untersuchen, werden Sie auch herausfinden, daß Sie echtes Mitgefühl selbst auf Ihre Feinde und auf diejenigen ausdehnen können, von denen Sie meinen, sie seien Ihnen gegenüber feindselig eingestellt. Im Gegensatz dazu läßt sich mit Anhaftung vermischtes Mitgefühl nicht auf jemanden ausdehnen, den Sie als Ihren Feind ansehen. Herkömmlicherweise bezeichnen wir entweder denjenigen als unseren Feind, der uns direkt Leid zufügt bzw. uns verletzt, oder aber jemanden mit der entsprechenden Motivation: jemanden, der die Absicht hat, uns Leid zuzufügen oder uns zu verletzen. Die Einsicht, daß solch ein Mensch fest entschlossen ist, Ihnen Leid zuzufügen oder Sie zu verletzen, kann keine Empfindung von Nähe, kein Einfühlungsvermögen aufkommen lassen, solange solche Empfindungen voraussetzen, daß Sie an dem betreffenden Menschen haften.

Echtes Mitgefühl hingegen kann durch die Erkenntnis, daß ein anderer Ihnen Leid zufügen oder Sie verletzen will, nicht untergraben werden – ein Mitgefühl, das darauf beruht, daß Sie in dieser Person ganz klar jemanden erkennen, der leidet; jemanden mit dem natürlichen und instinktiven Verlangen, nach Glück zu streben und Leid zu überwinden, ganz so wie Sie. Im spirituellen Kontext des Christentums könnte man diesen Gedankengang etwa folgendermaßen weiter fortführen: Ganz genauso wie ich hat dieser Feind Anteil an derselben göttlichen Natur und ist eine Schöpfung derselben göttlichen Macht. Aufgrund dessen verdient es diese Person also, daß ich Mitgefühl und ein Empfinden von Nähe für sie habe. Diese Art von Mitgefühl oder Einfühlungsvermögen ist echtes, von Anhaftung freies Mitgefühl.

Der letzte Satz dieser Stelle aus dem Evangelium sagt: »Wer den Willen Gottes erfüllt, der ist für mich Bruder und Schwester und Mutter.« Bei buchstäblicher Auslegung scheint hier Parteilichkeit im Spiel zu sein, scheint anhand einer Bedingung eine Unterscheidung vorgenommen zu werden: Nur diejenigen, die dem Willen Gottes gehorchen, sind meine Brüder und meine Schwestern und meine Mutter. Ich meine allerdings, daß Sie diese Passage im christlichen Kontext ruhig in einem weiter gefaßten Sinn auslegen dürfen. Obwohl es wortwörtlich heißt, daß »alle, die Gottes Willen ausführen, meine Brüder und meine Schwestern und meine Mütter sind«, könnte dies auch besagen, daß ebenso all jene meine Mütter und Brüder und Schwestern sind, die an der göttlichen Natur teilhaben, die die Fähigkeit oder das Potential haben, dem Willen Gottes zu folgen. Dies würde die gesamte Menschheit mit einbeziehen oder umfassen und die Einheit oder Gleichheit aller Menschen hervorheben.

In diesem Zusammenhang möchte ich auf ein spezielles Übungselement verweisen, das Bestandteil des Bodhisattva-Weges ist, sich aber auch von Christen in die Tat umsetzen ließe. Es existiert eine spezielle Kategorie von Unterweisungen und Übungen unter der Bezeichnung *Lodjong*: Transformation des Denkens, Schulung des Geistes. Darin gibt es eine spezielle Methode, über die Güte aller empfindenden Wesen nachzusinnen – hier in unserem Zusammenhang über die Güte aller Menschen –, die in einigen Werken der buddhistischen Literatur beschrieben wird.[56] Zum Beispiel fällt es uns leicht, die Güte von jemandem zu erkennen, der direkten Anteil daran hat, daß wir leben und großgezogen worden sind. Aber wenn Sie die Natur Ihres Daseins untersuchen, einschließlich Ihres physischen

Überlebens, werden Sie feststellen, daß sämtliche Faktoren, die zu Ihrem Überleben und Wohlbefinden beitragen – etwa Nahrung und Obdach, ja sogar Ruhm – nur durch das Mitwirken anderer Menschen zustande kommen können.

Dies gilt insbesondere dann, wenn Sie in der Stadt leben, wo nahezu jeder Aspekt Ihres Lebens in hohem Maß von anderen abhängt. Streiken beispielsweise auch nur einen einzigen Tag lang die Elektrotechniker, wird Ihre ganze Stadt lahmgelegt. Wie hochgradig wir aufeinander angewiesen sind, ist hier so offensichtlich, daß man es nicht weiter zu erläutern braucht. Dies gilt ebensosehr für Ihre Lebensmittel und Ihre Unterkunft. Sie benötigen die direkte oder indirekte Kooperation vieler Menschen, um über diese Notwendigkeiten verfügen zu können. Selbst für ein so flüchtiges Phänomen wie Ruhm ist das Vorhandensein anderer Menschen notwendig. Falls Sie allein in der Gebirgswildnis lebten, wäre das einzige, was Sie – dem Ruhm halbwegs nahekommend – hervorrufen könnten, ein Echo! Ohne andere Menschen hat man keinerlei Möglichkeit, es zu Berühmtheit zu bringen. So geht es also bei fast jedem Aspekt Ihres Lebens um die Beteiligung und Mitwirkung anderer Menschen.

Wenn Sie diesen Gedanken nachgehen, beginnen Sie die Güte all der anderen zu erkennen. Und falls Sie sich auf dem spirituellen Weg üben, werden Sie sich auch dessen bewußt sein, daß alle großen spirituellen Überlieferungen der Welt anerkennen, welch große Kostbarkeit Altruismus und Mitgefühl sind. Und wenn Sie diese kostbare Gesinnung oder Regung des Altruismus, des Mitgefühls, untersuchen, werden Sie sehen: Selbst um diese Empfindung hervorbringen zu können, benötigen Sie ein Gegenüber, auf das sie sich richten kann – und dies Gegenüber ist ein Mitmensch. Aus diesem Blickwinkel ist jene so überaus kostbare Geisteshaltung, das Mitgefühl, ohne die Gegenwart anderer Menschen unmöglich. Jeder Aspekt Ihres Lebens – Ihre Religionsausübung, Ihr spirituelles Wachstum, selbst ihre Überlebensgrundlage – ist ohne den anderen Menschen unmöglich. Solche Gedanken liefern Ihnen genügend Gründe, um sich anderen verbunden zu fühlen und es als notwendig zu empfinden, ihre Güte zu erwidern.

Im Licht dieser Überzeugungen wird es Ihnen unmöglich zu glauben, daß es Menschen gibt, die für Ihr Leben völlig belanglos sind, oder daß Sie es sich leisten können, ihnen gegenüber eine gleichgültige Haltung einzunehmen. Menschen, die für Ihr Leben belanglos sind, gibt es nicht!

Ich möchte gern meinen Gebrauch des Wortes »Emotion«[*] erklären. Man hat mir gesagt, häufig seien mit dem Wort »Emotion« sehr negative Assoziationen verbunden, bei vielen Menschen stehe dieses Wort in einem ziemlich schlechten Ansehen, es habe einen auf Triebe und Instinkte verweisenden, fast schon animalischen Beiklang.

---

[*] Im englischen Text taucht »Emotion« häufiger auf, während das Wort in der deutschen Übersetzung an zahlreichen Stellen durch »Gefühl« ersetzt wird – allerdings nicht dort, wo von »Mitgefühl« die Rede ist. (A. d. Ü.)

Im Rahmen einer wissenschaftlichen Tagung habe ich vor vielen Jahren in der Diskussion mit Biologen und Psychologen erörtert, welches die Natur von Emotionen sei und wie wir sie definieren könnten. Lange Diskussionen erbrachten den Konsens, eine Emotion könne positiv, negativ oder auch neutral sein. So gesehen liegt aus buddhistischer Sicht kein Widerspruch darin, selbst einem voll und ganz erleuchteten Buddha Emotionen zuzusprechen. In diesem weiter gefaßten Sinn gebrauche ich das Wort Emotion.

4

Das Reich Gottes

Markus 4, 26–34

Er sagte: Mit dem Reich Gottes ist es so, wie wenn ein Mann Samen auf seinen Acker sät; dann schläft er und steht wieder auf, es wird Nacht und wird Tag, der Samen keimt und wächst, und der Mann weiß nicht, wie. Die Erde bringt von selbst ihre Frucht, zuerst den Halm, dann die Ähre, dann das volle Korn in der Ähre. Sobald aber die Frucht reif ist, legt er die Sichel an, denn die Zeit der Ernte ist da.

Er sagte: Womit sollen wir das Reich Gottes vergleichen, mit welchem Gleichnis sollen wir es beschreiben? Es gleicht einem Senfkorn. Dieses ist das kleinste von allen Samenkörnern, die man in die Erde sät. Ist es aber gesät, dann geht es auf und wird größer als alle anderen Gewächse und treibt große Zweige, so daß in seinem Schatten die Vögel des Himmels nisten können.

Durch viele solche Gleichnisse verkündete er ihnen das Wort, so wie sie es aufnehmen konnten. Er redete nur in Gleichnissen zu ihnen; seinen Jüngern aber erklärte er alles, wenn er mit ihnen allein war.

[Markus 4, 26–34]

*D*er letzte Satz erinnert mich an einen speziellen Ausdruck im Tibetischen, *me ngag pe khyü*. Das heißt soviel wie: die tiefgründigste Essenz der Lehren nur wenigen Auserwählten mitteilen. Man könnte dies beinahe dahingehend deuten, daß der Sprecher zögert, das Geheimnis zu enthüllen, weil andere es dann kennen. In der Überlieferung des tibetischen Buddhismus gibt es verschiedene Formen der Lehre: *tsog she* bezeichnet eine mehr in der Öffentlichkeit gegebene, für alle offene und zugängliche Darlegung der Lehre; *lob she* – wörtlich »Belehrungen von Schülern« – ist eine ausgewähltere Darlegung. Sie richtet sich an einige wenige Auserwählte, die die tiefer gehende Bedeutung und die Tragweite der Botschaften wirklich begreifen können.

Dieser Textabschnitt bezieht sich direkt auf die Vorstellung vom Reich Gottes. Die hier verwendete Metapher ist die des Samens wie auch die des Schößlings und der Pflanze, die aus dem Samen emporwächst. Die Kombination von beidem – der Vorstellung vom Reich Gottes und der Metapher des Samens – verweist für mich auf die Möglichkeit, die verschiedenen Stufen bei der Steigerung und Vervollkommnung unserer göttlichen Natur zu beschreiben, von der wir schon an anderer Stelle gesprochen haben. Diesen Textstellen unmittelbar vorausgehend und unmittelbar an sie anschließend, gibt es Passagen, in denen gesagt wird, daß das Ausmaß des Wachstums von einer Reihe von Faktoren abhängt, wie der Fruchtbarkeit des Bodens und davon, wo man die Saatkörner einpflanzt. An manchen Standorten wird man einen größeren Ertrag haben, an anderen wächst die Pflanze schneller, an wieder anderen wächst die Pflanze vielleicht schneller, wird aber auch schneller eingehen. Und so weiter.

Für mich scheinen diese Passagen auf eine entsprechende Belehrung im Buddhismus zu verweisen, in der es um die Verschiedenartigkeit unter den empfindenden Wesen und die bei jedem einzelnen empfindenden Wesen in unterschiedlichem Maß vorhandene Auffassungsfähigkeit geht. Unsere Überzeugung etwa, daß die Buddha-Natur universal und daß Buddhas Mitgefühl unparteiisch ist und alle empfindenden Wesen umfaßt, ist der Metapher von der Sonne im Evangelium des Matthäus vergleichbar, die unterschiedslos über Gut und Böse aufgeht. Doch obwohl dies so ist, wird aufgrund der unterschiedlichen Auffassungsfähigkeit der einzelnen Wesen auch das spirituelle Wachstum unterschiedlich sein.

Ich finde diese Vorstellung, die in der buddhistischen Literatur so hervorgehoben und ausführlich dargelegt wird, sehr reizvoll: daß bezüglich der geistigen Veranlagungen und der Auffassungsfähigkeit, der Interessen und spirituellen Neigungen unter den Menschen eine Mannigfaltigkeit existiert. Alle Lehrmeinungen in der buddhistischen Literatur stehen in der Nachfolge desselben Lehrers, Buddha Shakyamuni. Dennoch existiert eine solche Vielfalt an Lehren, die dem Buddha zugeschrieben werden – man-

che von ihnen mögen einander sogar scheinbar widersprechen –, daß uns dies davon abhält, in einen Dogmatismus
zu verfallen. Diese Lehren sind in all ihrer Verschiedenheit
auf die unterschiedlichen geistigen Veranlagungen, Erfordernisse und spirituellen Neigungen der empfindenden
Wesen ausgerichtet. Und wenn ich die darin enthaltene
Wahrheit begreife, bin ich imstande, den Reichtum und
den Wert anderer Überlieferungen wahrhaft zu würdigen.
Denn dies versetzt mich in die Lage, dasselbe Prinzip der
Vielfalt auch auf andere Überlieferungen auszudehnen.

In Anbetracht der Mannigfaltigkeit von Lehren, die uns
in Buddhas eigenen Schriften vorgelegt werden, nehmen
Buddhisten eine Unterscheidung vor zwischen dem Thema, das in einer bestimmten Schrift abgehandelt wird, und
der Intention desjenigen, der zu diesem Thema etwas sagt.
Eine Aussage, die man in einer bestimmten Schrift vor-
findet, entspricht nicht notwendigerweise der Position desjenigen, der sie äußert.

Innerhalb des Christentums scheint es eine Anzahl unterschiedlicher Interpretationen des Gottesbegriffs zu geben. Bei einem früheren Gespräch mit Pater Laurence zu
diesem Thema stellte sich heraus, daß es offenbar nicht
nur unterschiedliche Auffassungen in der christlichen
Sicht des Gottesbegriffs gibt, sondern auch ein profundes
mystisches Verständnis: einen Weg, Gott nicht so sehr
unter dem Aspekt einer persönlichen Gottheit zu sehen,
sondern eher als Seinsgrund. Doch eine Eigenschaft wie
Mitgefühl kann auch diesem göttlichen Seinsgrund zuge-
sprochen werden. Nun, wenn wir Gott in diesem Sinn ver-

stehen können – als letztendlichen Seinsgrund –, dann wird es möglich, Parallelen zu gewissen Elementen im buddhistischen Denken und in der buddhistischen Praxis zu ziehen, ebenso wie auch Parallelen im Hinblick auf die *Sāmkhya*-Schulrichtung und die Vorstellung vom Großen Brahman (*Mahābrahman*) im Hinduismus.

Wir sollten allerdings auch darauf achten, nicht alles so stark auf eine Reihe gemeinsamer Begriffe zu reduzieren, daß wir am Ende des Tages nichts mehr vorzuweisen haben, was eine unterschiedliche Ausprägung unserer jeweiligen Überlieferung zeigt. Wie bereits erwähnt, finde ich es viel vorteilhafter und zweckdienlicher, wenn die großen Religionen ihre Einzigartigkeit behalten, ihr unverwechselbares Glaubensbekenntnis, ihre eigene Vision und ihre eigene Praxis.

Wenn man sich zum Beispiel Mühe geben wollte, Parallelen zwischen dem Buddhismus und der Vorstellung von der Dreifaltigkeit zu ziehen, käme einem wohl als erstes die Vorstellung von den drei *Kāyas* in den Sinn, der Lehre von den drei Verkörperungen des Buddha: *Dharmakāya*, *Sambhogakāya* und *Nirmānakāya*. Natürlich kann man Parallelen ziehen und Ähnlichkeiten aufzeigen. Doch man sollte aufpassen, bei diesen Vergleichen den Bogen nicht zu überspannen. Interessanterweise wies Pater Laurence darauf hin, daß die christliche Theologie bei der Erörterung der Dreifaltigkeit – dem Vater, dem Sohn und dem Heiligen Geist – vielfach den Sohn Gottes mit dem Wort Gottes gleichsetzt. Ich dachte sofort an eine Parallele im Mahayana-Buddhismus: Dort wird der *Sambhogakāya*, einer der drei Buddha-Körper, häufig im Sinn der vervollkommneten Rede[57] des Buddha definiert.

Es gibt jedoch eine tibetische Redensart, die besagt, eine intelligente Person schaffe es, *alles* plausibel klingen zu lassen! Versucht man also andauernd, bei den Dingen Ähnlichkeiten und Parallelen zu finden, besteht die Gefahr, daß man alles in ein einziges großes Gebilde hineinpackt. Wie ich schon erwähnte, bin ich persönlich nicht dafür, eine Universalreligion anzustreben. Das ist meiner Meinung nach nicht ratsam. Wenn wir solche Parallelen zu weitgehend ziehen und die Unterschiede außer acht lassen, tun wir möglicherweise am Ende genau das!

Von entscheidender Bedeutung ist daher, daß religiöse Lehrer je nach dem Auffassungsvermögen, der spirituellen Neigung und geistigen Veranlagung eines jeden Menschen lehren. Es macht keinen Sinn, wenn jemand – bloß weil er eine bestimmte Nahrung zu sich nimmt – sagt: »Das ist für mich nahrhaft. Darum müssen es alle essen.« Jeder Mensch muß die Speisen essen, die in Entsprechung zu seiner oder ihrer körperlichen Konstitution der eigenen Gesundheit am zuträglichsten sind. Man muß bei derjenigen Ernährung bleiben, die auf die persönliche Gesundheit am besten abgestimmt ist. Denn schließlich soll ja das Essen dem körperlichen Wohlbefinden zugute kommen. Es wäre also dumm oder töricht, wenn jemand darauf beharren würde, ein bestimmtes Gericht zu essen, obwohl es ihm nicht bekommt oder womöglich sogar schadet – bloß weil es angepriesen wird oder besonders teuer ist.

In gleicher Weise ist Religion wie Nahrung für Geist

und Seele. Wenn Sie sich auf den spirituellen Weg begeben, so ist es wichtig, daß Sie einen für Ihre geistige Entwicklung, Ihre geistige Veranlagung und Ihre spirituellen Neigungen besonders geeigneten Übungsweg beschreiten. Entscheidend ist, daß jeder einzelne sich eine Form der spirituellen Übung und des Glaubens sucht, die im Hinblick auf seine oder ihre spezifischen Erfordernisse besonders wirkungsvoll ist. Dadurch kann man eine innere Wandlung zuwege bringen und jene innere Ruhe bewirken, die den betreffenden Menschen zu spiritueller Reife kommen läßt, ihn zu einer warmherzigen, ganzen, guten und liebenswürdigen Person macht. Dies muß man bei der spirituellen Nahrungssuche in Betracht ziehen.

Der Glaube an eine Schöpfung und ein göttliches Wesen ist nicht unter allen großen religiösen Überlieferungen verbreitet. Während die religiöse Praxis und das Glaubensbekenntnis zahlreicher Überlieferungen auf dieser zentralen Voraussetzung basieren, gibt es auch andere Traditionen. In sämtlichen Religionen ist es jedoch von entscheidender Bedeutung, daß unsere spirituellen Übungen auf einer festen Grundlage ruhen: Sie besteht in dem einsgerichteten Glauben, daß wir jemanden haben, zu dem wir voller Vertrauen Zuflucht nehmen können. Im Fall des Buddhismus beispielsweise, der eine nicht-theistische Religion ist, vertraut man sein spirituelles Wohlergehen einsgerichtet den Drei Juwelen an. Man nimmt Zuflucht zum Buddha, zum Dharma und zur Sangha. Das ist grundlegend für die buddhistische Praxis, den buddhistischen Übungsweg. Um solch ein einsgerichtetes Vertrauen haben zu können und wirklich zu spüren, daß man sein spirituelles Wohlergehen den Drei Juwelen anvertraut, muß man diesen Zufluchtsobjekten gegenüber eine Empfindung der Nähe und der Verbundenheit entwickeln. Im Fall der theistischen Religionen, bei denen man glaubt, daß alle Kreaturen von derselben göttlichen Macht erschaffen sind, verfügen Sie über eine sehr starke Grundlage, auf der Sie dieses Gefühl der Verbundenheit, dieses Gefühl der Vertrautheit entwickeln können. Darauf basiert Ihr einsgerichteter Glauben und Ihr Vertrauen, und darum geben Sie Ihr spirituelles Wohlergehen in die Obhut dieser Macht.

Gespräch über die Auslegung des Evangeliums

Pater Laurence: Vielen Dank, Eure Heiligkeit. Je klarer Sie die subtilen Unterschiede in bezug auf unsere religiösen Überlieferungen definieren, um so mehr empfinde ich eine Art von Einheit. Ich glaube, da gibt es ein Paradox von Einheit und Verschiedenheit, und ich danke Ihnen, daß Sie Ihre Gedanken so verständig und mit solcher Menschlichkeit mit uns teilen.

Ich möchte gern die Teilnehmer unseres nächsten Podiumsgesprächs vorstellen: Ajahn Amaro, einen buddhistischen Mönch aus dem nicht weit von hier entfernt gelegenen buddhistischen Kloster Amaravati, und Schwester Eileen O'Hea, eine Schwester vom Orden des heiligen Joseph. Sie arbeitet im nordamerikanischen Minnesota als

Therapeutin. Der erste Beitrag zu unserer Diskussion kommt von Ajahn Amaro.

Ajahn Amaro: Eure Heiligkeit, ich möchte mehrere Themen aufgreifen, die erörtert wurden. Stark beeindruckt hat mich zunächst einmal Ihre Darlegung der wesensmäßigen Verwandtschaft von Unvoreingenommenheit und Mitgefühl, ferner Ihre Erläuterung dazu, inwiefern das Vorkommnis zwischen Jesus und seiner Mutter Maria Ausdruck wahren Mitgefühls war. Als im Westen lebender buddhistischer Mönch werde ich oft nach Nicht-Anhaftung gefragt, da die Menschen befürchten, es handele sich dabei womöglich um eine Art Gleichgültigkeit oder Hartherzigkeit. Ihre Erläuterung war sehr hilfreich, und ich werde künftig von ihr Gebrauch machen. Allerdings gäbe es vielleicht anstelle von *Unvoreingenommenheit* eine weitere Möglichkeit zur Übersetzung dieser buddhistischen Vorstellung: an andere Menschen und Dinge *keine Besitzansprüche stellen*. Die Menschen können unmittelbar erkennen, daß Besitzansprüche von Natur aus verderblich sind und Besitzdenken etwas sehr Heikles ist, das zu Täuschung, Betrug, Unstimmigkeit und anderen Problemen führt. Hingegen liegt es in der Natur jener Unvoreingenommenheit, die Sie als eine mit Mitgefühl und Klarheit ausgestattete Eigenschaft beschrieben haben, keine Besitzansprüche zu stellen.

Es war ebenfalls sehr hilfreich, Ihre Erläuterungen dazu zu hören, daß Unvoreingenommenheit eigentlich ein Nicht-Anhaften an der illusorischen Erscheinung der Dinge ist und ein Festhalten an der Wahrheit in der Weise, daß man eine beschränkende Sicht wirklich losläßt. Ich war davon beeindruckt, daß es in diesem Abschnitt des Evangeliums eine sehr genaue Entsprechung zu einem buddhistischen Prinzip in der Theravada-Überlieferung gibt. Wenn in dieser Überlieferung ein Mensch die Wahrheit sieht, wenn er oder sie den Weg beschreitet und den Dhamma [Pali für Dharma] sieht, dann bezeichnet man diese Einsicht, diesen Einstellungswandel, als den »Wechsel der Ahnenlinie«. Und was in der Passage aus dem Evangelium des Markus zum Ausdruck kommt, ist ein Wandel der Einstellung oder »Wechsel der Ahnenlinie«: Jesus versteht sich nicht mehr nur als jene Person, deren Mutter Maria ist. Wenn er »Gott ist mein Vater« sagt, wechselt er den Blickwinkel. Aus demjenigen, der in persönlicher Individualität gründet, wird jemand, dessen Grund die letztendliche Wahrheit ist.

Gleichfalls ist es sehr beeindruckend zu sehen, wie *Sie* diese Wahrnehmung zum Ausdruck bringen, indem Sie alle Menschen als Ihre Brüder und Schwestern bezeichnen. Verläßt man die persönliche Betrachtungsweise und erlebt diese Art von Unvoreingenommenheit, ist es wie der Wandel, der bei einem Erwachen vonstatten geht. Die Ähnlichkeiten haben mich sehr tief beeindruckt. Auch hat mich Ihre Achtsamkeit sehr berührt, als Sie sagten, daß wir das Buddhistische buddhistisch, das Christliche christlich erhalten müssen und nicht versuchen dürfen, alles zusammenzumischen. Trotzdem muß ich zugeben, daß ich mich dabei ertappe, wie ich sage: »Ja, aber vielleicht sprechen sie tatsächlich über dieselben Dinge.« Da ich im Westen mit christlicher Prägung aufgewachsen bin, jetzt jedoch eine Reihe von Jahren als Buddhist verbracht habe, habe ich in meinen Wahrnehmungen eine Art Mischung aus gleichen Anteilen von beiderlei Prinzipien. Und immer und immer wieder stelle ich fest – teils dadurch, daß mir die kontemplative Meditation als Grundlage dient und nicht allein das Studium der Schriften –, wie die Möglichkeit, daß das auf unterschiedliche Weise Ausgesprochene sich auf identische Erfahrungen bezieht, mich mehr und mehr anzieht.

Könnten Sie wohl etwas dazu sagen, wie Sie diese Ansicht einschätzen. Zum Beispiel haben Sie den Vater, den Sohn und den Heiligen Geist mit dem *Dharmakāya*, *Sambhogakāya* und *Nirmānakāya* in Verbindung gebracht. Von meiner Überlieferung her hätte ich sie mit Buddha, Dhamma und Sangha in Verbindung gebracht. So repräsentiert dann der Dhamma den Seinsgrund, den *Dharmakāya*, die Zuflucht zum Dhamma. Der Buddha ist wie die Manifestation des Dhamma. Die Worte des Buddha bezeichnet man ebenfalls als den Dhamma, also ist der Buddha dessen Manifestation. Der Buddha wird auch als »derjenige, der weiß«, als »derjenige, der gewahr ist«, bezeichnet, und er beschreibt sich selbst als »aus dem Dhamma geboren«. Sodann das Resultat dieser Beziehung, innerhalb derer der Buddha das Wissen und die Verkörperung des Dhamma ist: Das Resultat jener Präsenz des erleuchteten Geistes in der Welt ist die Sangha, die man als die spirituelle Gemeinschaft bezeichnen kann,

oder wir könnten sagen, als die heilige Glaubensgemeinschaft.[58] Es ist eine Glaubensgemeinschaft von vielen verschiedenen Wesen im harmonischen Miteinander. Ich
habe mir überlegt, daß ich vielleicht die Art von Geist
habe, die alles passend macht. Doch nun habe ich die Gelegenheit zu fragen! Durch meine Gespräche mit anderen
Christen im Lauf der Jahre habe ich den Eindruck, daß
wir – wenn nicht über identische Vorkommnisse – doch
über sehr ähnliche Phänomene sprechen. Wenn also ein
Christ zitiert, wie Jesus sagt: »Wer den Willen Gottes erfüllt ...«, können wir dann behaupten, Dhammapraxis sei
dasselbe, wie den Willen Gottes zu erfüllen? Oder stellen
wir selbst mit einem solchen Gedanken die Sachverhalte
falsch dar? Das war eine lange Vorbemerkung; doch zu guter Letzt – da ist die Frage!

Dalai Lama: Im großen und ganzen scheinen viele Aspekte
spiritueller Realisation, die in der tibetischen Überlieferung als die methodische Seite des Weges eingestuft werden – Mitgefühl, Liebe, Toleranz und so weiter –, im Christentum wie im Buddhismus gleich zu sein. Um uns mit
Ihrer Frage in einer Art und Weise befassen zu können, die
sie in den Kontext der buddhistischen Überlieferung stellt,
muß sie in einer Sprache formuliert werden, die allen Lehrmeinungen innerhalb dieser Überlieferung gemeinsam ist.
    Sämtliche philosophischen Lehrmeinungen im Bud-
dhismus sprechen über die Vier Edlen Wahrheiten, und
sie alle sprechen von zweierlei Wirklichkeit: der letztendlichen und der relativen. Sogar die *Sāmkhya*-Schule, eine

nichtbuddhistische, altehrwürdige indische Lehrmeinung, spricht von letztendlicher und relativer Wirklichkeit. Wenn es aber darum geht, die Vier Edlen Wahrheiten sowie letztendliche und relative Wirklichkeit zu bestimmen – ihre Definitionen, spezifischen Merkmale und so weiter –, erkennen wir tiefgreifende Unterschiede.

Vom Gesichtspunkt der *Prāsangika-Madhyamaka*-Schule des Mahayana-Buddhismus aus, die auf der Auslegung von Nagarjunas Denken durch Chandrakirti und Aryadeva beruht, würde beispielsweise die Beschreibung der *Arhatschaft* – das ist der Zustand von *Nirvāna*, spiritueller Befreiung –, wie man sie in der buddhistischen Abhidharma-Literatur findet, nicht als vollständige oder endgültige Beschreibung von Nirvana akzeptiert werden. Aus der Madhyamaka-Sicht ist die Art und Weise, in der die übrigen Lehrmeinungen Befreiung, Nirvana, kennzeichnen, nicht subtil genug – nicht subtil genug im Hinblick darauf, wie sie die grundlegende Unwissenheit, das unvollkommene Erkenntnisvermögen und die Täuschungszustände bestimmen, die das Erreichen der Arhatschaft verhindern. Werden aber die Täuschungszustände, die das Erreichen der Arhatschaft verhindern, unzureichend bestimmt, dann werden auch die befürworteten Gegenmittel nicht letztgültig sein. Also wird auch das Resultat, das als Befreiung oder Arhatschaft gekennzeichnet wird, nicht letztgültig sein. Sie können sehen, daß selbst innerhalb der buddhistischen Schulen, mögen sie auch alle die gleichen Ausdrücke gebrauchen – Arhatschaft; *Shūnyatā* oder Leerheit; *Moksha* oder Nirvana; *Klesha*, die behindernden Emotionen und irrigen Vorstellungen und so weiter –, diese Ausdrücke nicht immer dieselbe Bedeutung haben. Die Ausdrücke sind dieselben; sogar die *allgemeine* Bedeutung mag dieselbe sein. Doch da sie im Kontext verschiedener buddhistischer Lehrmeinungen jeweils unterschiedlich aufgefaßt und bestimmt werden, ist auch das daraus hervorgehende Verständnis ganz unterschiedlich.

Um es also kurz zu machen – ganz wie Ihre Vorbemerkung! Ich glaube, in den verschiedenen Ansätzen gibt es bedeutsame Unterschiede. Und ich bin fest davon überzeugt, daß die Unterschiedlichkeit und die Einzigartigkeit eines jeden von ihnen auf einer sehr tiefgründigen Ebene ihren Wert besitzt. Dies kann man besonders dann gut ermessen, wenn man sich die Schriften der großen buddhistischen Autoren aus dem Indien vergangener Tage anschaut. Diese Meister waren nicht einfach nur Gelehrte, die sich in abstrakten intellektuellen Erörterungen ergingen; sie waren wahrhaftige und engagierte, mit tiefgründigen Meditationsübungen befaßte Schüler des Buddha. Sie haben jedoch nicht nur tiefe Erkenntnisse und Erfahrungen gewonnen, sondern hatten außerordentlich großes Mitgefühl für sämtliche empfindenden Wesen. Darum glaube ich, daß die subtilen Unterschiede, die sie wahrgenommen und in Worte gefaßt haben, aus ihrem Mitgefühl hervorgegangen sind, aus ihrer Empfindung, mit anderen das teilen zu müssen, was sie erfahren und erkannt haben. Ich bin mir sicher, daß sie nicht über diese Dinge geschrieben haben, um unsere Verwirrung zu vergrößern!

Schwester Eileen: Eure Heiligkeit, daß wir uns in Ihrer Gegenwart befinden dürfen, ist ein großes Privileg. Meine Frage betrifft etwas, worin sich unsere Überlieferungen möglicherweise unterscheiden. Unter anderem erfahren wir die Person Jesu als historische Gestalt. Doch eine seiner Missionen bestand darin, die Art und Weise, wie wir uns auf Gott beziehen, zu verändern: Liebe und Vertrautheit an die Stelle von Angst und Dogmatik treten zu lassen. Je mehr wir unsere religiöse Praxis vertiefen, vertieft sich auch unsere Hingabe zu Jesus. Deshalb meditieren viele von uns. Diese Erfahrung beginnt zunächst so, wie jede andere Beziehung zu einer anderen Person beginnen würde: Wir versuchen, diese Person kennenzulernen. Anfangs neigen wir dazu, selbst wenn wir die betreffende Person bewundern, sie als Objekt zu sehen. Dann verstehen wir allmählich nicht nur die äußerliche Persönlichkeit, sondern die innere Person Christi. Schließlich sind wir dazu berufen, eins zu werden mit dem Bewußtsein, das Christus hatte. Für Christen ist diese spirituelle Reise etwas sehr Persönliches und Vertrauliches. Gibt es im Buddhismus etwas, das dem entspricht?

Dalai Lama: Auf jeden Fall gibt es in der buddhistischen Praxis eine Parallele dazu. Wie ich vorhin dargelegt habe, ist es im Buddhismus ebenso wichtig wie im christlichen Kontext, daß unsere spirituelle Übung in einem einsgerichteten Vertrauen und Glauben gründet, daß man sein spirituelles Wohlergehen vollauf dem Gegenstand der Zuflucht anvertraut. Im Buddhismus muß unsere Übung darauf gründen, daß wir zu den Drei Juwelen Zuflucht nehmen – dem Buddha, dem Dharma und der Sangha –, und besonders zum Buddha. Im Rahmen dieser Beziehung haben Sie nicht nur ein Empfinden, daß Sie Ihr spirituelles Wohlergehen der Führung des Buddha anvertrauen – einem voll erleuchteten, vollendeten Wesen, das den erleuchteten Zustand vollkommen verwirklicht hat –, sondern Ihr Bestreben richtet sich auch darauf, diesen Zustand in sich selbst zu verwirklichen. Die Zufluchtnahme hat also verschiedene Aspekte. Manchmal gebraucht man auch den Ausdruck »den Zustand der Untrennbarkeit erreichen«, der Untrennbarkeit mit dem Buddha. Damit soll nicht gesagt sein, daß Sie Ihre persönliche Identität verlieren. Vielmehr soll dadurch hervorgehoben werden, daß Sie eine Stufe erreicht haben, auf der Sie wie ein Buddha sind, ein vollkommen erleuchtetes Wesen. Innerhalb dieser Beziehung gibt es also jene Vertrautheit.

Pater Laurence: Eure Heiligkeit, mir scheint, daß wir nicht versuchen, eine einzige Religion zu schaffen, auch wenn wir eine tiefe Einheit enthüllen. Wo es Einheit gibt, da gibt es auch Unterschiede. Zum Beispiel nimmt, wie Sie gerade gesagt haben, der Buddhist zum Buddha Zuflucht. Der Buddha ist sein oder ihr Lehrer. Der Christ steht in der Nachfolge Jesu. Er folgt – wie der Buddhist – mit Verehrung und Hingabe einem Lehrer. Der Unterschied liegt, so nehme ich an, in der Art und Weise, wie wir die Natur des Buddha und die Natur Jesu verstehen und beschreiben.

Doch in praktischer Hinsicht gibt es darin, daß wir einem spirituellen Weg folgen, daß wir Schüler sind, viele Ähnlichkeiten oder Übereinstimmungen. Beispielsweise sagt Jesus uns, daß wir, um ihm nachzufolgen, das Ich hinter uns zurücklassen müssen.

Nun habe ich persönlich festgestellt, daß der Buddhismus darin über große Weisheit und Klarheit verfügt: zu verstehen, was es heißt, das Ich hinter sich zu lassen, über den Egoismus hinauszugelangen. Und ich finde dieselbe Weisheit, wenn Jesus uns sagt, daß wir einander lieben sollen und daß wir unsere Feinde lieben sollen. Unser Gespräch heute morgen hat auf wunderbare Weise erforscht, wie dies von einem buddhistischen Blickwinkel aus vonstatten geht.

In dem Film, den wir uns gestern angeschaut haben, konnten wir Ihnen dabei zusehen, wie Sie in Dharamsala an einer Uhr arbeiteten. Manchmal scheint es mir, daß ich durch den Buddhismus verstehe, wie die Uhr funktioniert. Wir alle sind jedoch mit der Bedeutung der Zeit konfrontiert, Buddhisten wie Christen. In Worten läßt sich das nicht so leicht ausdrücken. Würden Sie in jenem Bild eine Möglichkeit sehen – und wenn ja, in welcher Weise –, das Verhältnis zwischen den verschiedenen Religionen zu verstehen? Schließlich erscheint es mir wesentlich, daß wir begreifen, wie Buddhismus und Christentum zueinander sprechen, wie wir einander heute verstehen. Denn die Begegnung dieser beiden Überlieferungen ist sehr bedeutsam für die Welt.

Dalai Lama: Die Grundlage, die wir nach meinem Empfinden benötigen, um einen bedeutungsvollen Dialog zu erzielen, einen Dialog, der die beiden Überlieferungen wechselseitig bereichern würde, besteht in der klaren Erkenntnis der Verschiedenheit, die unter den Menschen existiert, den verschiedenen geistigen Veranlagungen, Interessen und spirituellen Neigungen der Menschen in aller Welt. Zum Beispiel haben für manche Menschen die christlichen Überlieferungen, die auf dem Glauben an einen Schöpfer beruhen, die stärkste Wirkung auf ihren ethischen Lebenswandel und dienen ihnen als Motivation zu heilsamem Handeln aus ethischer Verantwortung. Doch ist dies nicht bei jedem Menschen so. Für andere mag die buddhistische Überlieferung, die auf den Glauben an einen Schöpfer kein Gewicht legt, wirksamer sein. In der buddhistischen Überlieferung liegt der Schwerpunkt auf persönlichem Verantwortungsbewußtsein, nicht auf einem transzendenten Wesen.

Auch ist es ganz entscheidend, zu erkennen, daß das gemeinsame Ziel beider spiritueller Überlieferungen darin besteht, einen voll verwirklichten, spirituell reifen, gütigen und warmherzigen Menschen hervorzubringen. Mit der Erkenntnis dieser beiden Punkte – Übereinstimmung der Ziele und klare Anerkennung der Vielseitigkeit menschlicher Veranlagungen – haben wir meines Erachtens eine sehr stabile Grundlage für den Dialog. Dies sind für mich die Überzeugungen, die beiden Grundvoraussetzungen, mit denen ich stets in den Dialog mit anderen Überlieferungen hineingehe.

Pater Laurence: In der Vorstellung, daß die individuelle Veranlagung eines Menschen für seine oder ihre spirituelle Reise ausschlaggebend ist, liegt, denke ich, eine wundervolle Wahrheit. Wenn sich dies aber so verhält, wirft es die Frage auf, ob dann eine dieser Überlieferungen eine absolute Erkenntnis der Wahrheit für sich in Anspruch nehmen kann. Mir scheint, es ist eine ganz moderne und wahrscheinlich notwendige Entwicklungsstufe in der Religionsgeschichte, daß wir heutzutage in Erfahrung bringen, was die von Eurer Heiligkeit angesprochenen Dinge im einzelnen alles beinhalten. Doch das ist etwas ganz anderes als das, was die Religionen in der Vergangenheit gesagt haben!

Dalai Lama: Ich würde sagen, auch die Wahrheit muß nicht lediglich einen einzigen Aspekt haben; vielmehr können wir einen multidimensionalen Wahrheitsbegriff haben. Insbesondere vom philosophischen Standpunkt des Madhyamaka aus trifft dies zu, wo sogar schon der Wahrheitsbegriff eine relative Dimension hat. Nur *in Relation zu* dem, was falsch oder unwahr ist, nur *in Relation zu* einer anderen Wahrnehmung kann man von etwas sagen, es sei wahr. Einen Wahrheitsbegriff zu postulieren, der außerhalb der Zeitlichkeit steht und ewig ist, etwas, das keinen Bezugsrahmen hat, wäre ziemlich problematisch.

Nehmen wir zum Beispiel die vielfältigen Lehren, die der Buddha bei verschiedenen Gelegenheiten erteilt hat, die mitunter – oberflächlich gesehen – im Widerspruch zueinander zu stehen scheinen. Zum Beispiel widersprechen die Lehren vom »Selbst« (*Ātman*), die Buddha jenen Menschen mit starker Neigung zu einer personalen Daseinsauffassung gab, der grundlegenden buddhistischen Lehre vom »Nicht-Selbst« (*Anātman*). Und auch die Fassung der Lehre von *Anātman* – der Lehre von der Nicht-Seele, von der Selbst-losigkeit einer Person –, in der der Buddha die Anhänger der höheren philosophischen Schulen unterwies, wie etwa der *Vaibhāshika*- und *Sautrāntika*-Schule, muß als wahr angesehen werden. Zieht man nämlich das Auffassungs- und Verständnisvermögen seiner Zuhörer zu jenem speziellen Zeitpunkt, in jenem Umfeld und Kontext in Betracht, so *war das die Wahrheit*. Auf genau diese Weise muß man den Wahrheitsbegriff im Buddhismus verstehen.

Eine höhere buddhistische Schule wie etwa die Madhyamaka-Schule würde den Standpunkt vertreten, diese Auffassung von »Nicht-Selbst« widerspreche der Vernunft, diese spezielle Ansicht von *Anātman* sei nicht die vollständige, nicht die letztgültige Wahrheit. Allerdings würde die Madhyamaka-Schule nicht so weit gehen, zu behaupten, Buddha habe eine falsche Belehrung gegeben. Selbst ihre Vertreter würden sagen, daß dies eine wahre Aussage ist: weil sie wahr ist, soweit es speziell um jenen Kontext und jene Situation geht.

Aber vielleicht ist das zu kompliziert!

Um all das, worüber wir gesprochen haben, zusammenzufassen: Nach meinem Empfinden gibt es außerordentlich viele Punkte der Annäherung oder Übereinstimmung zwischen der buddhistischen und der christlichen Überlieferung und ein enormes Potential zu wechselseitiger Bereicherung durch den Dialog: zumal im Bereich der Ethik und in der spirituellen Praxis, wenn es um Mitgefühl, Liebe, Meditation und größere Toleranz geht. Und ich spüre, daß dieser Dialog sehr weit gehen und eine tiefgründige Verständnisebene erreichen könnte. Wenn es aber zu einem Dialog in bezug auf philosophische und metaphysische Fragen kommt, müssen wir, so glaube ich, getrennte Wege einschlagen. Die gesamte buddhistische Weltsicht basiert auf einem philosophischen Standpunkt, dessen zentraler Gedanke das Prinzip der wechselseitigen Bedingtheit ist: Ihm zufolge treten alle Dinge und Geschehnisse allein infolge von Wechselwirkungen zwischen Ursachen und Bedingungen ins Dasein.

Innerhalb dieser Philosophie ist es nahezu unmöglich, Raum zu schaffen für eine außerzeitliche, ewige, absolute Wahrheit. Ebensowenig ist es möglich, die Vorstellung einer göttlichen Schöpfung unterzubringen. Entsprechend hat für einen Christen, dessen gesamte metaphysische Weltsicht auf dem Glauben an die Schöpfung und einen göttlichen Schöpfer beruht, die Vorstellung, daß alle Dinge und Geschehnisse aus der bloßen Interaktion zwischen Ursachen und Bedingungen entstehen, keinen Platz. Im Bereich der Metaphysik wird es also an einem bestimmten Punkt problematisch, und die Auffassungen der beiden Überlieferungen müssen hier voneinander abweichen.

Allerdings könnte der Dialog, so glaube ich, im Bereich der ethischen Grundsätze, der Lebensführung und der

Metaphysik zu besserem Verständnis und wechselseitigem Respekt beitragen – mit anderen Worten: gleichermaßen in jenen Bereichen, in denen zahlreiche Entsprechungen vorhanden sind und sich vieles miteinander vereinbaren läßt, wie dort, wo es viele Unterscheidungsmerkmale und Differenzen gibt.

Bei den ethischen Grundsätzen und der Lebensführung ist das leicht nachvollziehbar: Da gibt es viele Ähnlichkeiten und Entsprechungen, die den Dialog bereichern, zu einem besseren Verständnis und gegenseitiger Wertschätzung führen könnten. Doch auch im metaphysischen Bereich, in dem es grundlegende Unterschiede gibt, haben wir die Möglichkeit, durch den Dialog über diese Unterschiede hinauszugelangen: indem wir klar und deutlich zur Kenntnis nehmen, daß diese Unterschiede bestehen, und doch – von ihrem Zweck und ihrer Wirkung her gesehen – zugleich ihre gemeinsame Grundlage erkennen. Wenngleich die metaphysischen Standpunkte von Christen und Buddhisten weit auseinander zu liegen scheinen, können doch beide gleichermaßen zur Schaffung gütiger Menschen beitragen, die spirituell reif und ethisch intakt sind. Diese Unterschiede müssen uns nicht trennen.

Schwester Eileen: Wenn man zwischen Eurer Heiligkeit und Jesus ein Treffen ausmachen könnte, wie fänden Sie das? Und was glauben Sie, welche Fragen würden Sie haben, oder worüber würden Sie in der Zeit, die Sie miteinander verbrächten, sprechen wollen?

Dalai Lama: Wenn man als Buddhist, dessen Hauptzuflucht der Buddha ist, mit jemandem wie Jesus Christus in Kontakt käme – dessen Leben uns in aller Deutlichkeit ein Wesen vor Augen führt, das Millionen von Menschen spirituell berührt und bewegt, ihre Befreiung und ihr Freisein von Leid bewirkt hat –, solch einem Menschen gegenüber würde man Verehrung empfinden, Ehrfurcht vor einem voll erleuchteten Wesen oder Bodhisattva.

Schwester Eileen: Hätten Eure Heiligkeit bestimmte Fragen, die Sie ihm gern stellen würden?

Dalai Lama: Meine erste Frage wäre: »Könnten Sie die Natur des Vaters beschreiben?« Weil das mangelnde Verständnis hinsichtlich der genauen Natur des Vaters hier so viel Verwirrung stiftet!

Schwester Eileen: Nun, heutzutage sind wir der Auffassung, man müsse da von Vater und Mutter sprechen![59]

Pater Laurence: Vielleicht könnte Maria bei dem Treffen ebenfalls zugegen sein!

Dalai Lama: Wenn ich ein Marienbildnis sehe, habe ich stets das Empfinden, daß sie Liebe und Mitgefühl verkörpert. Sie ist wie ein Symbol der Liebe. Innerhalb der buddhistischen Ikonographie hat die Göttin Tara eine ähnliche Position.

Ajahn Amaro: Eure Heiligkeit, ich weiß nicht, ob ich es wagen soll, eine weitere metaphysische Frage zu stellen … Aber da wir von den Unterschieden in unseren Überlieferungen sprechen – als Westler fand ich es immer schwierig, mich mit dem Gedanken der Einzigartigkeit von Jesus Christus anzufreunden, ihn als einen vollkommen einzigartigen Menschen zu verstehen, anders als alle übrigen, die jemals auf der Welt erschienen sind. Ich wüßte gern, was Sie darüber denken, da diese Vorstellung in den christlichen Texten regelmäßig auftaucht. Wie stehen Sie zur Einzigartigkeit, zur besonderen Natur Jesu?

Dalai Lama: Wenn Sie danach fragen, wie ein praktizierender Christ die für Jesus Christus in Anspruch genommene Einzigartigkeit verstehen soll, so lautet meine Antwort: Allein dadurch, daß man sich auf die maßgeblichen Schriften der spirituellen Väter der Vergangenheit stützt, kann man die in den Schriften beschriebene Einzigartigkeit verstehen.

Falls Sie hingegen meine persönliche Meinung wissen möchten, habe ich diese bereits ausgesprochen. Aus meiner Sicht als Buddhist war Jesus entweder ein voll erleuchtetes Wesen oder ein Bodhisattva von sehr hoher spiritueller Verwirklichung.

Die folgende Anekdote steht vielleicht nicht in direkter Beziehung zu dem Punkt, den Sie ansprachen, doch ich möchte Ihnen gern von meiner Pilgerreise nach Lourdes im letzten Jahr erzählen. Dort habe ich – vor der Höhle – eine ganz besondere Erfahrung gemacht. Ich verspürte eine spirituelle Schwingung, die Präsenz einer bestimmten Art von spiritueller Energie. Und dann habe ich vor dem Bild der Jungfrau Maria gebetet. Ich brachte meine Verehrung für diesen heiligen Platz zum Ausdruck, der schon so lange eine Quelle der Inspiration und Kraft ist, der Millionen von Menschen spirituellen Trost, Erleichterung und Heilung gewährt hat. Und ich betete, daß dies noch lange so bleiben möge. Mein Gebet dort richtete sich also nicht an jemand Bestimmtes – den Buddha etwa oder Jesus oder einen Bodhisattva –, sondern einfach an all die großen Wesen, die allen empfindenden Wesen gegenüber unermeßliches Mitgefühl haben.

Pater Laurence: Eure Heiligkeit, ich habe eine Frage an Sie aus einer der Gruppen, die heute nachmittag über Ihre Vorträge diskutiert haben. Es handelt sich um eine Frage, die sich aus dem ergab, was Sie über das Leid sagten – daß man gewisse Arten von Leid überwinden könne, andere hingegen nicht. Die Gruppe stellt Ihnen folgende Frage: Worin zeigt sich der Unterschied? Könnten Sie uns aus Ihrer eigenen Erfahrung erläutern, wie sich eine Unterscheidung vornehmen läßt?

Dalai Lama: Ich glaube, das ist ziemlich offensichtlich. Wenn Sie mit einem Problem konfrontiert sind, Ihr Bestes versuchen, es zu überwinden, und dennoch am Ende feststellen müssen, daß das Problem weiterhin besteht, so haben Sie einen Hinweis darauf, daß es unüberwindlich ist. Solche Unterscheidungen nehmen Sie nicht durch Hellseherei vor, die Ihnen zu unterscheiden erlaubt, ob man das Leid überwinden kann oder nicht. Das ist nicht der Weg.

Pater Laurence: Vielen Dank. Und nun habe ich vier sehr schlichte Fragen. Sie sind nicht nur die kürzesten Fragen des Tages, sondern auch die schwierigsten. Ich nenne sie gleich alle: Was wird wiedergeboren? Was ist jetzt in uns göttlich? Was ist nach dem Tod? Bringt unser Bewußtsein unsere Wirklichkeit hervor?

Dalai Lama: Als erstes möchte ich gern auf die letzte Frage eingehen. Einzelne Erfahrungen von Leid, Schmerz, Freude und Glück sind oft bis zu einem gewissen Grad Schöpfungen unseres Geistes. Viele dieser Erfahrungen werden von unserem Geist hervorgebracht. Doch darüber hinauszugehen und zu sagen, die Wirklichkeit sei eine Konstruktion des Geistes, ist ein ganz anderer Punkt. Im Buddhismus gibt es bestimmte Lehrmeinungen, die diese Ansicht vertreten, es gibt jedoch auch andere Auffassungen. Aus Sicht des Madhyamaka, der Weltsicht, die ich mir persönlich zu eigen mache, läßt sich die Idee, alles werde vom Bewußtsein hervorgebracht, nicht akzeptieren.

☙ ❦ ❧

An dieser Stelle regt Seine Heiligkeit lachend an, jeder der Gesprächspartner auf dem Podium – Ajahn Amaro, Pater Laurence und Schwester Eileen – solle eine Antwort auf

die drei verbleibenden Fragen geben: Was wird wiederge-
boren? Was in uns ist göttlich? Was ist nach dem Tod?

Ajahn Amaro: Was wird wiedergeboren? Aus der Sicht des
Theravada-Buddhismus gibt es da keine festgelegte Lehrmeinung. Der Buddha hat den Prozeß der Wiedergeburt
ganz klar beschrieben; er hat jedoch auch gesagt, alles
Wissen beruhe auf persönlicher Erfahrung. Wenn er daher
über die Vorstellung vom Tod und der Wiedergeburt in
einem anderen Daseinsbereich spricht, so ist das wie eine
Landkarte, die er ausgebreitet hat. Wenn sie uns ausge-
händigt wird, heißt das nicht, daß wir persönlich an sie
glauben müssen. Vielmehr ist sie eher wie eine Vorgabe,
die uns helfen kann, unsere Erfahrung der Realität zu
beschreiben.

Wiedergeboren werden im großen und ganzen unsere
Gewohnheiten. Im wesentlichen ist es das. Woran auch
immer der Geist festhält, das wird wiedergeboren – was
wir lieben, hassen, fürchten, bewundern und worüber wir
Meinungen haben. Hinter unserer Identifikation mit diesen Aspekten des Geistes steckt eine Triebkraft. Anhaftung ist wie ein Schwungrad.

Erleuchtung ist das Ende der Wiedergeburten, was soviel
bedeutet wie: vollkommenes Nicht-Anhaften an allen Gedanken, Gefühlen, Wahrnehmungen, körperlichen Empfindungen und Vorstellungen, vollständige Nicht-Identifi-
kation. Wenn wir also davon sprechen, daß wir Geburt
und Tod hinter uns lassen, vom Ende der Wiedergeburten,

von Erleuchtung, so ist das in Wirklichkeit die natürliche Verfassung des Geistes – nicht verwirrt, mit keinem inneren oder äußeren Objekt identifiziert oder darin verfangen.

Von Leben zu Leben wiedergeboren wird dasjenige in uns, was sich blindlings mit Objekten identifiziert. Oder im Fall eines Bodhisattvas in der Mahayana-Überlieferung – das geht ein wenig über meine Überlieferung hinaus, darum lasse ich mich von denjenigen, die der nördlichen Überlieferung angehören, gern korrigieren – trifft er oder sie aus Mitgefühl, aus Sorge um das Wohlergehen anderer Wesen, die Entscheidung, zur Welt zu kommen.

Bei den meisten Menschen ist die Wiedergeburt allerdings eher ein zufälliger als ein absichtlich herbeigeführter Vorgang. Die Umstände einer unkontrolliert vonstatten gehenden Geburt werden vielmehr von all dem vorgegeben, woran man hängt. Wenn also ein Bodhisattva bewußt zur Welt kommt, wird dies die Folge von bewußtem Festhalten an etwas sein. Nun, ich kann diesen Handzettel hier nehmen und in der Hand halten; dies kann durchaus in Ruhe und Frieden geschehen. Oder ich kann daran hängen, indem ich sage: »Das ist *mein* Handzettel!« Letzteres ist Identifikation und Besitzergreifen; es ist blindes Festhalten. Wiedergeburt kann so sein, daß man einfach einen Körper entgegennimmt und ihn behält, ohne daran anzuhaften. Und auf diese Weise würde ein Bodhisattva einen Körper oder ein menschliches Dasein annehmen. Ich neige zu Weitschweifigkeit, aber ich habe mich so kurz gefaßt, wie ich kann!

Pater Laurence: Was ist jetzt in uns göttlich? Die Beantwortung dieser Frage werde ich mir mit Schwester Eileen teilen, um zu zeigen, daß auch die Christen unterschiedliche Überlieferungen haben. Ich denke, das Göttliche ist unsere Quelle, unser Ursprung. Der heilige Paulus bezeichnet Gott als den Quell, den Lenker und das Ziel jeglichen Daseins. Er sagt auch im Brief an die Epheser, daß Gott uns kannte und uns erwählt hat – persönlich, jeden einzelnen Menschen –, bevor die Welt begann.

Gott ist die Quelle von Zeit und Raum und Schöpfung und Kosmos, all das existiert im Mysterium Gottes. Und so existieren wir auf immer im Mysterium Gottes. Wir haben Gestalt angenommen, wir existieren aus Gottes Natur, die darin besteht, sich auszudrücken und zu lieben. Ich denke, das Göttliche und Heilige in uns ist unsere Quelle, unser Ursprung. Wir sind allzeit eins mit unserem Ursprung. Alles, was existiert, ist allzeit eins mit seinem Ursprung. Das ist unsere Heiligkeit und unsere Göttlichkeit. Das ist unser Ziel. Die Reise von unserem Ursprungs- zu unserem Zielort – beides ist derselbe Ort, derselbe Punkt – ist die Reise, auf der wir uns jetzt befinden. Sie ist die Reise der Befreiung, der Erleuchtung.

Schwester Eileen: Die christliche Lehre bestand immer darin, daß wir *nach* Gottes Ebenbild geschaffen wurden, daß wir Tempel des Heiligen Geistes sind und daß wir bereits eins sind mit Gott. Doch aufgrund unserer menschlichen Daseinsverfassung erfahren wir dies nicht vollständig, weil wir noch in unserem Geist und in unseren festgefügten Mustern gefangen sind. Wir meditieren und gehen unseren spirituellen Übungen nach, damit wir zu dem zurückkehren können, was man im Zen-Buddhismus unser »ursprüngliches Antlitz« nennt, zu jener ursprünglichen Erfahrung desjenigen, von dem wir geschaffen wurden. Wie Sie sagten, Eure Heiligkeit, beinhaltet dies keinen Identitätsverlust, sondern ist die Erfahrung der Einheit in Gott.

ఴ ✢ ఴ

In Vorbereitung auf die gemeinsame Meditation und den Gesang zündeten der Dalai Lama und mehrere Leute aus dem Publikum als Ausdruck der Harmonie unter verschiedenen religiösen Überlieferungen fünf Kerzen an. Dies wurde wie ein tägliches Ritual. Obwohl es nur eine äußerst bescheidene und schlichte Geste war, ohne viel Aufhebens oder großes Zeremoniell, gewann das Anzünden der Kerzen doch ein seltsames Eigenleben zwischen Improvisation und Vertrautem. Da sämtliche Kulturen und, soweit uns bekannt ist, sämtliche Religionen das Licht, und insbesondere das Feuer, mit Ehrfurcht und Ehrerbietung bedacht haben, war dieser Vorgang von geheiligten Empfindungen erfüllt.

Doch gerade weil es hierbei keinen vorgegebenen rituellen Ablauf gab und Kerzen es nun einmal so an sich haben, daß sie häufig nicht gerade stehen bleiben oder brennen wollen, war da – wie bei der gesamten Tagung – immer jenes gewisse Moment mit im Spiel: etwas Spontanes, nicht ganz Perfektes, jedoch rührend Menschliches und Natürliches.

Als Seine Heiligkeit auf einem einfachen Stuhl in der Mitte des Podiums Platz nahm, wurde das Licht im Saal gedämpft. Er zupfte seine Robe zurecht und legte sie in Falten, brachte seinen Körper in eine Ruheposition, nahm seine Perlenkette[60], schloß die Augen und begann zu beten. Viele Menschen im Publikum, die katholische Mütter und Großmütter haben, müssen davon beeindruckt gewesen sein, wie der Dalai Lama mit einigen wenigen vorbereitenden Handgriffen, insbesondere seiner leichten, lockeren und sanften Handhabung der Perlenkette, die Grenzen von Kultur und Sprache überschritt. Der Gesang selbst klang ganz und gar nicht wie ein Ave Maria. Doch unverkennbar war die Ehrerbietung, mit der er gesungen und ihm zugehört wurde.

ဢ ⚜ ဢ

Möge ich aus Hochachtung vor allen empfindenden Wesen,
deren Vorzüge im Hinblick auf die Verwirklichung
   des höchsten Ziels
selbst das wunscherfüllende Juwel übertreffen,
   diese Wesen von ganzem Herzen lieben.

In der Gesellschaft von anderen
werde ich mich stets als den Geringsten von allen
   betrachten
und sie aus der Tiefe meines Herzens
   lieben und über alles schätzen.

Im Moment, da sich eine Täuschung einstellt,
die mich und andere gefährdet,
werde ich ihr wachsam entgegentreten
und sie unverzüglich abwenden.

Wenn ich Wesen von niederträchtiger Natur sehe,
von heftigen negativen Handlungen und Leid
    übermannt,
werden mir solch Unvergleichliche am Herzen
    liegen,
als hätte ich einen kostbaren Schatz gefunden.

Wenn andere mich aus Neid verletzen,
mich beleidigen oder dergleichen,
werde ich die Niederlage auf mich nehmen
und anderen den Sieg schenken.

Wenn jemand, dem ich Wohltaten erwiesen habe
und in den ich große Hoffnungen setze,
mir schrecklichen Schaden zufügt,
werde ich ihn als meinen heiligen spirituellen
    Freund ansehen.

Kurzum, ich opfere, direkt wie indirekt,
jeglichen Nutzen und jegliches Glück allen
    Wesen, meinen Müttern;
möge ich insgeheim
all ihre schädlichen Handlungen und ihr Leid auf
    mich nehmen.

Mögen sie nicht von den Vorstellungen
der acht weltlichen Belange befleckt werden;
und mögen sie im Gewahrsein, daß alle Dinge
    illusorisch sind,
an nichts festhalten und somit befreit sein von
    Zwang.[61]

5

Die Verklärung

Lukas 9, 28–36

Etwa acht Tage nach diesen Reden nahm Jesus Petrus, Johannes und Jakobus beiseite und stieg mit ihnen auf einen Berg, um zu beten. Und während er betete, veränderte sich das Aussehen seines Gesichtes, und sein Gewand wurde leuchtend weiß. Und plötzlich redeten zwei Männer mit ihm. Es waren Mose und Elija; sie erschienen in strahlendem Licht und sprachen von seinem Ende, das sich in Jerusalem erfüllen sollte. Petrus und seine Begleiter aber waren eingeschlafen, wurden jedoch wach und sahen Jesus in strahlendem Licht und die zwei Männer, die bei ihm standen. Als die beiden sich von ihm trennen wollten, sagte Petrus zu Jesus: Meister, es ist gut, daß wir hier sind. Wir wollen drei Hütten bauen, eine für dich, eine für Mose und eine für Elija. Er wußte aber nicht, was er sagte. Während er noch redete, kam eine Wolke und warf ihren Schatten auf sie. Sie gerieten in die Wolke hinein und bekamen Angst. Da rief eine Stimme aus der Wolke: Das ist mein auserwählter

Sohn, auf ihn sollt ihr hören. Als aber die Stimme erklang, war Jesus wieder allein. Die Jünger schwiegen jedoch über das, was sie gesehen hatten, und erzählten in jenen Tagen niemand davon.
[Lukas 9, 28–36]

Auch hier, in diesen Textstellen der Verklärung, werden wir offenbar auf bestimmte Themen verwiesen, die die großen religiösen Überlieferungen der Welt miteinander gemeinsam haben. Zu diesem gemeinsamen Themenbestand gehört unsere Fähigkeit zu visionären mystischen Erfahrungen; ferner die Regenbogen- und Wolkenmetaphorik.[62] Aufgrund der Einzigartigkeit, die Jesus als Sohn Gottes zugeschrieben wird, könnten diese Themen allerdings im Kontext dieser Stellen aus dem Evangelium eine etwas veränderte Bedeutung haben. Doch nach buddhistischer Auffassung ist es generell möglich, daß sich bei jemandem, der seinen Übungen nachgeht und dabei in seiner bzw. ihrer spirituellen Entwicklung eine hohe Realisationsstufe erreicht, eine derartige Transformation auch auf der physischen Ebene manifestiert.

Entsprechende Geschichten über den Buddha finden wir in den Sutras. Wie im Evangelium beginnen diese Geschichten damit, daß Buddha sich zu einer bestimmten Zeit an einem bestimmten Ort aufhält. Seine Schüler – in erster Linie die beiden Hauptschüler Shariputra und Maudgalyayana – stellen fest, wie sich in Buddhas Erscheinung physische Veränderungen zeigen. Ein Strahlen geht von seinem Körper aus, und ein charakteristisches Lächeln erhellt sein Antlitz. Dann fragt einer der Schüler den Buddha: »Ich sehe diese Veränderungen an dir. Warum treten diese Veränderungen auf? Welche Gründe hat dies? Welche Gedanken kommen dir in den Sinn? Bitte, sag es uns.« Diese Gleichnisse ähneln denen, die wir in den Textstellen des Evangeliums über die Verklärung finden.

Die Vision von den beiden Propheten Moses und Elias steht ebenfalls in Entsprechung zu vielen Stellen in der buddhistischen Literatur, die auf mystische Geschehnisse Bezug nehmen, in denen ein Mensch bestimmten historischen Gestalten von Angesicht zu Angesicht gegenübersteht. Sie werden *reine Sicht* genannt. In manchen Fällen kann es sich dabei um einen echten Kontakt mit diesen historischen Gestalten auf der mystischen Ebene handeln, in anderen um Begegnungen mit Wesen, die die Erscheinung, die körperliche Form dieser historischen Gestalten annehmen. Solche Kontakte kann es geben.

Für das Verständnis dieser rätselhaften Phänomene ist es notwendig, daß wir das gesamte Phänomen der Emanation in seinen Grundzügen verstehen. In welchem Maß eine Emanation ein Eigendasein führt, autonom ist, hängt von der Realisationsstufe desjenigen ab, der die Emanation hervorbringt. Auf einer niedrigen Stufe wird die Emanation von demjenigen, der sie hervorbringt, in hohem Maß überwacht und kontrolliert, beinahe wie von einem Computer. Andererseits können bei einer Person mit sehr hoher spiritueller Realisation die emanierten Wesen ziemlich autonom sein.

Eine buddhistische Textstelle sagt, daß sich von einem voll erleuchteten Wesen hervorgebrachte Emanationen einer hochgradigen Autonomie erfreuen. Doch das heißt nicht, daß Emanationen reale, lebendige Wesen sind. Sie sind in gewisser Weise bloß Geschöpfe eines hochentwikkelten Geistes. Beispielsweise gibt es unter den Mönchsregeln die vier Hauptregeln. Eine von ihnen lautet, daß man nicht töten darf. »Töten« wird hier allerdings unter dem Vorbehalt definiert, daß es sich um einen Menschen handele, nicht um ein emaniertes Wesen. Emanationen werden also nicht als reale Lebewesen betrachtet.

Auch in unseren Tagen gibt es noch Personen, die visionäre mystische Erfahrungen machen. Manche Menschen hatten mystische Erfahrungen, in denen sie mit großen Meistern aus Indien und Tibet in Kontakt gekommen sind. Gern würde ich selbst solche mystischen Erfahrungen machen, doch – kein Glück! Ich hätte so manche Frage! Es gibt vieles, was ich tun würde, falls ich solche visionären mystischen Erfahrungen machen könnte. Falls es mir beispielsweise gelänge, eine visionäre Begegnung mit einem der großen indischen Meister der Vergangenheit zu haben, würde ich den Standpunkt eines Wissenschaftlers einnehmen, in die Rolle des Advocatus Diaboli schlüpfen und eine Fülle von Fragen stellen!

Menschen auf einer hohen spirituellen Entwicklungsstufe haben manchmal selbst die Fähigkeit zur Emanation. Sie können sich in unterschiedlicher Gestalt manifestieren. Das muß allerdings nicht heißen, daß jeder diese Vision und diese Präsenz wahrnehmen kann. Damit jemand solcher Visionen gewahr werden kann, braucht er oder sie ein gewisses Maß an spiritueller Reife, Empfänglichkeit und Offenheit. Wären zum Beispiel bei dem in dieser Passage erzählten Vorfall, als Petrus Moses und Elias erblickte, andere Menschen bei Jesus gewesen, könnte es sehr wohl möglich sein, daß manche von ihnen Moses und Elias nicht gesehen hätten.

Wenn solche Phänomene wie Emanationen möglich sind, werden wir natürlich wissen wollen, wie sie wohl »funktionieren«. Auf welcher Grundlage lassen sich solche Vorkommnisse erklären? Wenn wir diese Phänomene im buddhistischen Kontext aus der Perspektive des *Tantra* erläutern, dem esoterischen Aspekt des tibetischen Buddhismus, läßt sich eine Erklärung geben, die auf dem Kräftespiel der – als *Prāna* bezeichneten – subtilen Energien basiert. Durch Ausübung verschiedener meditativer Techniken kann man ein hohes Maß an Kontrolle über diese psychophysischen Energien erzielen. Im *Sutra*-System, dem nicht-tantrischen System, würde man eher eine Erklärung in bezug auf konzentrative oder meditative Kräfte geben. Offen gesagt sind dies überaus rätselhafte Phänomene, und ich kann nicht von mir behaupten, ich sei imstande, sie detailliert zu erklären. Nach meinem Dafürhalten erfordern diese Bereiche viel Studium, Erforschung und auch Erfahrung.

Solch visionäre Begegnungen kann man auf verschiedenen Ebenen erfahren. Wir unterscheiden drei Grundformen. Die erste erfährt man mehr auf der mystischen, intuitiven Ebene, auf der die Begegnung nicht im eigentlichen – nicht in einem real greifbaren – Sinn stattfindet. Hier handelt es sich vielmehr eher um ein *Empfinden*, eine Intuition von Gegenwart. Die zweite ist eine schon eher greifbare Begegnung, wenn auch nicht auf der Ebene der Sinneswahrnehmung. Sie wird mehr auf der mentalen, begrifflichen Ebene erfahren. Die dritte Form hat den greifbarsten Wirklichkeitscharakter. Sie ist eine Erfahrung im Bereich der Sinneswahrnehmung: Es ist so, als ob Sie jemanden mit offenen Augen von Angesicht zu Angesicht sehen. Graduell gesehen ist die letztgenannte Vision also in höherem Maß tatsächlich vorhanden und realer als die beiden zuvor genannten.

Ein ähnliches, mystische Visionen umfassendes Phänomen gibt es am heiligen See Lhamö Lhatso in Tibet.[63] Ich habe von Fällen gehört, in denen selbst ausländische Touristen an jenem See Visionen hatten. Doch wenn zehn Leute gleichzeitig diesen See besuchen, kann es sein, daß jeder von ihnen eine andere Vision hat. Oder es kann auch sein, daß alle zehn dasselbe Bild sehen. In bestimmten Fällen ist es sogar gelungen, diese Bilder fotografisch zu erfassen.

Warum aber gibt es solche Unterschiede? Das ist zutiefst rätselhaft. Doch irgendeine Erklärung muß es geben.

In diesen Passagen des Evangeliums wird auf die *Bestimmung* Bezug genommen. Daher stellt sich für mich die Frage, ob es im christlichen Kontext einen Glauben gibt, wonach jeder Mensch eine einzigartige Bestimmung zu erfüllen hat.

Pater Laurence: Ja, jeder Mensch ist letzten Endes dazu bestimmt, am Sein Gottes teilzuhaben.

Dalai Lama: Kann man sagen, daß die Bestimmung eines Menschen sich aufgrund gewisser Umstände entwickeln und wandeln könnte?

Pater Laurence: Ja, weil das Individuum die Freiheit hat, jene Bestimmung, jenen »Ruf«, anzunehmen oder nicht. Es besteht ein Zusammenhang zwischen der Bestimmung und dem freien Willen.

Dalai Lama: Zwar wird man im buddhistischen Kontext nicht das Wort Bestimmung verwenden, aber es gibt den Begriff des Karma, der dem wohl am ehesten gleichkommt. Zwar beinhaltet Karma ein gewisses Maß an Zwang, doch dies schließt nicht die Notwendigkeit bestimmter Begleitumstände aus, die das Karma zur Reife bringen. Wie ich bereits erwähnte, gibt es spezielle Vorstellungsbilder – wie Wolke und Regenbogen –, die in zahlreichen religiösen Überlieferungen gebräuchlich sind. Selbstverständlich haben wir heute eine wissenschaftliche Erklärung für das Entstehen von Regenbögen – durch bestimmte Feuchtigkeits- und Temperaturbedingungen und so weiter. Doch schon immer wollte ich etwas über jene außergewöhnlichen Regenbögen in Erfahrung bringen, die nicht diese Vielfarbigkeit haben, die vielmehr wie rein weißes Licht sind und auf einer geraden Linie liegen, statt einen Bogen zu bilden. Schon immer habe ich mich gefragt, warum dies so ist!

Im Kontext des tibetischen Buddhismus wird die Metaphorik des Regenbogens in zweierlei Sinn verwendet: Zum einen assoziiert man den Regenbogen oft mit günstigen Vorzeichen, Glück und Wohlergehen; zum anderen dient er häufig als Sinnbild, um anschaulich zu machen, daß alle Dinge und Ereignisse illusorischer Natur sind, keine wirkliche Substanz haben. Interessanterweise erwähnt diese Stelle des Evangeliums eine Stimme, die aus der Luft kommt. Auch hier finden wir in den buddhistischen Lehrtexten ähnliche Verweise auf eine aus dem Nichts kommende Stimme.

In Tibet ist es ein weithin verbreiteter Glaube, daß etwa im siebten Jahrhundert, während der Regentschaft von König Lha Tho-thori, gewisse buddhistische Schriften vom Himmel fielen. Einige Gelehrte haben mit guten Gründen geltend gemacht, dies habe sich so nicht zugetragen, diese Schriften seien vielmehr aus Indien nach Tibet gebracht worden. Wenn jedoch die wirkliche Herkunft der Schriften aus Indien zu jener Zeit enthüllt worden wäre, hätten die Menschen ihnen nicht solche Ehrerbietung entgegengebracht. Daher entstand der Mythos von den Schriften, die vom Himmel fielen, und übernahm in ihrer spirituellen Überlieferung eine spezielle Funktion.

6

Die Aussendung der zwölf Jünger

Lukas 9, 1–6

Dann rief er die Zwölf zu sich und gab ihnen die
Kraft und die Vollmacht, alle Dämonen auszutreiben und die Kranken gesund zu machen. Und er
sandte sie aus mit dem Auftrag, das Reich Gottes
zu verkünden und zu heilen. Er sagte zu ihnen:
Nehmt nichts mit auf den Weg, keinen Wanderstab und keine Vorratstasche, kein Brot, kein Geld
und kein zweites Hemd. Bleibt in dem Haus, in
dem ihr einkehrt, bis ihr den Ort wieder verlaßt.
Wenn euch aber die Leute in einer Stadt nicht aufnehmen wollen, dann geht weg, und schüttelt den
Staub von euren Füßen, zum Zeugnis gegen sie.
Die Zwölf machten sich auf den Weg und wanderten von Dorf zu Dorf. Sie verkündeten das
Evangelium und heilten überall die Kranken.
[Lukas 9, 1–6]

Ich denke, diese Textstellen verweisen auf eine sehr wichtige spirituelle Vorstellung, die alle Religionen miteinander gemeinsam haben: Wer sich spirituell übt und als Ergebnis seiner oder ihrer langfristigen Übung ein gewisses Maß an Realisation erzielt hat, sollte sich damit nicht zufriedengeben. Vielmehr sollte die betreffende Person mit anderen Menschen in einen Erfahrungsaustausch treten, damit auch sie daran teilhaben können. Die Essenz aller spirituellen Praxis liegt darin, sich in Liebe, Mitgefühl und Toleranz zu üben. Natürlicherweise möchten Sie daher, sobald Sie tiefgehende Erfahrungen davon gewinnen konnten, diese mit anderen teilen.

Im buddhistischen Kontext sprechen wir von zwei Ebenen, zwei Arten der Unterweisung oder Lehre. Die eine in Schriftform, die andere in Form von Verwirklichung oder Realisation. Und so wie es zwei Arten von Unterweisung gibt, so gibt es für jegliche Lehre oder Unterweisung unterschiedliche Wege, sie zu wahren. Die schriftlichen Unterweisungen werden dadurch gewahrt, daß man sie verbreitet, sie lehrt, anderen ihre Bedeutung erläutert. Die realisationsbezogenen Unterweisungen werden dadurch gewahrt, daß Sie jene Erfahrung innerlich entwickeln. Es ist ganz wichtig, daß ein Mensch, der anderen als Lehrer dient, in dem, was er lehrt, wenigstens eine gewisse Erfahrung, eine gewisse tiefer gehende spirituelle Verwirklichung hat. Dies unterscheidet sich vollkommen von manch anderer Art der Kommunikation – etwa wenn jemand eine Begebenheit erzählt oder ein Historiker einige geschichtliche Perspektiven aufzeigt. In diesen Fällen kann die betreffende Person aufgrund ihres Wissens Geschichten erzählen, ohne sie tatsächlich selbst erlebt zu haben. Im Fall der spirituellen Unterweisungen hingegen ist es von ganz entscheidender Bedeutung, daß der Lehrer zumindest über einen gewissen Grad von Realisation und persönlicher Erfahrung verfügt.

In diesem Abschnitt des Evangeliums trägt Jesus seinen Jüngern auf, nichts mit auf den Weg zu nehmen, kein Essen, keinen Wanderstab, keine Tasche, kein Geld. Dieser Hinweis spielt möglicherweise auf ein wichtiges spirituelles Ideal an: das der Einfachheit und Bescheidenheit. In der Tat hat das Wort, das im buddhistischen Mönchstum einen Mönch oder eine Nonne bezeichnet, die Bedeutung von »jemand, der nichts besitzt und von Almosen lebt«. Die von den Mönchen mitgeführte Bettelschale heißt auf tibetisch *Lhungse;* das bedeutet »das Gefäß, das aufnimmt, was fallengelassen wird«. Diese Bezeichnung macht deutlich, daß ein von Almosen lebender Mönch nicht befugt ist, in bezug auf das, was man ihm spendet, Vorlieben an den Tag zu legen. Ich habe mich einmal mit einem sehr gebildeten Mönch aus Sri Lanka über das Thema Vegetarismus unterhalten. Und er sagte, bei buddhistischen Mönchen, sofern sie denn von Almosen lebten, könne man keine Unterscheidung in Vegetarier und Nichtvegetarier vornehmen. Denn sie müßten jegliche Nahrung annehmen, die sie erhielten. Diese Stelle aus dem Evangelium erinnert mich auch an eine tibetische Redensart: Wenn jemand, der hoch oben in den Bergen meditiert, standhaft bleibt, dann werden seine Nahrung und seine Lebensmittel zu ihm hinaufgestiegen kommen.

An einer Stelle des *Vinaya-Sutra,* der Schrift, die in Umrissen die Normen einer monastischen Lebensführung darlegt, sagt der Buddha, ein ideales Mönchsdasein bestehe darin, um Almosen bettelnd von Dorf zu Dorf zu ziehen. Habe der Mönch im einen Dorf Almosen erhalten, solle er in ein anderes Dorf weiterziehen. Die hier benutzte Metapher ist die von der Honigbiene, die von Blüte zu Blüte fliegt, von jeder Blüte aufs neue Honig entgegennimmt, ohne auch nur einer Blüte Schaden zuzufügen. So sollten Mönche von Dorf zu Dorf gehen, ohne jemals Schaden oder Verderben zu bewirken.

In dieser Passage des Evangeliums gibt es Bezüge zu solchen Phänomenen wie Dämonen oder Teufeln und der Heilung von Krankheiten. Ähnliche Vorstellungen werden auch in der Literatur anderer religiöser Überlieferungen angesprochen. Nach meiner Überzeugung handelt es sich dabei um eine Sprache und eine Ausdrucksweise, die zu einer bestimmten Zeit in einem bestimmten Umfeld Verwendung fand und den Glaubenssystemen eines Volkes Rechnung trug.

Allerdings wird hier ein bedeutsames spirituelles Ideal aufgezeigt: Wer sich auf dem spirituellen Weg übt, sollte keine Selbstzufriedenheit angesichts des eigenen Realisationsgrads an den Tag legen. Entscheidend ist, daß wir andere unterstützen, daß wir aktiv zum Wohlergehen von anderen beitragen. Wer den spirituellen Weg geht, für den gelten folgende Prinzipien: Persönliche Bedürfnisse sollen sowenig wie möglich im Vordergrund stehen oder eine maßgebliche Rolle spielen. Im Vordergrund stehen und für uns maßgebend sein soll vielmehr, daß wir andere unterstützen. Dies sollte das Ideal eines spirituellen Menschen sein!

Wenn diese Stelle auf die Heilung der Kranken Bezug nimmt, so muß man dies nicht dahingehend wörtlich nehmen, mit Krankheit sei hier lediglich ein schlechter körperlicher Gesundheitszustand angesprochen. Krankheit kann man auch im Sinn von seelischem oder emotionalem Leid verstehen. Für mich besagt die Verknüpfung von »das Evangelium verkünden« und »die Kranken heilen«, daß wir anderen helfen können, ihre Krankheiten und ihr Leid zu überwinden, indem wir unsere spirituellen Erfahrungen mit ihnen teilen, indem wir Unterweisungen geben und ihnen diese guten Nachrichten mitteilen. Diese Belehrung zeigt ziemliche Ähnlichkeit mit bestimmten, in den buddhistischen Sutras zu findenden Stellen. In einigen Texten beispielsweise sagt der Buddha zum Abschluß seiner Belehrung: »Diejenigen, die die Unterweisungen, die ich euch heute gegeben habe, dadurch wahren, daß sie diese zu Papier bringen und sie anderen vorlesen und erläutern, werden großes Verdienst erlangen.« Dies ist eine ähnliche Vorstellung.

Damit verbunden ist ein weiterer sehr wichtiger Punkt. Für uns, die wir die Schriften heute lesen, hat es entscheidende Bedeutung, daß wir zwischen Bekehrung und dem Konzept der Missionierung unterscheiden. Wir sprachen bereits darüber, daß es eine große Vielfalt an menschlichen Veranlagungen und spirituellen Neigungen gibt. Versucht man daher, einer Person bestimmte religiöse Überzeugungen aufzudrängen, deren Neigung diesen Überzeugungen eindeutig zuwiderläuft, so wird dies nicht bloß keinen Nutzen bringen, sondern Schaden anrichten. Die Bodhisattva-

Ideale des Mahayana-Buddhismus spiegeln die Wichtigkeit von diesbezüglicher Sensibilität ganz deutlich wider. Gemäß einer der achtzehn Bodhisattva-Regeln sollte man beispielsweise nicht jemanden in der tiefgründigen Lehre von der Leerheit unterweisen, dem der rechte Sinn dafür fehlt. Falls man nämlich aus Mangel an Sensibilität darauf beharrt, solch eine Person in der Lehre von der Leerheit zu unterweisen, drohen negative Konsequenzen: Statt jener Person weiterzuhelfen und sie auf dem spirituellen Übungsweg voranzubringen, könnte man sie oder ihn durch diese Lehre in Verwirrung stürzen oder womöglich sogar zu Nihilismus verleiten. Den Dharma zu lehren würde in solch einem Fall kein Verdienst bringen, sondern Negativität ansammeln, weil man nicht sensibel ist für das, was die andere Person benötigt und was für sie angemessen ist.

In Buddhas eigenen Lehren sehen wir diese Sensibilität für das Auffassungsvermögen seines jeweiligen Publikums sehr deutlich widergespiegelt. Zum Beispiel existiert eine Liste von Fragen, genannt *die vierzehn vom Buddha unbeantworteten Fragen*. Überflüssig zu sagen, daß es viele unterschiedliche Auslegungen dazu gibt, wie dieses ganze Phänomen der unbeantworteten Fragen zu verstehen sei. Eine der Fragen lautet beispielsweise: »Gibt es so etwas wie einen ›persönlichen Wesenskern‹, ein Selbst?« Der Buddha hat diese Frage weder positiv noch negativ beantwortet. Die Frage kam von einem Menschen, der ganz fest an ein Selbst glaubte, das mit einem auf ewig fortbestehenden Seelen-Urgrund gleichzusetzen sei. Der Buddha spürte infolgedessen: Falls er die Selbstheit oder Selbstexistenz der Person verneinte, würde dies dem Betreffenden schwer zu schaffen machen und ihn oder sie zum Nihilismus verleiten – dazu, die Existenz der Person, des Handelnden, vollständig zu verneinen. Falls er andererseits die Existenz eines Selbst bejahte, würde dies ebenfalls Schaden anrichten, weil es ja ihn oder sie darin bestärken würde, sich an einen ich-bezogenen, isolierten Begriff eines Selbst zu klammern. In Anbetracht dieser Situation gab Buddha keinerlei schlüssige Antwort. Dies zeigt des Buddhas Sensibilität, seine Worte so zu wählen, daß sie den Bedürfnissen des einzelnen angemessen sind.

Ich habe einmal mit einem buddhistischen Mönch aus Indien über die buddhistische Lehre von *Anātman*, der Theorie des Nicht-Selbst, der Nicht-Seele, gesprochen. Er nahm seine Übungen sehr ernst. Seine Mönchsordination hatte er von mir erhalten. Als er den Ausdruck *Anātman* zum ersten Mal hörte, war ihm dabei so unwohl, daß er buchstäblich zitterte. Er fand einfach keinen Bezug zu dieser Vorstellung. Ich mußte diesen Druck durch weitere Erläuterungen abschwächen. Es brauchte lange, bis er die Bedeutung der *Anātman*-Lehre wirklich erfassen konnte. Daran sehen Sie, wie entscheidend die Einschätzung ist, inwieweit das, was man lehrt, den geistigen Anlagen und spirituellen Neigungen einer Person entspricht. Im Buddhismus finden wir keine Tradition der aktiven Bekehrung – einmal abgesehen vielleicht von der Geschichte des indischen Königs Ashoka, zu dessen missionarischer Aktivität offenbar mehrere Expeditionen gehörten, die er in die umliegenden Länder aussandte. Im großen und ganzen hat der Buddhismus zur Verbreitung seiner Botschaft folgende Einstellung: Solange nicht jemand an einen Lehrer herantritt und um spezielle Unterweisungen bittet, hat ein Lehrer kein Recht, seine oder ihre Ansichten und Lehren einer anderen Person aufzudrängen.

Ich möchte gern noch zu einem anderen wichtigen Punkt etwas sagen, der sich auf diese Stelle aus dem Evangelium bezieht. Wenn man an Teufel denkt – in vielen Schriften wird dieses Wort ziemlich häufig erwähnt –, ist es wichtig, nicht die Vorstellung von einer unabhängigen, autonomen, immerwährenden Macht zu haben, einer Art absoluten negativen Macht, die »da draußen« existiert. Das Wort sollte sich mehr auf die jedem von uns innewohnenden negativen Tendenzen und Impulse beziehen. Ich habe darüber heute bereits mit Pater Laurence gesprochen, und er schien dieser Auffassung zuzustimmen. Anderenfalls wird diese ganze Vorstellung von Satan zu einem weiten Feld der Verwirrung. Persönlich bin ich ziemlich neugierig, die traditionelle christliche Auffassung zur Natur von Satan zu hören. Ich habe davon einfach keine Vorstellung!

Gespräch über die Auslegung
des Evangeliums

Pater Laurence: Eure Heiligkeit, ich möchte Ihnen gern die beiden Personen vorstellen, die heute morgen das Podiumsgespräch mit uns führen werden: zunächst Lady Maureen Allan, die seit dreißig Jahren meditiert und als unsere Verbindung zum Londoner Tibet-Büro eine große Hilfe bei der Organisation dieses Seminars war; ferner Peter Ng aus Singapur, leitender Beamter der Investmentabteilung der staatlichen »Singapore Investment Corporation« und, auf einer mehr spirituellen Ebene, zusammen mit seiner Frau Patricia einer der Direktoren des *Christian Meditation Center* in Singapur. Ich möchte Peter bitten, den ersten Diskussionspunkt zur Sprache zu bringen.

Peter Ng: Eure Heiligkeit, ich möchte Ihnen eine grundlegende Frage stellen, bei der es um die spirituelle Lebensführung und deren Ziel aus buddhistischer Sicht geht, und ebenso darum, in welcher Weise einsgerichtete Meditation nach Ihrem Verständnis die spirituelle Entwicklung fördert. Das Ziel unseres spirituellen Lebens, unsere Bestimmung, ist aus der christlichen Sicht, wie Pater Laurence erwähnte, daß wir am Sein Gottes teilhaben. Jesus ist der Weg für uns. Das höchste Gebot, der höchste Wert, mittels dessen wir Jesu Nachfolge antreten, ist der Weg der Liebe. Als meditierende Christen verstehen wir die Meditation als einen Weg der Liebe. Dies hat Pater John Main uns über Meditation gelehrt. Durch die Meditation treten wir in eine persönliche Beziehung zu Jesus ein, und wir entfalten unsere Liebe, damit wir in die ganze Fülle der Liebe eintreten können, die Gott ist.

Könnten Sie uns aus buddhistischer Sicht das Ziel des spirituellen Lebens erläutern: Gibt es eine entsprechende buddhistische Lehre vom Weg der Liebe, und sehen Sie die Meditation als ein Hilfsmittel innerhalb dieses spirituellen Lebens an?

Dalai Lama: Vielleicht könnte es in diesem Zusammenhang von Nutzen sein, wenn wir über das sprechen, was man die *vier Faktoren der Güte* nennt, und über die beiden Ziele, die ein Mensch anstrebt. Das eine Ziel ist materielles, irdisches Wohlergehen auf der weltlichen Ebene; das andere Ziel besteht darin, spirituelle Vollendung oder Befreiung zu erreichen, Nirvana. Weltliches Wohlergehen erreicht man durch Ansammlung von materiellem Wohlstand und Komfort. Das geeignete Mittel, um spirituelle Befreiung und Vollendung zu erreichen, ist hingegen, sich im Dharma zu üben. In Ihrem Fall scheint beides zusammenzukommen, da Sie Bankier sind! Der entsprechende Ausdruck im Tibetischen zur Bezeichnung des buddhistischen Dharma lautet *chö*, was »Transformation« oder »transformierende Kraft« bedeutet. Mitgefühl ist in vielerlei Weise das Grundprinzip des Dharma. Allerdings muß das Mitgefühl untrennbar mit Weisheit verbunden sein. Ebendiese Vereinigung von Weisheit und Mitgefühl ist der Weg, der Dharma.

Wenn man von Mitgefühl und von Weisheit spricht, von

Mitgefühl und von Intelligenz oder Wissen, ist es notwendig zu verstehen, daß wir wiederum über verschiedene Stufen und Arten von Wissen und Weisheit sprechen. Ganz allgemein betrachtet, gibt es das konventionelle Wissen, das sich auf unsere alltägliche Erfahrungswelt bezieht, und es gibt letztendliches Wissen, das sich auf die tieferen Aspekte der Wirklichkeit bezieht. Im buddhistischen Kontext bezieht »letztendliche Wahrheit« sich natürlich auf die letztendliche Natur der Wirklichkeit, die als *Anātman* (Selbst-losigkeit oder Wesen-losigkeit) bezeichnet wird. Kurzum, wenn Buddhisten über die letztendliche Natur der Wirklichkeit sprechen, sprechen sie über die Lehre von der Leerheit, *Shūnyatā*.

Was die Übung der einsgerichteten Meditation anbelangt und die verschiedenen Techniken, die man zur Entwicklung dieser Fähigkeit einsetzt, so gibt es im Grunde genommen nichts, was einzig und allein buddhistisch wäre. Sie sind allen großen spirituellen Überlieferungen Indiens gemeinsam, buddhistischen wie nichtbuddhistischen. Einzigartig an dieser Anwendung der Einsgerichtetheit ist, daß sie den spirituell Übenden befähigt oder ihm dabei hilft, seinen oder ihren Geist ohne jede Ablenkung auf einen ausgewählten Gegenstand zu richten. Wir müssen uns darüber im klaren sein, daß *Einsgerichtetheit des Geistes* ein sehr allgemeiner Ausdruck ist, wohingegen *Shamata* – in Sanskrit – oder ruhiges Verweilen sich auf einen höheren Geisteszustand bezieht. In unserem täglichen Leben erfahren wir alle gelegentlich kurze Lichtblicke dieser Einsgerichtetheit, und aufgrund dessen können wir diese

Fähigkeit durch Anwendung der geeigneten Techniken in der Meditation weiterentwickeln. Die höchste Steigerungs- und Entwicklungsstufe dieser Fähigkeit ist *Shamata*.

Dadurch, daß Sie meditative Techniken anwenden, diese Einsgerichtetheit bei sich entfalten und steigern, können Sie nicht nur eine profunde geistige Stabilität entwickeln – und sich so aus dem normalen Zustand der Abgelenktheit befreien, in dem ihre gesamte Geistesenergie zerstreut ist und sich verzettelt –, sondern auch eine profunde geistige Wachheit. Diese Techniken erlauben es Ihnen also, Ihre geistigen Energien zu kanalisieren, Stabilität und zugleich Klarheit zu entwickeln. Sobald Sie beides erreicht haben, sind Sie dazu fähig, Ihren Geist höchst wirkungsvoll auf den Gegenstand Ihrer Meditation zu richten – Mitgefühl, Weisheit oder was auch immer dieser Gegenstand sein mag.

Bei sorgfältiger Betrachtung finden wir heraus, daß es in unserem Geist zwei Hauptfaktoren gibt, die uns daran hindern, diese uns innewohnende Fähigkeit der Einsgerichtetheit zu entwickeln. Der eine ist ein abgelenkter und zerstreuter Zustand, der Ihren Geist in Aufgeregtheit hält und so verhindert, daß Sie irgendeine Art von Stabilität erreichen. Dies ist das größte Hindernis für das Bestreben, eine profunde Stabilität aufrechtzuerhalten. Das andere Hindernis ist »geistige Erschlaffung«. Obwohl Sie vielleicht die geistige Zerstreutheit überwunden und zu einer gewissen Stabilität gefunden haben, mag es Ihrem Geist mitunter noch an Wachheit fehlen. Sie haben also einen entrückten Geisteszustand erreicht, der zeitweilig von geistiger

Abgelenktheit frei sein mag, doch gibt es da keine Dynamik oder Vitalität. Es ist eine Art »abgehobener« Geisteszustand. In der buddhistischen Terminologie spricht man hier von »geistigem Wegsinken« oder »geistiger Erschlaffung«.

Diese Hindernisse muß man überwinden, alle beide. Überwinden Sie das geistige Wegsinken, dann erreichen Sie zusätzlich zur Stabilität eine profunde Klarheit und Vitalität. Und sind Sie imstande, diese beiden Kräfte zu vereinen, so haben Sie die erforderliche Stabilität, um Ihren Geist auf einen Gegenstand zu heften; und ebenso die erforderliche Wachheit, um all Ihre Geistesenergie darauf konzentrieren zu können, die Natur des betreffenden Gegenstands zu durchdringen.

Lady Allan: Ich bin, so wie ich hier sitze, die idealtypische Vertreterin des zerstreuten Geistes, fürchte ich!

Dalai Lama: Ja, jeder empfindet das! Beim Podiumsgespräch fällt, so glaube ich, bei den meisten von uns der Geist der Zerstreutheit anheim. Und wenn wir meditieren, dann versinkt dieser Geist in Erschlaffung!

Lady Allan: Etwas haben wir, so glaube ich, alle an dem heutigen Gespräch überaus geschätzt: Wie sehr Eure Heiligkeit eine Verkörperung des Glücks sind. Das ist ein großer Segen für Christen, die mit dem Vermächtnis aufgewachsen sind, elende Sünder zu sein! Eure Heiligkeit, Sie sprachen von spiritueller Ernährung, von spiritueller Kost, und wir möchten Ihnen dafür danken, daß Sie uns ein Festmahl bereitet haben. Nun zu einer Frage: Ich wäre Ihnen sehr dankbar, wenn Sie diese Vorstellung vom unermeßlichen Universum weiter ausführen könnten. In der Vergangenheit tat sich solch ein Spalt zwischen Wissenschaft und Religion auf, doch in der heutigen Zeit scheint es eine Möglichkeit zu geben, daß beide wieder zueinanderkommen. Im westlichen Christentum hat man ein Problem damit, Gott zu definieren bzw. ihn neu zu definieren. Ich nehme nicht an, daß die Menschen hier im Saal noch immer diese Vorstellung von einem alten Mann haben, hoch oben mit einem langen weißen Bart. Allerdings fürchte ich, daß diese Vorstellung womöglich in manchen Teilen der Welt ziemlich geläufig ist.

Gestern, Eure Heiligkeit, haben Sie uns eine wunderbar moderne Beschreibung von Gott gegeben. Auch dafür sind wir Ihnen überaus dankbar. Könnten Sie uns etwas mehr über wechselseitige Bedingtheit, das bedingte Entstehen, sagen. Denn es ist ja ganz offensichtlich, daß wir, die gesamte Menschheit, heutzutage physikalisch in einem wechselseitigen Bedingungsverhältnis stehen. Wir haben die Erde vom Mond aus zu sehen bekommen. Und in den Wissenschaften ist mehr und mehr von der wechselseitigen Bedingtheit in der Natur die Rede. Doch nach wie vor verstehen wir nicht, was es heißt, im Geist wechselseitig bedingt zu sein – geistig und emotional. Ich meine, es wäre von Nutzen für uns, wenn Eure Heiligkeit mehr dazu sagen würden.

Dalai Lama: In diesem Zusammenhang halte ich es zunächst einmal für ziemlich wichtig zu verstehen, was wir mit Bewußtsein meinen. Die Natur des Bewußtseins oder Gewahrseins – *shepa* auf tibetisch – ist in gar keiner Weise materiell; sie hat keine wie auch immer beschaffene materielle Form oder Gestalt oder Farbe. Als solche läßt sie sich nicht nach wissenschaftlichen Maßstäben quantitativ erfassen, und infolgedessen eignet sie sich nicht für die gängige wissenschaftliche Erforschung. Statt eine irgendwie geartete materielle Natur zu haben, ist Bewußtsein von Natur aus »reine Erfahrung« oder »reines Gewahrsein«.

Wenn ich sage, »ich weiß« oder »ich bin gewahr«, scheint es da eine handelnde Instanz zu geben – »ich« –, die in die Tätigkeit, zu wissen oder gewahr zu sein, verwickelt ist. Was wir jedoch mit Bewußtsein meinen, ist jenes Auffassungsvermögen, aufgrund dessen man weiß oder gewahr ist. Es ist mit anderen Worten die Aktivität oder der Prozeß des Wissens selbst, und als solches ist es »reines Gewahrsein« oder »lichtes Erkennen«.

Letzteres ist das Bewußtsein deshalb, weil wir es in aller Regel mit einem äußeren Gegenstand verknüpfen oder mit einer erfreulichen oder unerfreulichen Empfindung. Das heißt, ob wir nun begrifflich denken oder einfach eine Sinneserfahrung haben, das Gewahrsein tritt angesichts der Form oder Erscheinung eines Gegenstands zutage. Und infolgedessen zeigt es sich uns gewöhnlich nicht als »reines Gewahrsein« oder »klares, lichtes Erkennen«. Kurzum, in unserer gewöhnlichen Erfahrung geht Bewußtsein in der dualistischen Erscheinung von »Objekt« und »Subjekt« auf.

Daher könnten wir sagen, daß wir das Bewußtsein nur in seiner Einfärbung durch seinen jeweiligen Gegenstand erfahren; die Wahrnehmung ist vom Gegenstand nahezu untrennbar. Wir wissen, wenn wir einen dunklen Gegenstand wahrnehmen, ist es beinahe so, als sei die Wahrnehmung selbst dunkel. Allerdings ist es möglich, eine Erfahrung dieser essentiellen Natur des Bewußtseins herbeizuführen – dieser reinen Lichtheit, dieser reinen Erfahrung, dieses reinen Wissens oder der Gewahrwerdung, von der ich sprach –, indem wir bewußt versuchen, den Geist leer zu machen: von seinen diversen Mustern, Vorstellungen, Erinnerungen und, am wichtigsten, der Beschäftigung mit Sinneserfahrungen. Wenn Sie also imstande sind, diese Unruhe im Geist zu stoppen – den Prozeß des begrifflichen Denkens und die Denkmuster, die Sinneserfahrungen hinterherjagen –, während Sie eine profunde Wachheit beibehalten, dann können Sie anfangen, die tiefgründigere Ebene, die tieferen Aspekte der Wirklichkeit wahrzunehmen. Sind Sie völlig entrückt, so ist das für diesen Prozeß nicht hilfreich.

Sie müssen sich eine Wachheit bewahren und ganz allmählich das Hin- und Herwogen des Denkens und der Sinneswahrnehmungen zum Stillstand kommen lassen. Dann ist es möglich, einen kurzen Einblick in die Natur des Geistes zu erhalten. Wenn Sie Ihre ersten Erfahrungen mit der Natur des Geistes machen, werden Sie diese zunächst als eine Art Leerheit erfahren. Aber durch Übung können Sie die Zeitspanne dieser Erfahrung ausdehnen. Nach und nach machen Sie in Ihrer Meditation Fortschritte, und Sie sind imstande, die Dauer der Erfahrung zu verlängern. Und dann wird die Natur des Geistes, diese Klarheit und das Gewahrsein, mehr und mehr zum Vorschein kommen. Auf diese Weise ist es möglich, die Natur des Bewußtseins – im Unterschied zu dem mit der physischen Realität verbundenen Bewußtsein – zu erkennen.

Was die wechselseitige Bedingtheit von Bewußtsein und Materie anbelangt – Buddhisten würden sie damit erklären, daß der Geist und die aus dem Geist herrührenden Motivationen das sind, was wirklich die Handlungen und das Verhalten eines Menschen bestimmt. Jede Handlung, ungeachtet ihrer Bedeutung, hat eine Wirkung und hinterläßt im Geist eine Prägung. Und diese Handlung beeinflußt unverzüglich die Erfahrung des betreffenden Menschen und die Welt, in der er lebt. Die Welt hat sich, soweit es diesen Menschen anbelangt, gewandelt. Auf dieser Grundlage erklären Buddhisten die wechselseitig bedingte Natur von Geist und Materie, Geist und Körper. Natürlich würde man im Buddhismus das Wort *Karma* benutzen. Zwar sagt die Lehre vom Karma ihrerseits etwas über die im Geist hinterlassene Prägung, das Potential – wie man das Potential in sich trägt und wie die Dynamik dieses Potentials zum Tragen kommt. Der springende Punkt ist jedoch eigentlich, zu welchem Handeln oder Verhalten uns ein Geisteszustand motiviert.

Das Prinzip des bedingten Entstehens wird im Buddhismus, insbesondere im Madhyamaka-Buddhismus, auf dreifache Weise verstanden. Zunächst unter dem Aspekt von Ursache und Wirkung. In diesem Fall ist das bedingte Entstehen linear: Bestimmte Ursachen und Bedingungen führen bestimmte Resultate herbei. Über diese Interdependenz von Ursache und Wirkung sind sich alle buddhistischen Schulrichtungen einig. Sodann gibt es eine zweite Verständnisebene, auf der man bedingtes Entstehen mehr im Sinn einer gegenseitigen Abhängigkeit begreift: Die Existenz bestimmter Phänomene ist von anderen Phänomenen abhängig. Es gibt da eine Art Verbundensein miteinander. Die Vorstellung vom »Ganzen« und den »Teilen« spiegelt dies sehr klar wider. Ohne Teile kann es kein Ganzes geben und ohne ein Ganzes keine Teile. Hier besteht ein wechselseitiges Bedingungsverhältnis. In einem weiteren Sinn geht es beim Prinzip des bedingten Entstehens mehr um Identität: Die Identität eines bestimmten Vorfalls oder Objekts ist von seinem Kontext oder seinem Umfeld abhängig. In gewisser Weise wird Identität hier als etwas angesehen, das sich aus diesen Umständen ergibt: Sie ist nicht absolut, sie ist relativ. Gewisse Dinge und Ereignisse besitzen ihre Identität in bezug auf andere Dinge und Ereignisse. Dies sind die drei Ebenen oder drei verschiedenen Weisen, wie das Prinzip des bedingten Entstehens verstanden wird.

Pater Laurence: Ich möchte gern dieser wundervollen Beschreibung von Bewußtsein weiter nachgehen und sie zum christlichen Verständnis in Bezug setzen, insbesondere zum »Geist Christi«. Christen glauben, daß das menschliche Bewußtsein Christi bei uns und in uns ist. Die zentrale christliche Erfahrung, zu der wir durch die Meditation Zugang bekommen, ist die Öffnung unseres Bewußtseins für das Bewußtsein Christi. Wir glauben, daß der Geist Christi *jetzt*, daß das menschliche Bewußtsein Christi *jetzt* diese Seinsweise ist, die Sie als ein Dasein in absoluter Reinheit und unabgelenkter Einheit beschreiben. Wenn ich nun nur ganz kurz eine Art und Weise beschreiben darf, wie nach christlichem Verständnis diese Begegnung mit Christus und dieses innige Wissen um ihn unsere persönliche Befreiung und die Erfüllung unserer Bestimmung herbeiführen, dann könnten Sie dies vielleicht kommentieren, Eure Heiligkeit.

Die ersten Schritte, durch die ein Christ Christus kennenlernt, macht man in der Kindheit. Beim Vorlesen der Evangelien hören wir Geschichten wie jene, die Sie hier bei uns vorgelesen haben. Später dann lernen wir Jesus theologisch, philosophisch und historisch verstehen und kennen. Dann beginnen wir durch die Meditation seine uns ständig innewohnende Gegenwart zu erfahren[64] – die Tatsache, daß Jesus nicht nur ein historischer Lehrer aus der Vergangenheit ist, sondern jetzt im Inneren eines jeden Menschen existiert und ebenso eine das gesamte Weltall umfassende Präsenz hat. Er ist jenseits aller Zeit und allen Raumes, und darum ist er in *aller* Zeit und in *allem* Raum. Um dann aber voll und ganz zu verstehen, in welcher Weise Christus unser Lehrer, unser Weg ist, müssen wir auf die Schrift zurückkommen. In ihr sagt Jesus, daß er der Weg ist, und er bezeichnet sich als Pforte. Wir durchschrei-

ten die Pforte. Er ist das Eingangstor, durch das wir hin-
durchgehen. Er verweist nicht auf sich, sondern immer auf
den Vater. So sagen wir beispielsweise in der Messe, daß
wir zum Vater gehen »in Jesus, mit ihm und durch ihn«.
In diesem Sinn wäre Jesus durch die uns ständig innewohnende Gegenwart seines Bewußtseins der Lehrer, der
Guru, der Weg. Dies ist die Gegenwart der göttlichen
Liebe. Sein Bewußtsein, das voll und ganz eins ist mit der
göttlichen Liebe, ist für uns eine Erfahrung der Liebe.
Könnten Sie diese Darstellung des Bewußtseins kommentieren?

Dalai Lama: Ich bin mir sehr wohl meiner gestrigen Bemerkungen darüber bewußt, wie wichtig es ist, die subtilen
Unterschiede zwischen den religiösen Überlieferungen
auf einer sehr tiefgründigen Ebene zu beachten. Trotzdem
sehe ich hier in der Praxis des Buddhismus eindeutig eine
Entsprechung. Allerdings sollte man diese Entsprechung
nicht überstrapazieren. Eine tibetische Redensart heißt:
»Versuche nicht einem Schafskörper den Kopf eines Yaks
aufzusetzen.«
   In ähnlicher Weise hat Nagarjuna, ein berühmter indischer Meister aus dem zweiten Jahrhundert, in einer seiner
philosophischen Schriften gesagt, falls man entschlossen
sei, zwei Dinge einander gleichzustellen, könne man
buchstäblich zwischen allem und jedem Ähnlichkeiten
finden! Wenn man dies auf die Spitze triebe, würde aus
dem gesamten Bereich des Daseins ein einziges Gebilde,
lediglich *ein* Ding.

Doch obgleich ich mir all dessen bewußt bin, erkenne ich hier eine Entsprechung in der buddhistischen Praxis. Im Buddhismus spricht man von der Buddha-Natur, von *Tathāgatagarbha*, dem Keim der Vollendung. Zwar bestehen bezüglich der Natur dieses Keims der Buddhaschaft oder Buddha-Natur unterschiedliche Ansichten, doch verweist er auf die Natur des Geistes, auf eine Eigenschaft, die in uns allen existiert. Und der *Tathāgatagarbha* bezieht sich auf diese bloße Lichtheit, die reine Natur, das Potential, das es uns möglich macht, Unvollkommenheiten zu überwinden und Befreiung zu erreichen. Einer der Hintergründe, vor denen man sich für das Vorhandensein der Buddha-Natur in allen Menschen ausspricht, ist das menschliche Einfühlungsvermögen. Bei manchen Menschen mag diese Kraft stärker sein, bei anderen schwächer; doch wir alle haben diese natürliche Fähigkeit, uns einzufühlen. Diese Buddha-Natur, dieser Keim der Erleuchtung, der Vollendung, wohnt uns allen inne. Dies ist nichts, was erst neu angelegt werden müßte. Es ist da, immer gegenwärtig.

Um Vollendung zu erreichen, ist es jedoch nicht genug, daß ein Mensch auf dem spirituellen Übungsweg einfach nur eine derartige Natur besitzt: Diese Natur muß ganz und gar zu ihrem vollen Potential entwickelt werden. Und um dies zu vollbringen, braucht man Unterstützung. Auf dem buddhistischen Übungsweg brauchen Sie die Unterstützung eines erleuchteten Führers, eines Gurus oder Lehrers. Es ist schon interessant, daß buddhistische Texte den Lehrer oft als das Eingangstor bezeichnen, durch das man vom Buddha die Segnungen erhält: Durch dieses Tor hindurch findet Ihre Kommunikation, Ihr Kontakt mit dem Buddha statt. Durch eine Kombination von kluger Anleitung seitens des Lehrers und die Präsenz dieser Buddha-Natur in Ihnen wird die Buddha-Natur aktiviert und sind Sie in der Lage, sie zu vervollkommnen und ihrem vollen Potential zu entsprechen. Ich glaube, dies kommt der Vorstellung, die Pater Laurence gerade erwähnte, sehr nahe.

Obgleich wir alle an dieser göttlichen Natur teilhaben, ist es für Sie als praktizierende Christen so, daß Sie diese göttliche Natur bei sich durch Christus, durch Jesus, aktivieren, vollauf nutzen und vervollkommnen. Durch Jesus kommt sie zu voller Blüte und wird mit dem Vater vereint, wird eins mit ihm. Interessanterweise wird auch im buddhistischen Kontext die volle Verwirklichung der Buddhaschaft, die Erleuchtung, manchmal so beschrieben, daß man zu »*einem* Geschmack« mit der Weite des *Dharmakāya* wird. »*Ein* Geschmack« zu werden bedeutet, mit der Seinsweise des *Dharmakāya* untrennbar eins zu werden. Dies heißt allerdings nicht, daß die individuelle Identität nicht bestehen bliebe.

Pater Laurence: Vielen Dank. Das war sehr erhellend, und ich denke, der Kopf des Yak bleibt auf dem Yak.

Peter Ng: Eure Heiligkeit, ich möchte gern etwas fragen, das sich auf die Stelle des Evangeliums über die christliche Aussendung oder Mission bezieht. Diejenigen, die sich spirituell üben, haben Sie ermuntert, anderen spirituelle Unterweisung zuteil werden zu lassen, um sie in ihrem spirituellen Wachstum zu unterstützen. Gleichzeitig sagten Sie jedoch, für einen Menschen, der andere an den spirituellen Unterweisungen teilhaben lassen wolle, sei es notwendig, selbst eine gewisse Erfahrung, ein tieferes Verständnis von dem, was er lehrt, zu haben. Diese Frage ist für viele von uns hier, die eine christliche Meditationsgruppe leiten, von großem Interesse, da wir andere an dieser Lehre teilhaben lassen. Wie können wir wissen, ob wir zur Leitung einer Meditationsgruppe befähigt sind?

Dalai Lama: Im großen und ganzen ist es, außer in Fällen, da man sich selbst betrügt, durchaus möglich, den Stand der Dinge im eigenen Geist zu beurteilen: nicht unbedingt in allen Einzelheiten, doch in großem Umfang. Wenn jemand, der solch eine leitende oder lehrende Funktion innehat, sich wirklich und wahrhaftig übt, ist die lautere Motivation dieses Menschen gesichert – und welche Motivation jemand hat, ist ein außerordentlich bedeutsamer Faktor. Auf diese Weise kann jeder beurteilen, wie der Zustand des eigenen Geistes ist und ob er oder sie als Lehrer geeignet ist. Für eine dritte Person ist es äußerst schwierig zu beurteilen, ob jemand für diese Rolle geeignet ist oder nicht. Es ist ganz generell äußerst schwierig, wenn nicht unmöglich, die spirituelle Entwicklungsstufe eines anderen Menschen zu beurteilen. Und zwar deshalb, weil der spirituelle Entwicklungsstand oder die Verwirklichung eines anderen Menschen Ihnen in gewisser Weise völlig verschlossen bleibt. Doch immerhin läßt sich der spirituelle Entwicklungsstand des betreffenden Menschen in einem sehr weiten Sinn beurteilen. Wenn Sie mit einem Menschen lange Zeit zusammen sind, können Sie mitunter seinen spirituellen Entwicklungsstand erkennen, indem Sie auf das Verhalten dieses Menschen acht geben – seine oder ihre Eigenarten, wie und was er oder sie redet, sich auf andere bezieht und sich zu ihnen verhält und so weiter.

Und es genügt nicht, daß Sie lediglich ein einziges Mal gesehen haben, daß jemand sich auf sehr spirituelle Weise verhalten hat. Es muß ein gleichbleibendes Verhalten sein – etwas, das gegebenenfalls auch bei wiederholter Beobachtung Bestand hat. Wenn Sie kontinuierlich solche Charakterzüge feststellen können, dann dürfen Sie daraus schließen, daß ein gewisses Maß an spiritueller Reife vorliegt. In den Sutras führt Buddha uns die wunderschöne Analogie vom Ozean vor Augen. Er sagt, wenn Sie, um Fische zu finden, sich um Einblicke in den Ozean bemühen, werden Sie, solange der Ozean ruhig ist und die Fische unter Wasser sind, keine finden können. Wenn jedoch eine Welle kommt, werden Sie gelegentlich einen kurzen Blick auf die Fische werfen können. Gleichermaßen, so sagt er, könne man einen kurzen Einblick in die Verwirklichungsstufe eines Bodhisattvas gewinnen, zumal in sein Mitgefühl – wenn auch vielleicht nicht in aller Deutlichkeit, sondern durch induktives Denken –, indem man zu ermessen versucht, wie er oder sie auf spezielle Situationen, Lebensbedingungen und Umstände reagiert.

Pater Laurence: Es gibt eine Frage seitens der im Saal Anwesenden, mit deren Beantwortung wir jetzt vielleicht unsere Sitzung beenden könnten. Die Frage kommt aus einer der Gesprächsgruppen und hat mit Gewaltlosigkeit zu tun. Sie fragen, ob Mitgefühl einen aktiven Bestandteil hat oder ob es passiv ist. Könnte Mitgefühl jemals gewaltsames Handeln erfordern? Ich nehme an, dahinter steht die Idee: Falls man sähe, wie jemand im Begriff stünde, eine üble Handlung zu begehen – beispielsweise ein Wohnhaus in die Luft zu sprengen –, dürfte man dann Gewalt einsetzen, um dem oder den Betreffenden Einhalt zu gebieten?

Dalai Lama: Ganz entschieden umfaßt Mitgefühl einen aktiven Bestandteil, und falls Gewaltanwendung tatsächlich unumgänglich scheint, steht auch diese Möglichkeit offen. In den *Jātakas* wird uns dies in einer Geschichte aus einem früheren Leben des Buddha, in dem er als Kaufmann geboren wurde, deutlich vor Augen geführt. Bei der Überquerung eines Flusses fand sich der Bodhisattva in einer höchst problematischen Situation wieder: Der Fährmann war ein Mörder und plante, in der Nacht alle 499 Passagiere umzubringen. Es gab keine andere Möglichkeit, wie der Bodhisattva diese Situation handhaben konnte, als die, sich des Mörders zu entledigen. Er selbst übernahm die Verantwortung, dies zu tun. Er ließ sich nicht nur auf eine Handlung ein, die das Leben von 499 Menschen rettete, sondern aus Mitgefühl bewahrte er auch den potentiellen Mörder vor der Notwendigkeit, den negativen Konsequenzen der Ermordung so vieler Menschen ins Auge sehen zu müssen. Aus buddhistischer Sicht bestand das Opfer des Bodhisattvas darin, daß er die negative Handlung, einen Menschen zu töten, auf sich nahm und den negativen Konsequenzen dieser Handlung entgegenblickte.

Ungeachtet des gerade Gesagten müssen wir uns, wenn wir über Gewalt reden, darüber im klaren sein, daß wir über ein Phänomen sprechen, bei dem es nahezu unmöglich ist vorauszusagen, wie es ausgehen wird. Mag auch die Motivation auf seiten desjenigen, der die Handlung verübt, lauter und positiv sein – wenn man zu Gewalt greift, ist es ganz schwierig, die Konsequenzen vorauszusagen. Aus diesem Grund ist es immer besser, eine Situation zu vermeiden, die Gewaltanwendung erforderlich machen könnte. Falls Sie sich nichtsdestotrotz in einer Situation wiederfinden, in der Sie zur Verteidigung eindeutig gewaltsam handeln müssen, dann müssen Sie angemessen reagieren.

In diesem Zusammenhang ist es wichtig zu verstehen, daß Toleranz und Geduld nicht besagen, sich einem Unrecht zu unterwerfen oder klein beizugeben. Aus Toleranz in des Wortes wahrer Bedeutung erwächst eine bewußte Reaktion Ihrerseits auf eine Situation, auf die normalerweise eine stark negative emotionale Reaktion wie Wut oder Haß erfolgen würde. Dies kann man an dem tibetischen Ausdruck für Geduld ablesen, *sopa*: Wortwörtlich heißt das »fähig, zu widerstehen«.

Dies gilt besonders für jene Toleranz, bei der man indifferent auf Leid reagiert, das einem zugefügt wird – einer der drei Arten von Geduld, über die wir bereits gesprochen hatten. Man könnte dies dahingehend fehlinterpretieren, daß es bedeute, wir sollten jeglichem Unrecht gegenüber, das jemand uns vielleicht zufügt, klein beigeben, uns ihm unterwerfen – man glaubt womöglich, damit sei gemeint, daß wir sagen sollten: »Nur los, tu mir weh!« Doch darum geht es nicht bei dieser Art von Toleranz. Eher handelt es sich um eine beherzte Gesinnung, die verhütet, daß wir uns durch das betreffende Vorkommnis zu Feindseligkeiten hinreißen lassen. Sie hilft, mentales Leid zu vermeiden, wenn uns Schaden widerfährt. Das bedeutet jedoch keineswegs, daß wir einfach aufgeben.

Verständlich, daß manche Menschen irrige Vorstellungen von Toleranz haben. Ich habe einige Tibeter getroffen, die Shantidevas Schrift *Eintritt in das Leben zur Erleuchtung* gelesen haben, die sich in aller Ausführlichkeit mit der Ausübung von Toleranz befaßt. Und sie haben mir gesagt: »Wenn wir uns in Toleranz üben, wird Tibet niemals seine Unabhängigkeit wiedergewinnen können!« Doch sie mißverstehen Toleranz, so als sei damit eine Art Unterwerfung oder Rückzug gemeint.

7

Glauben

Johannes 12, 44–50

Jesus aber rief aus: Wer an mich glaubt, glaubt nicht an mich, sondern an den, der mich gesandt hat, und wer mich sieht, sieht den, der mich gesandt hat. Ich bin das Licht, das in die Welt gekommen ist, damit jeder, der an mich glaubt, nicht in der Finsternis bleibt. Wer meine Worte nur hört und sie nicht befolgt, den richte nicht ich, denn ich bin nicht gekommen, um die Welt zu richten, sondern um sie zu retten. Wer mich verachtet und meine Worte nicht annimmt, der hat schon seinen Richter: Das Wort, das ich gesprochen habe, wird ihn richten am Letzten Tag. Denn was ich gesagt habe, habe ich nicht aus mir selbst, sondern der Vater, der mich gesandt hat, hat mir aufgetragen, was ich sagen und reden soll. Und ich weiß, daß sein Auftrag ewiges Leben ist. Was ich also sage, sage ich so, wie es mir der Vater gesagt hat.

[Johannes 12, 44–50]

*B*ei diesen Stellen aus dem Evangelium des Johannes scheint es sich um einen wichtigen Bibelabschnitt zu handeln. Wenn ich sie lese, fällt mir als erstes eine starke Ähnlichkeit mit einer bestimmten Stelle in den buddhistischen Schriften auf. Der Buddha sagt dort: Wer auch immer das Prinzip des bedingten Entstehens versteht, der versteht den Dharma; und wer auch immer den Dharma versteht, der versteht den *Tathāgata*, den Buddha. Dies bedeutet: Dadurch, daß Sie die Natur der abhängigen Bedingtheit verstehen, den Dharma verstehen, werden Sie die wahre Natur der Buddhaschaft verstehen. Noch ein weiterer Punkt wird hierdurch angesprochen: Hat man den Körper des Buddha vor Augen, nimmt ihn visuell wahr, dann ist das nicht gleichbedeutend damit, daß man den Buddha wirklich versteht. Um den Buddha wirklich zu verstehen, müssen Sie wahrhaft erfassen und erfahren, daß der *Dharmakāya* – der Wahrheitskörper des Buddha – Soheit ist. Dies bedeutet, den Buddha wirklich zu verstehen. Ebenso legen diese Passagen dar, daß Sie durch die geschichtliche Personifikation des Christus eigentlich den Vater erfahren, den er verkörpert. Christus ist die Eingangspforte zu dieser Begegnung mit dem Vater.

Hier sehen wir wieder die Metapher vom Licht, ein allen großen religiösen Überlieferungen geläufiges Vorstellungsbild. Im buddhistischen Kontext wird Licht insbesondere mit Weisheit und Wissen assoziiert; Finsternis hingegen wird mit Unwissenheit und einem Zustand assoziiert, in dem man nur vermeintlich versteht bzw. ein falsches Verständnis hat. Dies entspricht den beiden

Aspekten des Weges: Es gibt den Methoden-Aspekt, er umfaßt solche Übungen wie Mitgefühl und Toleranz; und den Weisheits- oder Wissensaspekt, die Einsicht, die die Natur der Wirklichkeit in allesdurchdringender Weise erfaßt. Der Weisheits- oder Wissensaspekt des Weges ist das wahrhafte Gegenmittel, um die Unwissenheit zu vertreiben.

Da diese Stellen auch auf die Bedeutung des Glaubens innerhalb unserer spirituellen Übung zu verweisen scheinen, denke ich, daß es von Nutzen sein könnte, hier ein wenig das buddhistische Glaubensverständnis zu erläutern. Das tibetische Wort für Glauben ist *dä-pa*. Vielleicht liegt seine Bedeutung noch näher an Zuversicht oder Vertrauen. In der buddhistischen Überlieferung sprechen wir von drei verschiedenen Arten des Glaubens. Die erste Glaubensart hat die Form von Bewunderung, die Sie für eine bestimmte Person oder eine bestimmte Seinsweise haben. Die zweite ist Glaubensbestrebung. Hierbei ist ein gewisses Nachahmen im Spiel; Sie streben an, jene Seinsweise zu erreichen. Die dritte Art ist der Glauben aus Überzeugung.

Ich meine, daß sich alle drei Arten von Glauben auch im christlichen Kontext darlegen lassen. Zum Beispiel kann ein praktizierender Christ durch das Lesen des Evangeliums und das Nachdenken über das Leben Jesu eine sehr starke Hingabe und Bewunderung für Jesus haben. Das ist die erste Stufe des Glaubens: der Glauben aus Bewunderung und Hingabe. Wenn Sie danach Ihre Bewunderung und Ihren Glauben stärken, ist es möglich, zur zweiten

Stufe fortzuschreiten: dem Glauben aus Bestrebung. In der buddhistischen Überlieferung würden Sie nach Buddhaschaft streben. Im christlichen Kontext werden Sie sich nicht der gleichen Ausdrucksweise bedienen; Sie können jedoch sagen, Sie streben es an, die Vollendung der göttlichen Natur oder die Einheit mit Gott ganz und gar zu erreichen. Sobald Sie dann dieses Bestreben entwickelt haben, können Sie eine tiefe Überzeugung entwickeln, daß es möglich ist, solch eine Seinsweise zur Vollendung zu bringen. Das ist die dritte Glaubensstufe. Ich meine, daß man diese Stufenfolge des Glaubens im christlichen Kontext ebenso anwenden kann wie im buddhistischen Kontext.

Im Buddhismus wird, wie man immer wieder feststellt, hervorgehoben, daß wir auf dem spirituellen Weg sowohl Glauben als auch Vernunft benötigen. Nagarjuna, ein indischer Meister aus dem zweiten Jahrhundert, sagt in seinem berühmten Text *Der Kostbare Kranz*[6], daß ein nach spiritueller Verwirklichung strebender Mensch beides benötigt, Glauben und Vernunft beziehungsweise Glauben und Analyse. Der Glauben führt Sie zu einer höheren Daseinsweise, während Vernunft und Analyse Sie zur vollständigen Befreiung führen. Wichtig daran ist: Das, woran man im Kontext seiner spirituellen Übung glaubt, muß auf Vernunft und Verständnis gründen.

Um einen aus Vernunft oder Verständnis herrührenden Glauben zu entwickeln, sollte jemand, der nach spiritueller Verwirklichung zu streben beginnt, geistige Offenheit haben. In Ermangelung eines besseren Ausdrucks könnten wir hierbei von einer gesunden Skepsis sprechen. Haben Sie jene Offenheit, so können Sie vernunftgemäß denken, und dadurch wiederum können Sie ein gewisses Verständnis entwickeln. Wenn dieses Verständnis stärker wird, führt das dazu, daß wir überzeugt sind von dem, worüber wir nachdenken, daß wir daran glauben und darauf vertrauen. Solch ein Glauben oder Vertrauen, solch eine Zuversicht wird dann sehr fest sein, weil Vernunft und Verständnis ihre Wurzeln sind. Darum finden wir in Buddhas eigenen Schriften den mahnenden Hinweis an seine Anhänger, seine Worte nicht einfach nur aus persönlicher Ehrerbietung zu akzeptieren. Er gibt die Empfehlung, seine Anhänger sollten all seine Worte genau so überprüfen, wie ein Goldschmied durch unerbittlich strenge Verfahren die Qualität des Goldes überprüft. Und nur als Konsequenz des eigenen Verständnisses solle man die Gültigkeit seiner Lehren anerkennen.

In dieser Passage des Evangeliums gibt es einen Hinweis auf das Licht, das die Finsternis vertreibt. Unmittelbar darauf folgt ein Hinweis auf die Erlösung. Um diese beiden Vorstellungen miteinander zu verbinden, würde ich sagen, wahre Erlösung, der Zustand der Befreiung, vertreibt die Finsternis der Unwissenheit. Auch im christlichen Kontext kann man die Bedeutung von Erlösung so verstehen.

Die Natur von Erlösung genau zu bestimmen ist ein komplexes Unterfangen. Unter den verschiedenen religiösen Lehrmeinungen im alten Indien gab es zahlreiche religiöse Traditionen, in denen der Erlösungsgedanke in gewisser Form akzeptiert wurde. Das tibetische Wort für

Erlösung ist *tharpa*, was »Befreiung« oder »Freiheit« bedeutet. Andere Traditionen erkennen solche Gedanken nicht an. Einige Schulen behaupten, trügerische Vorstellungen seien von Natur aus im Geist angelegt, seien ihm immanent und dementsprechend sein wesensmäßiger Bestandteil. Ihrer Ansicht nach gibt es keine Möglichkeit zur Befreiung. Denn Negativität und trügerische Vorstellungen wohnten dem Geist inne und könnten von ihm nicht getrennt werden. Selbst bei denjenigen, die die eine oder andere Vorstellung von Erlösung oder Befreiung akzeptieren, gibt es Unterschiede bei der Definition oder Charakterisierung des eigentlichen Erlösungszustands. In bestimmten altindischen Schulen beispielsweise wird der Zustand der Erlösung mehr als ein äußerlich vorhandener Raum oder Bereich mit positiven Merkmalen beschrieben, ähnlich geformt wie ein nach oben geöffneter Sonnenschirm.

Mögen auch bestimmte buddhistische Überlieferungen den Erlösungsgedanken akzeptieren, so sehen sie allerdings Erlösung mehr im Sinn des spirituellen oder geistigen Zustands der einzelnen Person, als geistigen Vollendungszustand, und nicht im Sinn eines äußeren Umfelds. Im Buddhismus akzeptiert man die Vorstellung von den verschiedenen Reinen Ländern der Buddhas, von reinen Daseinsformen, deren Existenz auf das positive karmische Potential eines Menschen zurückzuführen ist. Es ist sogar möglich, daß gewöhnliche Menschen in den Reinen Ländern der Buddhas wiedergeboren werden und an ihnen teilhaben können. Zum Beispiel kann man von einem buddhistischen Gesichtspunkt aus nicht sagen, unsere natürliche Umgebung – diese Erde, dieser Planet – sei ein vervollkommneter Daseinsbereich. Jedoch kann man sagen, daß es innerhalb dieses Bereichs Menschen gibt, die Nirvana und vollständige Erleuchtung erreicht haben. Dem Buddhismus zufolge sollte man Erlösung oder Befreiung im Sinn eines inneren Zustands, eines geistigen Entwicklungsstands sehen.

Was bedeutet »Himmel« nach christlichem Verständnis?

Pater Laurence: Der Himmel ist die Erfahrung, im höchsten dem Menschen möglichen Maß an Gottes Freude, Frieden und Liebe teilzuhaben.

Dalai Lama: Es besteht also nicht notwendigerweise eine Verbindung zu einem physisch vorhandenen Raum?

Pater Laurence: Nein. Nur wenn man träumt.

Dalai Lama: Darf man in Ergänzung dazu ebenso die Vorstellung von der Hölle im Sinn eines sehr negativen, in die Irre gehenden Geisteszustands auffassen?

Pater Laurence: Ja, sicher.

Dalai Lama: Das heißt also, wir müssen uns Himmel und Hölle nicht im Sinn eines äußerlich gegebenen Umfelds vorstellen?

Pater Laurence: Nein. Die Hölle wäre die Erfahrung einer Trennung von Gott – die als solche unwirklich ist. Sie ist illusorisch, weil nichts von Gott getrennt werden kann. Wenn wir allerdings denken, wir seien von Gott getrennt, dann sind wir in der Hölle.

Dalai Lama: In der Textstelle des Evangeliums sagt Jesus: »Ich bin nicht gekommen zu richten. ... Das Wort, das ich gesprochen habe, wird ihn richten.« Ich meine, dies spiegelt genau die buddhistische Vorstellung von Karma wider: Es gibt kein autonomes Wesen »da draußen«, das darüber richtet, welche Erfahrungen Sie machen und was Sie wissen sollten; sondern es gibt die Wahrheit, die in dem kausalen Prinzip selbst enthalten ist. Wenn Sie in ethischer, in disziplinierter Weise handeln, werden daraus wünschenswerte Konsequenzen erwachsen. Wenn Sie in negativer, in schädlicher Weise handeln, dann müssen Sie auch den Konsequenzen eines solchen Handelns ins Auge schauen. Die Wahrheit des Kausalgesetzes ist der Richter, nicht eine Wesenheit oder Person, die Urteile fällt.

Wie würden Sie dies interpretieren?

Pater Laurence: Es gibt eine poetische Metapher in der Bibel, in der Gott den Menschen für seine Sünden straft. Aber ich denke, die Lehre Jesu führt uns hinaus über jenes Bild eines strafenden Gottes und ersetzt es durch ein Bild von einem bedingungslos liebenden Gott. Die Sünde bleibt. Die Sünde ist eine Tatsache. Das Übel ist eine Tatsache.

Doch die mit der Sünde verbundene Strafe wohnt der Sünde selbst inne. Statt die Kausalität hervorzuheben, so logisch dies auch sein mag, würde ein Christ, so glaube ich, statt dessen die Willensfreiheit betonen. Wir haben einen freien Willen in diesen Dingen, zumindest bis zu einem gewissen Grad.

8

Die Auferstehung

Johannes 20, 10–18

Dann kehrten die Jünger wieder nach Hause zurück. Maria aber stand draußen vor dem Grab und weinte. Während sie weinte, beugte sie sich in die Grabkammer hinein. Da sah sie zwei Engel in weißen Gewändern sitzen, den einen dort, wo der Kopf, den anderen dort, wo die Füße des Leichnams Jesu gelegen hatten. Die Engel sagten zu ihr: Frau, warum weinst du? Sie antwortete ihnen: Man hat meinen Herrn weggenommen, und ich weiß nicht, wohin man ihn gelegt hat. Als sie das gesagt hatte, wandte sie sich um und sah Jesus dastehen, wußte aber nicht, daß es Jesus war. Jesus sagte zu ihr: Frau, warum weinst du? Wen suchst du? Sie meinte, es sei der Gärtner, und sagte zu ihm: Herr, wenn du ihn weggebracht hast, sag mir, wohin du ihn gelegt hast. Dann will ich ihn holen. Jesus sagte zu ihr: Maria! Da wandte sie sich ihm zu und sagte auf hebräisch zu ihm: Rabbuni!, das heißt: Meister. Jesus sagte zu ihr: Halte mich nicht fest; denn ich bin noch nicht zum Vater hinaufgegangen. Geh aber zu meinen Brüdern, und sag ihnen: Ich gehe hinauf zu meinem Vater und zu eurem Vater, zu meinem Gott und zu eurem Gott. Maria von Magdala ging zu den Jüngern und verkündete ihnen: Ich habe den Herrn gesehen. Und sie richtete aus, was er ihr gesagt hatte.

[Johannes 20, 10–18]

Dalai Lama: Diese Textstelle eignet sich sehr gut dazu, sie in der abschließenden Sitzung dieses Seminars zu lesen. Des Buddhas *Parinirvāna*, sein endgültiges Nirvana, sieht man als die letzte Großtat seines Lebens an. Und diese Stelle aus dem Evangelium des Johannes scheint eine ähnliche Bedeutung zu haben.

Glaubt man an die Wiedergeburt, so spricht man immer dann, wenn man über den Tod spricht, zugleich auch über Wiedergeburt. Wiedergeburt kann nur stattfinden, wenn ihr der Tod vorausgegangen ist. Wir haben heute bereits kurz darüber gesprochen – es gibt offenbar noch etwas, was die meisten großen religiösen Überlieferungen der Welt miteinander gemeinsam haben: Das Leben der Meister, die diese Überlieferungen begründet haben, das Leben der Religionsstifter, scheint zu demonstrieren, wie wichtig es ist, die Erfahrung von Leid auf sich zu nehmen und den Wert des Leids anzuerkennen.

In einem Gespräch, das wir heute früh miteinander führten, erwähnte Pater Laurence, Bede Griffiths habe in Zusammenhang mit Jesus die Unterschiede zwischen dem physischen Körper, dem subtilen oder feinstofflichen Körper und dem spirituellen Körper angesprochen: Vor seinem Tod handelt es sich beim Leib Jesu um den physischen Körper; während der Auferstehung, bevor er zum Vater emporsteigt, ist er der subtile Körper; und im Anschluß an das Emporsteigen zum Vater, an die Himmelfahrt Christi, ist er der spirituelle Körper. Im Buddhismus gibt es weitläufige Diskussionen über verschiedenerlei Verkörperungen wie etwa den subtilen Körper, den geistigen Körper und den spirituellen Körper. Allerdings besteht ein großer Unterschied, wenn man den subtilen Körper Jesu mit dem in den buddhistischen Texten beschriebenen subtilen Körper vergleicht: Wenn im Buddhismus die Subtilitätsgrade von Verkörperungen beschrieben werden, so gibt es in der spirituellen Entwicklung eines Menschen verschiedene Stufen. Diese Entwicklung beginnt mit dem Dasein eines gewöhnlichen Wesens und reicht bis hin zur vollen Erleuchtung. Bei Jesus hingegen beziehen wir uns auf jemand Einzigartigen, den Sohn Gottes. Daher hat die Stufenfolge hier keine Geltung. Jesus Christus durchläuft keine Entwicklung, die über eine Reihe von spirituellen Stufen führt – ist es nicht so?

Pater Laurence: Nein, die Auferstehung ist keine Reinkarnation.

Dalai Lama: Wir sprechen hier nicht über Reinkarnation. Wir sprechen über den einzelnen Menschen, der sich auf dem spirituellen Weg übt. Während er oder sie in der spirituellen Entwicklung fortschreitet, wird auch die physische Verkörperung der betreffenden Person immer subtiler.

Pater Laurence: Vor seinem Tod war Jesus für seine Jünger und die Welt auf eine bestimmte Weise gegenwärtig. Und nach seinem Tod ist er der Welt auf andere Weise gegenwärtig. Sofern er als historische Gestalt in der Welt gegenwärtig ist, bei seiner Begegnung mit Maria Magdalena beispielsweise, sehen wir, daß es nötig ist, seine Gegenwart eigens zu erkennen: Auf seiten des Praktizierenden ist eine neue Art der Wahrnehmung erforderlich, damit er oder sie die neue Gegenwart Jesu erkennt. Im Evangelium lesen wir von einer Zwischenstufe zwischen seinem Tod, seiner Auferstehung und seiner Himmelfahrt. Und die Art und Weise, wie Jesus jetzt in der Welt gegenwärtig ist, unterscheidet sich abermals von dieser Beschreibung. Heute würden wir sagen, er ist durch den Heiligen Geist gegenwärtig.

Dalai Lama: Was die Frage anbelangt, wie Buddhas endgültiges Nirvana zu verstehen sei, stellen wir wiederum fest, daß es da im Buddhismus voneinander abweichende Ansichten gibt. Einer Lehrmeinung zufolge – vor allem in der altindischen *Vaibhāshika*-Schule – handelt es sich bei Buddhas Nirvana um den Endpunkt von Buddhas Existenz: Er ist ins Dasein eingetreten. Das war ein historisches Faktum. Genauso war sein Sterben ein historisches Faktum. Hier begann Buddhas Leben, da endete es. Das endgültige Nirvana wird wie der letzte Moment eines Feuers aufgefaßt. Wenn Sie das Feuer auslöschen, so ist dies das Ende des Feuers, sein vollständiges Nichtsein: Es ist nicht mehr vorhanden. Sogar Buddhas Bewußtsein hat demnach keinen dauerhaften Bestand. Die Anhänger der *Vaibhāshika*-Schule behaupten, daß das Bewußtsein zwar keinen Anfang, jedoch ein Ende hat. Es kann aufhören zu existieren.

Da stellt sich folgende Frage: Falls sich dies so verhält, welchen Sinn hat es dann für die Anhänger des Buddha, ihn zu verehren, ihm zu huldigen, zu ihm zu beten? Welchen Nutzen hat das? Welchen Sinn hat es, so etwas zu tun, wenn der Buddha nicht mehr existiert? Darauf gibt diese Überlieferung folgende Antwort: Daß der Buddha volle Erleuchtung erreichte, ist das Ergebnis davon, daß er zahllose Äonen hindurch Verdienst angesammelt und seine Weisheit vervollkommnet hat. Und während dieser Zeit hat Buddha eine sehr starke altruistische Haltung entwickelt und geübt, allen Wesen nützlich und dienlich zu sein. Die Kraft dieser Energie und dieser Wahrheit ist noch vorhanden. Diese Kraft gibt jemandem, der dem Buddha huldigt und ihn verehrt, Beistand und Hilfe. Was hingegen die historische Gestalt des Buddha anbelangt, so war das *Parinirvāna* der Endpunkt.

Viele andere buddhistische Überlieferungen, darunter der tibetische Buddhismus, teilen jedoch diesen Standpunkt nicht. Gemäß der Überlieferung des tibetischen Buddhismus sollte man Buddhaschaft, volle Erleuchtung, mehr im Sinn der Lehre von den drei *Kāyas* verstehen, den drei Verkörperungen. So gesehen war Buddha Shakyamuni eine historische Figur – er existierte zu einer bestimmten Zeit und an einem bestimmten Ort, in einer bestimmten Umgebung und unter bestimmten Verhältnissen –, und sein endgültiges Nirvana in Kushinagar war ein historisches Geschehnis. Doch Buddhas Bewußtsein und Geistesstrom hat weiterhin Bestand und ist immer gegenwärtig. In Form seiner Emanation als Mensch mag Buddha aufgehört haben zu existieren. Er ist jedoch weiterhin in derjenigen Form gegenwärtig, die man als *Sambhogakāya* bezeichnet – in jener Form, in der alle Fähigkeiten höchste Vollkommenheit erreicht haben. Und abgestimmt auf andere empfindende Wesen und auf das, was diesen besonderen Nutzen bringt, nimmt er weiterhin in verschiedenen Emanationen und Manifestationen Gestalt an. Aus dieser Sicht ist der Buddha nach wie vor gegenwärtig, auch wenn die historische Gestalt des Buddha Shakyamuni zu existieren aufgehört hat. Vom Standpunkt dieser Überlieferung aus ist Bewußtsein eine anfangs- und endlose Kontinuität.

Für einen praktizierenden Buddhisten hat Buddhas endgültiges Nirvana eine in hohem Maß symbolische Bedeutung. Denn die letzten Worte, die der Buddha sprach, betrafen die Lehre von der Vergänglichkeit und der flüchtigen Natur aller Dinge. Er sagte, daß alle Dinge und Geschehnisse flüchtig, vergänglich und unbeständig sind. Er sagte ferner, daß der Körper eines voll erleuchteten Wesens – des Buddha oder *Tathāgata* – gleichfalls vergänglich sei und denselben Gesetzen unterliege. Nach diesen Worten starb er. Daher macht des Buddhas endgültiges Nirvana, der historische Akt seines Dahinscheidens, einem praktizierenden Buddhisten noch einmal deutlich, wie wichtig es ist, sich in Meditationen über Vergänglichkeit zu üben.

Mich fasziniert der Satz im Evangelium, wo Jesus sagt: »Noch bin ich nicht zu meinem Vater hinaufgegangen.« Ich wüßte gern, wie man in der christlichen Theologie die Himmelfahrt erklärt.

Pater Laurence: Weiter vorn im Evangelium des Johannes sagt Jesus: »Ich weiß, woher ich gekommen bin, und ich weiß, wohin ich gehen werde.« Er beschreibt sein Leben, seine Sendung, als Rückkehr zu seinem Ursprung. Überall sagt er: »Ich bin vom Vater gekommen ...« Seine Himmelfahrt ist die Wiedereinbeziehung seiner voll entwickelten Menschlichkeit in die integrale Einheit, die Einheit mit seinem Ursprung im Vater, in Gott. In gewissem Sinn ist die Himmelfahrt die vollständige Integration der Göttlichkeit und der Menschlichkeit Jesu.

Dalai Lama: Im Buddhismus gibt es den Gedanken, daß zwischen der Emanation und der Kraft, die diese Emanation ausstrahlt, eine besondere Beziehung besteht; und daß eine Emanation ihr Ende erreicht, wenn sie ihre Bestimmung erfüllt hat: etwa im Sinn der Vorstellung, daß die Emanation wieder in ihren Ursprung aufgenommen wird. Allerdings verschwindet die Emanation in manchen Fällen aus eigenem Antrieb. Im Fall des historischen Buddha Shakyamuni beispielsweise war, nachdem er das endgültige Nirvana erreicht hatte, der physische Körper des Buddha eindeutig noch weiter vorhanden. Der Körper des Buddha wurde eingeäschert, und vorher war er für jedermann sichtbar. Ein praktizierender Buddhist würde sagen, daß des Buddhas Bewußtsein, der dem Buddha eigene transzendente Geist, in die Seinsweise des *Dharmakāya* wiedereingetreten bzw. darin wiederaufgenommen worden ist. In einigen buddhistischen Texten gibt es auch Hinweise auf ein anders geartetes Phänomen: auf spirituell hochentwickelte Wesen, die tatsächlich fähig sind, sich in verschiedene reine Daseinsbereiche zu begeben, ohne daß sie ihren physischen Körper ablegen müssen.

Pater Laurence: Im Sinn eines anderen Zugangs zum christlichen Verständnis der Auferstehung sind dies wundervolle und sehr inspirierende Einsichten. Ich denke, das christliche Verständnis der Auferstehung umfaßt ebenfalls eine kosmische Dimension. Jesus ist die Verkörperung Gottes in Menschengestalt, und durch dieses Wort Gottes trat die Schöpfung, der Kosmos, ins Dasein. Wenn nun die menschliche Gestalt Jesu stirbt, so nimmt dieser Vorgang das vorweg, was dem gesamten Kosmos widerfahren wird. Die körperliche Menschengestalt Jesu wird in ihrer gesamten physischen Energie, ihrer physischen Form wieder in den Ursprung des Universums, in Gott, aufgenommen. Dies wird letzten Endes dem gesamten Kosmos widerfahren. Alles im Kosmos kam aus Gott, ist eine Emanation Gottes und wird wieder in Gott zurückkehren. Ich denke, in der Auferstehung sehen wir also, wie Materie eine Transformation erfährt, die sie zu ihrer ursprünglichen Quelle zurückbringt. Das widerfährt dem Leib Jesu in seiner Menschengestalt – Körper, Geist und Seele. Es ist jedoch auch eine Vorwegnahme dessen, was am Ende der Zeit dem gesamten Kosmos widerfahren wird.

ೞ ⚜ ೞ

Pater Laurence: Eure Heiligkeit, indem wir zu dieser Schlußsitzung unseres Seminars kommen, spreche ich für uns alle, wenn ich sage, daß wir zwei Leben benötigen würden – oder mehr! –, um all das in uns aufzunehmen, was Sie uns auf so wundervolle Weise geschenkt haben. Ich möchte Ihnen nun gern einige von den Seminarteilnehmern – einzeln oder in ihren kleinen Gruppen – gestellte Fragen vorlegen. Es war notwendig, eine gewisse Auswahl vorzunehmen und die Fragen nach bestimmten Gesichtspunkten zu sortieren, weil sie sich vielfach auf gleiche Themen beziehen. Auch möchten wir – wie schon zu Seminarbeginn – die Menschen und die Nation von Tibet, die Sie repräsentieren und verkörpern, mit unserer Aufmerksamkeit bedenken und Ihnen versichern, daß wir Ihre Sache des Friedens und der Gerechtigkeit von ganzem Herzen unterstützen.

Eine der vorgelegten Fragen spricht die Vorstellung vom geheiligten Raum und einem heiligen Land an. Sie ergab sich aus Ihren Anmerkungen zum Thema Pilgerfahrt. Sie sprachen davon, daß es von Nutzen sei, verschiedene heilige Orte zu besuchen. Die Frage, die wir Ihnen vorlegen möchten, lautet: Was heiligt Ihrer Ansicht nach einen Ort?

Dalai Lama: Ich glaube, ursprünglich wird ein Ort durch die Kraft desjenigen Menschen heilig, der dort lebt und seinen spirituellen Übungen nachgeht. Der Ort wird gewissermaßen durch die Kraft der spirituellen Verwirklichung des Betreffenden »aufgeladen«, mit einer bestimmten Energie versehen. Dieser Ort wiederum kann dann die Menschen, die ihn besuchen, »aufladen«.

Zweitens haben diese Orte noch eine andere wichtige Funktion. Insbesondere wenn sie mit dem Leben der Religionsstifter verbunden sind, der Meister, die die großen religiösen Überlieferungen begründet haben. Wenn die Anhänger einer Religion diese Stätten besuchen, haben sie Gelegenheit, sich gründlich auf das von diesen gütigen Meistern abgegebene Beispiel zu besinnen – und angesichts dieser Inspiration und Motivation eine Chance, deren Beispiel zu folgen.

Pater Laurence: Eure Heiligkeit, meinen Sie, es wäre gut für Menschen unterschiedlicher Glaubensbekenntnisse, gemeinsam auf Pilgerfahrt zu gehen?

Dalai Lama: Ja. Das ist ein Projekt, an dem ich gearbeitet habe. Ich glaube, daß diese Art von spiritueller Praxis außerordentlichen Nutzen bringen wird.

Pater Laurence: Eine andere Frage, die vielleicht zu einem gewissen Grad der vorigen Frage entspringt, betrifft Christen und die Buddhisten aus anderen Überlieferungen – Nicht-Tibeter –, die für Tibets Nöte und für den Skandal der westlichen Gleichgültigkeit dem tibetischen Anliegen gegenüber sensibel geworden sind. Was wäre Ihr Vorschlag, wie Christen und Buddhisten und Menschen aus anderen Glaubensbekenntnissen Ihnen und der Sache des tibetischen Volkes helfen könnten?

Dalai Lama: Da das Thema der Freiheit Tibets in enger Verbindung zur Freiheit, ja mehr noch, zum Überleben der Spiritualität in Tibet steht, geht es die ganze Welt etwas an. Falls Tibets uralte Spiritualität unter dieser Bedrohung überleben kann, kann sie meiner Meinung nach in Zukunft nicht nur den Tibetern von außerordentlichem Nutzen sein, sondern auch in hohem Maß zum Wohlergehen des chinesischen Volkes beitragen. So gesehen meine ich, daß religiös engagierte Menschen und religiöse Organisationen – all die Menschen, die an den Wert von Spiritualität glauben – hier eine besondere Rolle spielen, indem sie unsere Sache unterstützen.

Pater Laurence: Für viele, vielleicht für die überwiegende Mehrheit von uns ist die tagtägliche Meditationsübung das praktikabelste Mittel, über das wir verfügen, um Mitgefühl zu entfalten und uns von Herzen in den Dienst einer Sache wie derjenigen der Tibeter zu stellen. Ihre Ermutigung und Ihr Ratschlag, wie wir Tag für Tag unerschütterlich dem Weg der Meditation treu bleiben können, wäre uns allen Inspiration und Bereicherung. Viele Menschen, die in der Stadt leben, finden es angesichts der Probleme des modernen Lebens sehr schwierig zu meditieren. Darum ist zu ihrer Unterstützung unsere christliche Meditationsgemeinschaft entstanden. Dennoch fällt den Menschen, die nicht in Klöstern leben – und manchmal auch denjenigen, die in Klöstern leben! – das Meditieren oft schwer. Bitte machen Sie uns etwas Mut und geben Sie uns Einsicht in die Dinge, die wir entwickeln müssen, um Tag für Tag mit unserer Meditation fortfahren und sie vertiefen zu können.

Dalai Lama: Hat ein Mensch ein wirklich aufrichtiges Interesse an spirituellem Wachstum, so hat er oder sie gar keine andere Wahl, als regelmäßig zu meditieren. Das ist die entscheidende Einsicht! Das Gebet allein oder der bloße Wunsch wird keine wirkliche Veränderung in uns hervorrufen. Die einzige Möglichkeit, uns spirituell zu entwickeln, haben wir dadurch, daß wir uns durch die Meditation ständig darum bemühen! Natürlich ist das am Anfang nicht leicht. Sie stoßen möglicherweise auf Schwierigkeiten oder verlieren Ihren Enthusiasmus. Oder vielleicht ist der Enthusiasmus anfangs *zu groß* – und verringert sich möglicherweise nach ein paar Wochen oder Monaten. Was wir brauchen, ist eine beständige, ausdauernde Einstellung, die auf langfristigem Engagement beruht.

Pater Laurence: Welche Hilfsmittel stehen uns in erster Linie zur Verfügung, damit wir nicht aufgeben, wenn wir entmutigt sind?

Dalai Lama: Man sollte sich ständig auf das Für und Wider des Meditierens und des Nichtmeditierens besinnen, die Vorzüge und Nachteile abwägen. Einerseits sollte man in Betracht ziehen, welchen Nutzen, welchen Wert und welche Wirksamkeit die Meditation hat, und andererseits, welche negativen Auswirkungen damit verbunden sind, wenn man nicht meditiert. Indem man ständig diese beiden Seiten gegeneinander abwägt, kann man seinen Enthusiasmus aufrechterhalten.

Auf diesem Planeten gibt es etwas mehr als fünf Milliarden Menschen. Im großen und ganzen könnten wir diese gewaltige Zahl in drei Kategorien unterteilen: diejenigen, die gläubig sind und praktizieren; diejenigen, die nicht bloß ungläubig, sondern tatsächlich antireligiös sind; und in die dritte Kategorie diejenigen, die zwar keine Religion ausüben, ihr jedoch eher gleichgültig gegenüberstehen. Sie sind diesbezüglich gleichgültig. Alle Menschen sind einander allerdings darin in fundamentaler Weise gleich, daß sie den natürlichen Wunsch haben, glücklich zu sein und Leid zu überwinden.

Falls ein meditierender oder gläubiger Mensch einen Bezugspunkt als Kontrast braucht, sollte er oder sie sich nicht mit der dritten Gruppe vergleichen. Vielmehr sollte er sich mit der zweiten Kategorie vergleichen, mit Menschen, die antireligiös sind: also mit denjenigen, die nicht nur ungläubig sind, sondern denken, Religion sei belanglos und falsch. Sie sollten das eigene Leben mit dem Leben derjenigen in der zweiten Kategorie vergleichen und darauf achten, wessen Leben mehr Freude und Zufriedenheit aufweist. In mancher Hinsicht scheint es natürlich so, als hätten jene Menschen mehr Erfolg, die *alles* tun, um ihr Ziel zu erreichen. Doch auf lange Sicht sollte man die Überlegenheit eines Lebensstils anhand der Lebensqualität beurteilen, die er zutage fördert, und anhand des Seelenfriedens, den er dem einzelnen verschafft. Ein Leben, das der spirituellen Dimension beraubt ist, läßt im allgemeinen weniger Raum für innere Gelassenheit. Schauen Sie sich die Spitzenpolitiker der früheren Sowjetunion und Chinas an. Sie wollen natürlich glücklich sein, so wie wir alle! Jeder bedient sich jedoch einer bestimmten Methode – und gemäß ihrer Methode meinen diese Politiker, Religion sei Gift. In der anderen, der ersten Kategorie, haben die Menschen ebenfalls das Verlangen nach Glück. Allerdings ist Religion die Methode, derer sie sich dazu bedienen. Damit sind jetzt all diejenigen gemeint, denen es um ernsthafte Religionsausübung geht – nicht jene, die lediglich behaupten, an eine Religion zu glauben und sie auszuüben, für die jedoch die Religion in Wirklichkeit keine wichtige Rolle im Leben spielt. Wenn wir diese beiden Kategorien vergleichen, werden wir eindeutig feststellen, daß im Leben des wahrhaft religiösen Menschen größeres Glück, größere Gelassenheit und größerer Frieden zum Vorschein kommen. Außerdem bin ich mir sicher, daß man diesen Menschen in der Gesellschaft im allgemeinen größeres Vertrauen und größeren Respekt entgegenbringt.

Dementsprechenden Gedanken nachzugehen wird Ihnen helfen zu erkennen, welch großen Wert es für Sie hat, Religion und gewisse Formen von Spiritualität in Ihr Leben einzubeziehen. Sie stellen gewissermaßen diesen Vergleich mit anderen an, um sich in Ihrer Überzeugung zu bestärken. Ebenfalls ist es hilfreich, wenn Sie Ihre Erfahrungen gelegentlich mit den Schriften vergleichen. Nach und nach werden Sie auf diese Weise imstande sein, den tieferen Wert von Spiritualität zu erkennen. Je größer Ihre Überzeugung ist, um so größeren Enthusiasmus werden Sie haben, und um so stärkere »Fortschritte« werden Sie machen können.

So *sollte* es sein. Doch in Wirklichkeit bekommen wir unglücklicherweise meist das Gegenteil davon zu sehen. Wenn Sie ein starkes Verlangen, einen starken Wunsch haben, etwas zu erreichen, werden Sie dies natürlich mit dementsprechend verstärktem Einsatz zu erreichen versuchen. Im Fall von Politikern zum Beispiel, die unbedingt gewählt werden wollen, ist es allem Anschein nach oft so, als würden sie fast alles tun, um ihr Ziel zu erreichen. Im Rahmen ihrer Wahlkampagne gehen sie auf Tournee durch viele Orte, und schon im Verlauf dieser Tour ist ihnen deutlich anzusehen, wie sie altern! Mit solchem Engagement sind sie bei der Sache. Ein ähnliches Engagement findet man bei manchen Geschäftsleuten, deren einziges Ziel darin besteht, Geld und Profit zu machen. Dieser Wunsch ist bei ihnen so stark, daß sie alles tun, um dieses Ziel zu erreichen. Bei Menschen auf dem spirituellen Weg sollte es genauso sein. Doch irgendwie scheint es, als könnten wir auf dem spirituellen Weg selten Menschen finden, die sich *derart* dafür einsetzen, ihr Ziel zu erreichen! Ich möchte auf folgendes hinaus: Je deutlicher Sie das angestrebte Ziel vor Augen haben, und je größer Ihr Engagement ist, um so größer wird Ihre Motivation auf dem Weg dorthin sein.

Gleich von Anbeginn an ist es sehr wichtig einzusehen, daß spirituelle Entwicklung keine Kleinigkeit ist. Sie erfordert Zeit. Falls man zu Beginn allzu hohe Erwartungen an eine radikale Transformation innerhalb kürzester Zeit hat, ist dies ein sicheres Zeichen dafür, daß man zu scheitern droht! Sie müssen also geistig darauf vorbereitet sein, daß Sie Zeit brauchen werden, um voranzukommen.

Pater Laurence: Können Sie uns sagen, wieviel Zeit?

Dalai Lama: Um Ihnen auf Ihre Frage eine buddhistische Antwort zu geben: Wir sprechen hier von unzähligen Äonen. Und in Zeiträumen von Äonen gedacht, sind Jahre und Monate gar nichts. Ein kurzes Leben ist so gesehen nichts! Einhundert Jahre – nichts! Wenn Sie in Größenordnungen von vielen Äonen denken, so hilft dies wirklich, feste Entschlossenheit zu entwickeln. Die Zeiträume sind hier jedoch nicht das Entscheidende: Wichtig für uns ist, wie wir innerhalb unserer Lebensspanne gütige Menschen sein können.

Pater Laurence: Unserem christlichen Glauben zufolge verrichtet der Heilige Geist sein Werk nicht nur unter Christen, sondern unter allen Menschen überall dort, wo jemand nach Wahrheit strebt. Viele werden mir wahrscheinlich zustimmen, daß es ebenfalls ein Werk des Heiligen Geistes ist, wie Sie, aber auch zahlreiche andere tibetische Mönche und Laien, die Weisheit Tibets in den Westen gebracht haben und – zu einem hohen persönlichen Preis und unter großem Leid – Vorbilder an Mitgefühl, Versöhnlichkeit und Großherzigkeit sind. Ich denke, daß die Besuche Eurer Heiligkeit in diesem Land und überhaupt im Westen für das Christentum ein großes Geschenk sind. Sie ermöglichen es den Menschen im Westen, die ihren spirituellen Eifer und ihre unbedingte Entschlossenheit, spirituell zu wachsen, eingebüßt haben, Religion in neuem Licht, auf eine neue Art und Weise zu begreifen. Ich möchte gern wissen, ob Sie uns helfen können zu verstehen, warum wir heute – obwohl wir mehr Muße, mehr Zeit, bessere Gesundheit, bessere Lebensbedingungen, mehr Überfluß als je zuvor haben – diesen Sinn für wahre Religion und spirituelle Praxis verloren haben?

Dalai Lama: Bei Ihnen im Kloster hat man vielleicht Muße, aber draußen – vor allem in den Städten – scheint das Leben mit rasantem Tempo abzulaufen wie eine Uhr, ohne auch nur einen Moment innezuhalten! Gerade vor ein paar Tagen noch habe ich mit einem Freund darüber gesprochen, wie außerordentlich präzise doch, wenn man sich das Stadtleben anschaut, das Leben eines Menschen in all seinen Aspekten sein muß – so wie eine Schraube, die genau in das Bohrloch passen muß. In gewisser Weise hat man keine Kontrolle mehr über sein Leben. Um zu überleben, muß man auf die vorgegebenen Abläufe und das vorgegebene Tempo eingehen.

Pater Laurence: Was sagen Sie zu der Bemerkung, die ich so oft höre, wenn ich über Meditation spreche: »Ich würde gern meditieren, aber ich bin viel zu beschäftigt.«

Dalai Lama: Zu dieser Frage möchte ich Ihnen gern eine Geschichte erzählen. Es gab einmal zwei Mönche – einen Lehrer und seinen Schüler. Eines Tages sagte der Lehrer, um seinen Schüler anzuspornen: »Irgendwann werden wir ganz bestimmt einen Ausflug machen.« Ein paar Tage später hatte er das vergessen. Doch der Schüler erinnerte den Lehrer an sein Versprechen. Der Lehrer antwortete, er sei viel zu beschäftigt und könne bis auf weiteres keinen Ausflug machen. Viel Zeit verging; kein Ausflug. Wieder erinnerte der Schüler den Lehrer: »Wann machen wir endlich diesen berühmten Ausflug?« Der Lehrer sagte: »Jetzt nicht. Ich bin viel zu sehr beschäftigt.« So geschah es, daß der Schüler eines Tages sah, wie man einen Leichnam forttrug. Und der Lehrer fragte ihn: »Was ist passiert?« Der Schüler antwortete: »Nun, dieser arme Mensch macht einen Ausflug!«

Der springende Punkt ist: Solange Sie sich für das, was Ihnen in Ihrem Leben wichtig ist, keine Zeit freihalten, wird es immer andere Verpflichtungen geben, die auf Sie warten.

Pater Laurence: Ich würde gern zum Abschluß des Seminars ein paar Worte sagen, Eure Heiligkeit, und dann möchte ich Schwester Eileen O'Hea bitten, Ihnen im Namen aller Teilnehmer Dank auszusprechen. Zunächst einmal möchte ich Ihnen aus der Tiefe meines Seins – das uns allen ein Mysterium ist – Dank sagen. Ich weiß aber, daß aus jener Tiefe unser Dank an Sie für all das kommt, was Sie möglich gemacht und uns gegeben haben. Während der letzten Tage wurde mir klar, daß wir hier bei einem historischen Ereignis zugegen sind, das vor allem aufgrund Ihres Mutes und Ihrer bemerkenswerten Offenheit möglich wurde. Sie haben uns großzügigerweise in Ihrem Terminplan viel Zeit eingeräumt und haben das Wagnis einer Entdeckungsreise durch Schriften auf sich genommen, mit denen Sie nicht vertraut sind.

Beeindruckt hat mich, während wir Ihnen bei der Erkundung unserer Heiligen Schrift zuhören konnten, daß Ihre intuitive Einsicht und ihr buddhistisch geschulter Sinn für Wahrheit Sie befähigt, sehr tief und sehr klar Einblick in viele Wahrheiten unserer Schriften zu gewinnen und uns diese auf eine neue Art zu enthüllen. Ebenso kam mir in den Sinn, daß dies möglich war, weil wir imstande waren, Ihnen das anzuvertrauen, was uns sehr kostbar und heilig ist. Für unser Vertrauen sind wir mehr als belohnt worden, da Sie das, was uns kostbar und heilig ist, mit Ehrerbietung und mit größtem Respekt behandelt haben. Und so sind wir Ihnen auch dafür zutiefst dankbar.

Ich denke, daß die Art und Weise, wie Sie mit uns unsere Schriften erkundet haben, mir – und uns allen – auch vor Augen geführt hat, was Gewaltlosigkeit bedeutet. Sie hätten die Möglichkeit und – falls Sie dies wollten – sehr wohl auch die Fähigkeit gehabt, mit diesen Texten ziemlich schroff umzugehen. Aber statt dessen haben Sie von all Ihrer Weisheit, Einsicht, Intelligenz und spirituellen Kraft mit wundervollem Feingefühl Gebrauch gemacht. Dieses anschauliche Beispiel von Gewaltlosigkeit werden wir im Gedächtnis bewahren.

Bei den verschiedenen Evangelien und zum Schluß heute nachmittag bei dem Text über die Auferstehung, dem fundamentalen Mysterium unseres Glaubens, haben Sie sich nach meinem Empfinden einer Sprache, eines Denkens und einer Vorstellungswelt bedient, die unsere Kulturen miteinander verbunden und uns bis an die Grenze des sprachlich Faßbaren gebracht haben. Da wir unser Seminar jetzt beenden und Vorbereitungen für ein interkonfessionelles Fest treffen, wollen wir nun zu anderen Ausdrucksformen übergehen – Gesang, Musik, Tanz, auch Worte –, die uns in eine andere Dimension der Wahrheit versetzen werden. Dabei denke ich nicht, daß dies das Ende unserer Entdeckungsreise ist. Ich hoffe und bete darum, daß Sie, Eure Heiligkeit, an einer Fortsetzung dieses Gesprächs Gefallen finden werden.

Danken will ich Ihnen nicht nur im Namen unserer »Weltgemeinschaft für christliche Meditation«, sondern auch im Namen der Kirche und der klösterlichen Ordensgemeinschaft. In meinen Augen zeigt dieses Seminar, daß es trotz unterschiedlicher religiöser Überlieferungen möglich ist, in einen aufrichtigen Dialog einzutreten, und zwar nicht nur im Hinblick auf leicht erzielbare Übereinstimmungen, sondern in gemeinsamer Suche nach Wahrheit. Mag sein, daß wir uns auf parallelen Wegen befinden, doch der Geist ist ein Geist der Einheit. Als Christen sind wir dazu aufgefordert, unsere Rolle als Diener zu verstehen. Jesus bezeichnet sich in den Evangelien nicht als Herr und Meister, sondern als Diener. Er sagt: »Ich bin unter euch als einer, der dient.« Viele Anhänger Jesu haben das in der Vergangenheit vergessen. Zahlreiche Christen und die Kirche selbst haben immer wieder durch Imperialismus oder andere Formen von autoritärer Herrschaft weltliche Macht, politische Macht oder religiöse Macht über andere Menschen angestrebt. Sie haben uns geholfen, die Natur der Demut und die Funktion des christlichen und unseres persönlichen Selbstverständnisses als Schüler und Diener zu begreifen. Und so verpflichten wir uns, unser Wirken weiterhin in den Dienst der Einheit der Religionen zu stellen.

Zu guter Letzt möchte ich den vielen Menschen danken, durch deren Hilfe dieses Seminar eine solche Bereicherung sein konnte – den Ordnern, dem Filmteam und vor allem unserem Koordinator Clem Sauvé, der vor acht Wochen aus Kanada herübergekommen ist, um seine Arbeit hier aufzunehmen. Und nicht zuletzt möchte ich – hoffentlich bringe ich ihn nicht wieder zum Lachen – dem Übersetzer Thubten Jinpa danken.

Und nun gebe ich das Wort an Schwester Eileen.

Schwester Eileen: Eure Heiligkeit, dem, was Pater Laurence sagte, weiß ich wenig hinzuzufügen. Als Repräsentantin dieser Gruppe möchte ich aber deutlich machen, daß es uns niemals möglich sein wird, voll und ganz auszudrükken, wie dankbar wir Ihnen sind. Die Art und Weise, wie

Sie die Weisheit Ihrer Kultur und Ihrer Überlieferung mit uns geteilt haben, hilft uns zu erkennen, was geistige Klarheit und Lauterkeit wahrhaft bedeuten. Und dadurch erkennen wir unsere eigene Berufung, genau danach zu streben. Sie waren uns nicht nur durch Ihre Worte ein Lehrer, sondern auch durch Ihre Gegenwart, durch die Liebe, die Sie verströmen, und durch Ihr Mitgefühl. Dies Wort wird nie mehr dieselbe Bedeutung für mich haben! Für mich weiß ich das – und ich nehme an, daß für viele andere Menschen das gleiche gilt: Durch diese Begegnung ist mein Leben verändert worden.

Wir sagen, daß die Heilige Schrift des Christentums das lebendige Wort Gottes ist. An manchen Tagen, wenn wir in die Schrift schauen, kann es allerdings vorkommen, daß sie für uns keine besondere Bedeutung zu haben und bloß dieselbe alte Geschichte zu sein scheint. Doch der Heilige Geist bewirkt eine Gnade, die uns durch jene Zeiten leitet. Sind wir beharrlich, dann erwachen die Worte wieder zu Leben, und sie nehmen eine immer tiefer gehende Bedeutung an. Als ich Sie unsere Schrift lesen hörte, stellte ich fest, daß die Worte Jesu diese immer tiefer gehende Bedeutung für mich hatten. Und ich denke, das kann ich für uns alle hier sagen. Zu meinem Bedauern können wir die uns erwiesene Ehre nicht dadurch erwidern, daß wir so an Ihren Schriften teilhaben, wie Sie an unseren Schriften teilhatten.

Ich möchte Ihnen auch sagen – und dies habe ich von vielen hier gehört –, daß wir angesichts der fortwährend an Ihrem Volk verübten Grausamkeiten großen

Schmerz empfinden. Persönlich fühle ich mich als Bürgerin der Vereinigten Staaten tief beschämt, daß unsere Regierung Ihnen nicht zu Hilfe gekommen ist. Ich kann Ihnen versichern, daß meine Stimme diesbezüglich nicht länger stillschweigen wird.

Jemand hat erwähnt, daß Sie uns mit diesem Seminar ein großes Festmahl bereitet haben und daß wir essen, um leben zu können. Ich denke, wir alle werden dadurch, daß wir mit Ihnen in Kontakt gekommen sind, besser leben. Ich weiß nicht, ob wir uns jemals wieder begegnen werden oder ob ich je wieder das Privileg genieße werde, Ihnen so nahe zu sein, wie ich es während der letzten paar Tage gewesen bin. Aber ich glaube, daß wir in unserer Meditation, daß wir an jenem Ort, an dem wir uns im Gebet und in der Meditation begegnet sind, verbunden sind. Wir können von hier fortgehen, auseinandergehen, doch in dieser Erfahrung werden wir stets durch unser alles verbindendes[66] Bewußtsein zusammen sein.

Eure Heiligkeit, ein ganz großes Dankeschön dafür, daß Sie hier bei uns sind. Ich versichere Sie unserer Gebete, unserer guten Wünsche, unseres Dankes und unseres Segens für alles, was Sie in Zukunft noch tun werden. Ich möchte mit einem Zitat von Thomas Merton schließen, der gesagt hat: »Im Zentrum unseres Seins ist ein Ort des reinen Lichts, unberührt von Sünde oder täuschenden Vorstellungen.« Ich danke Ihnen, denn durch die Ereignisse der letzten Tage haben Sie uns die Möglichkeit gegeben, diesen Ort des reinen Lichts in Ihnen zu erkennen.

Dalai Lama: Ich möchte meine Freude darüber ausdrükken, daß ich diese wenigen überaus kostbaren Tage mit Ihnen teilen durfte. Meine Freundschaft zu Pater Laurence ist im Lauf dieser Tage gewachsen. Auch möchte ich diese Gelegenheit wahrnehmen, um meine aufrichtige Dankbarkeit für all die meiner Arbeit, meinem Land und meinem Volk gegenüber geäußerte Anteilnahme, Sympathie und Unterstützung zum Ausdruck zu bringen. Diese Empfindungen kamen von Herzen, was mich freut und zugleich tief bewegt. Danke.

Auch möchte ich meine tiefe Dankbarkeit Ihnen allen gegenüber zum Ausdruck bringen, die bei diesen Lesungen und Gesprächen zugegen waren. Obgleich das, was ich zu sagen hatte, ziemlich skizzenhaft und improvisiert war, konnte ich feststellen, wie aufmerksam und konzentriert Sie waren. Das hat mich sehr berührt. Falls Ihnen also Ihre Teilnahme an diesem Seminar oder das, worüber wir gesprochen haben, auch nur ein klein wenig in Ihrem Alltag zugute kommt, habe ich meine Aufgabe erfüllt.

Ich bitte Sie darum: Sorgen Sie dafür, daß Sie dieses kostbare Menschenleben so sinnvoll wie möglich nutzen.

Der christliche Kontext

von Pater Laurence Freeman

*D*ie acht für das Seminar ausgewählten Textstellen aus den Evangelien repräsentieren den jeweiligen Stil der vier kanonischen Evangelisten Matthäus, Markus, Lukas und Johannes. In großen Zügen geben diese Passagen auch einen Überblick über das Spektrum des christlichen Verständnisses Jesu: seiner Lehre, seiner Natur, seiner Kraft, die aus seinem Wissen vom Vater erwächst, und schließlich – das Kernstück des christlichen Glaubens – seiner Auferstehung. Natürlich läßt diese Textauswahl weite, für Christen bedeutsame Bereiche des Evangeliums außer Betracht, etwa die Eucharistie. Die Auswahl soll nicht mehr sein als ein repräsentativer Ausschnitt aus dem christlichen Glauben. Doch weisen diese Passagen anregende Entsprechungen und Unterschiede auf. Und über sie können wir im Dialog nachdenken: in einem Dialog, der im Schweigen, in der geheiligten Meditationserfahrung unseres eigenen Glaubens und unserer eigenen Überlieferung, seinen Ausgang nimmt und darin endet.

Anhand der Videoaufnahmen vom Seminar hat sich schon gezeigt, wie der dort begonnene Dialog fortgesetzt werden kann – und daß er fortgesetzt worden ist. Gruppen von Buddhisten und Christen treffen sich, meditieren, sehen sich eine Videosequenz an und diskutieren dann darüber. Wir hoffen, daß das vorliegende Buch diesen Dialog noch weiter voranbringen wird.

In diesem Kapitel stelle ich jeden Abschnitt aus den Evangelien, dem die Betrachtungen des Dalai Lama gelten, kurz in einen christlichen Kontext. Dies soll all denjenigen, die mit den Evangelien ganz und gar nicht vertraut sind, einen einfachen Bezugspunkt geben, von dem aus sie die Herkunft des Textes und die Bedeutung seiner Sprache besser verstehen können.

Die buddhistische Stellungnahme zu den Texten, die kommentierende Betrachtung Seiner Heiligkeit, macht natürlich den Kern dieses Buches aus. Um herauszufinden, wo dort jeweils auf die acht Textstellen aus den Evangelien eingegangen wird, schauen Sie bitte im Inhaltsverzeichnis nach.

In diesen kurzen Einführungen zu den Texten aus den Evangelien mit ihrer so außerordentlich dichten und reichhaltigen Bedeutung habe ich technische bzw. fachliche Bezüge vermieden. Jeder Dialog, der auf solchen Textstellen basiert, wird einzigartig sein. Er wird jeweils ein für ihn charakteristisches »Webmuster« zutage treten lassen – ein nur ihm eigentümliches Geflecht aus den aufrichtigen Überzeugungen und Einstellungen der teilnehmenden Buddhisten oder Christen. Während der Dalai Lama sich auf die Lesung der Evangeliumstexte vorbereitete, sagte er, er wolle nicht den christlichen Glauben der Seminarteil-

nehmer in Frage stellen oder untergraben. Tatsächlich war
es so, daß aus seinen Einsichten in die Evangelien für die
Christen eine Vertiefung und Klärung ihres Glaubens
resultierte und bei den Buddhisten Sympathie und Verständnis zunahmen. Üben wir uns im Dialog, so kommt
es nicht darauf an, daß wir mit endgültigen Antworten
aufwarten können. Entscheidend ist, daß wir zu einer
tiefgründigeren und vollständigeren Sicht jener Wahrheit
finden, die alles enthält und alles erfüllt – und die uns
alle, wie Jesus gesagt hat, letzten Endes von Angst und Unwissenheit befreien wird.

Liebe deinen Feind

Matthäus 5, 38–48

Ihr habt gehört, daß gesagt worden ist: Auge für
Auge und Zahn für Zahn. Ich aber sage euch: Lei-
stet dem, der euch etwas Böses antut, keinen Widerstand, sondern wenn dich einer auf die rechte
Wange schlägt, dann halt ihm auch die andere
hin. Und wenn dich einer vor Gericht bringen
will, um dir das Hemd wegzunehmen, dann laß
ihm auch den Mantel. Und wenn dich einer zwingen will, eine Meile mit ihm zu gehen, dann geh
zwei mit ihm. Wer dich bittet, dem gib, und wer
von dir borgen will, den weise nicht ab.
Ihr habt gehört, daß gesagt worden ist: Du sollst

deinen Nächsten lieben und deinen Feind hassen. Ich aber sage euch: Liebt eure Feinde und betet für die, die euch verfolgen, damit ihr Söhne eures Vaters im Himmel werdet; denn er läßt seine Sonne aufgehen über Bösen und Guten, und er läßt regnen über Gerechte und Ungerechte. Wenn ihr nämlich nur die liebt, die euch lieben, welchen Lohn könnt ihr dafür erwarten? Tun das nicht auch die Zöllner? Und wenn ihr nur eure Brüder grüßt, was tut ihr damit Besonderes? Tun das nicht auch die Heiden?

Ihr sollt also vollkommen sein, wie es auch euer himmlischer Vater ist.

Der christliche Kontext

Die Bergpredigt findet man ziemlich weit vorn im Evangelium des Matthäus, dem ersten der vier Evangelien. Genau wie alle anderen Evangelien wurde es nicht als historischer Bericht abgefaßt – sollte dementsprechend auch nicht als solcher gelesen werden. Vielmehr beschreibt es die in einen geschichtlichen Bezug gesetzte Erfahrung der Auferstehung. Im Licht der Auferstehung sind alle Evangelien zu verstehen. Das Wort *Evangelium* kommt aus dem Griechischen (*evangelon*) und bedeutet ursprünglich »gute Nachricht«.

Alle vier *Evangelisten* gehen unter einem jeweils eigenen Gesichtspunkt an das Leben und die Lehre Jesu heran, da jeder von ihnen für eine andere Zuhörerschaft schreibt.

Das erklärt die Unterschiede. Alle Evangelien waren ursprünglich mündliche (aramäische) Überlieferungen, bis sie dann (auf griechisch) niedergeschrieben wurden. Zum Beispiel wurde das Evangelium des Matthäus wahrscheinlich ungefähr siebzig Jahre nach dem Tod und der Auferstehung Jesu für eine jüdische Gruppe von Christen aufgeschrieben.

Die hier gewählte Passage aus dem Evangelium des Matthäus ist ein Auszug aus der Bergpredigt, einer in allen vier Evangelien aufgezeichneten Lehrrede Jesu. Buddhisten werden dabei an Buddhas Rede im Wildpark zu Sarnath denken. Jesus hat die Bergpredigt vor einer großen Menschenmenge unter freiem Himmel gehalten. Sie bildet die Essenz seiner religiösen und ethischen Lehre. Zum Beispiel hebt er hervor, wie wichtig es ist, über bloße rituelle Äußerlichkeiten hinaus zur Religion des Herzens zu gelangen.

Im ersten Teil dieser Passage lehrt Jesus seine Anhänger, daß sie nicht an denen, die ihnen Leid zufügen, Vergeltung üben sollen. Dieser Gedanke steht in Gegensatz zum uralten Rachegebot im Nahen Osten. Jesus sagt sogar, wir sollten denen, die uns Leid zufügen, keinen Widerstand entgegensetzen. In einer – für die jüdische Tradition charakteristischen – Zuspitzung der Formulierung streicht er diesen Punkt noch stärker heraus: Wenn man uns auf die Wange schlägt, sollten wir auch gleich die andere Wange hinhalten und alles hergeben, was man von uns verlange. Christen sollen nicht nur nachgeben, sondern mehr geben, als man von ihnen verlangt.

Man versteht den Hinweis auf Hemd und Mantel besser, wenn man weiß, daß der palästinensische Landarbeiter jener Zeit *nur* diese beiden Kleidungsstücke trug.

Den Grundsatz des Nicht-Widerstrebens und Nachgebens könnte man nicht klarer aussprechen. Nichtsdestoweniger hat es in der Geschichte des Christentums viele Rationalisierungen dieser Lehren gegeben.

Im zweiten Teil dieser Textstelle heißt es: »Liebet eure Feinde.« Mit dem »Nächsten« ist hier jeder in unserer Nachbarschaft oder dem weiteren gesellschaftlichen Umfeld gemeint. »Feind« kann jemand sein, der uns Leid zufügt, oder einfach ein Außenstehender oder Fremder. Es reicht demnach nicht aus, wenn wir »unseren Nächsten lieben«. Allein damit läßt sich das volle menschliche Potential, »wie Gott« zu sein, nicht verwirklichen.

Die frühchristlichen Denker haben gesagt, Gott sei Mensch geworden, damit der Mensch Gott werden könne. Hier lehrt Jesus uns, daß wir »Kinder Gottes« werden, indem wir alle Menschen unparteiisch so lieben, wie Gott dies tut. Gottes Güte ist grenzenlos: Die menschliche Güte sollte dem gleichkommen. Das hebräische Wort für *Güte* an dieser Stelle bedeutet »ganz« oder »integral«.[67] Die Liebe zu unseren Feinden gewährleistet die Unversehrtheit des menschlichen Lebens überhaupt.

Die »Zöllner« waren die Handlanger der römischen Streitkräfte, die Palästina besetzt hatten – ganz so, wie die chinesischen Streitkräfte in unseren Tagen Tibet besetzt halten.

Die Bergpredigt:
Die Seligpreisungen

Matthäus 5, 1–16

Als Jesus die vielen Menschen sah, stieg er auf einen Berg. Er setzte sich, und seine Jünger traten zu ihm. Dann begann er zu reden und lehrte sie:

Er sagte:
Selig, die arm sind vor Gott;
    denn ihnen gehört das Himmelreich.
Selig die Trauernden;
    denn sie werden getröstet werden.
Selig, die keine Gewalt anwenden;
    denn sie werden das Land erben.
Selig, die hungern und dürsten nach der Gerechtigkeit;
    denn sie werden satt werden.
Selig die Barmherzigen;
    denn sie werden Erbarmen finden.
Selig, die ein reines Herz haben;
    denn sie werden Gott schauen.
Selig, die Frieden stiften;
    denn sie werden Söhne Gottes genannt werden.
Selig, die um der Gerechtigkeit willen verfolgt werden;
    denn ihnen gehört das Himmelreich.
Selig seid ihr, wenn ihr um meinetwillen beschimpft und verfolgt und auf alle mögliche Wei-

se verleumdet werdet. Freut euch und jubelt: Euer Lohn im Himmel wird groß sein. Denn so wurden schon vor euch die Propheten verfolgt.

Ihr seid das Salz der Erde. Wenn das Salz seinen Geschmack verliert, womit kann man es wieder salzig machen? Es taugt zu nichts mehr; es wird weggeworfen und von den Leuten zertreten.

Ihr seid das Licht der Welt. Eine Stadt, die auf einem Berg liegt, kann nicht verborgen bleiben. Man zündet auch nicht ein Licht an und stülpt ein Gefäß darüber, sondern man stellt es auf den Leuchter; dann leuchtet es allen im Haus. So soll euer Licht vor den Menschen leuchten, damit sie eure guten Werke sehen und euren Vater im Himmel preisen.

Der christliche Kontext

Diese Passage steht am Anfang der Bergpredigt. In den Seligpreisungen führt Jesus uns die Natur von Seligkeit und Glück vor Augen. Dies steht in Einklang mit der gesamten biblischen Überlieferung, die hervorhebt, daß innere Qualitäten und wahres Glück Hand in Hand gehen. Das griechische Wort *makarios* beinhaltet beide Bedeutungen: »gesegnet« und »glücklich«. In diesen acht Seligpreisungen zeigt Jesus die wahre Natur menschlicher Zufriedenheit auf und beschreibt in Form von Paradoxien eine moralische Revolution in der menschlichen Natur, die noch nicht vollendet ist. Daher ist das Reich Gottes zwar »hier«, doch zugleich »steht es noch bevor«.

1. Diejenigen, »die arm sind vor Gott«: Damit sind gleichermaßen die unter materiellem Mangel leidenden Menschen auf der Welt gemeint, um die Jesus sich ganz besonders gekümmert hat, wie auch die allgemeingültige menschliche Bedingtheit, auf Gott angewiesen zu sein. Wenn Menschen wissen, daß sie nicht selbstgenügsam, sondern wechselseitig aufeinander angewiesen und füreinander verantwortlich sind, so bedeutet dies: Sie »wissen, daß sie arm sind vor Gott«, daß sie »arm im Geist« sind. In diesem Sinn bezeichnet der Ausdruck auch eine nicht-besitzergreifende oder nicht-anhaftende Einstellung allem und jedem gegenüber.

2. Die »Trauernden« sind selig: Sie haben der wesensmäßigen Trennung von Gott im gegenwärtigen Erfahrungsbereich ins Auge geschaut. »Trauer« bezieht sich hier nicht nur auf äußeres Leid, sondern auf die Natur der menschlichen Daseinsverfassung als solche, auf das Ringen um Erfüllung. Tröstung bedeutet Erlösung oder Befreiung.

3. Die »Sanftmütigen«, die »keine Gewalt anwenden«, werden die Erde erben: Nicht-Widerstreben ist die beste Art und Weise, Übel zu überwinden. Die »Erde« meint nicht notwendigerweise dieses gegenwärtige Leben. Übel ist stets selbstzerstörerisch. Sein Scheitern beruht auf seiner Endlichkeit. Sanftheit triumphiert, weil sie unbegrenzt ist.

4. Die Liebe zum Recht, zur Gerechtigkeit bringt wahres Glück: Rechtschaffenheit bedeutet, daß man seinen Willen

mit dem Willen Gottes vereint. Sie ist untrennbar vom – in der Lebenswirklichkeit sich erweisenden – Mitgefühl.

5. Dadurch, daß man anderen gegenüber Barmherzigkeit zeigt, macht man sie zu barmherzigen Menschen. Im Neuen Testament sind zwei der großen Werke der Barmherzigkeit genannt: den Armen zu geben und seinen Feinden zu vergeben.

6. Die »reinen Herzens sind« werden Gott schauen: Reinheit des Herzens ist die Fähigkeit, die Wirklichkeit unverzerrt von Egoismus so zu sehen, wie sie ist. Das ist etwas anderes als die Reinheit des religiösen Rituals und auch als die »moralische Reinheit« im üblichen Sinn.

7. Die »Friedfertigen« sind Kinder Gottes: Die Aussöhnung mit Feinden ist ein christliches Werk, das zu verrichten die Evangelien uns vielfach nahelegen. Diese Menschen haben teil an der göttlichen Natur, wie der heilige Petrus in einem seiner Briefe sagt, weil es in Gottes Natur liegt, Frieden und Einheit zu stiften, wo Entzweiung und Trennung herrschen. Ein Kind hat teil am Sein seiner Eltern.

8. In der nächsten Aussage dieser Passage versichert Jesus seinen Anhängern nochmals, daß »um der Gerechtigkeit willen« hingenommenes Leid reichen Lohn bringen wird: Dies hier ist eine Aussage über die Jüngerschaft Jesu. Das individuelle Leid eines Christen steht in persönlichem Bezug zu Jesus. Die Frühchristen waren eine verfolgte Minderheit.

Schließlich macht Jesus seinen Anhängern deutlich, welche Bedeutung sie für die Welt haben – sie seien das Salz der Wirklichkeit und das Licht der Wahrheit. Sichtbar und hörbar ist ihre Mission anhand ihrer Werke. Diese kommen aus dem Bewußtsein, daß der Mensch in seinem Wesenskern gut ist, daß er ein gütiges Herz besitzt.

Gleichmut

Markus 3, 31–35

Da kamen seine Mutter und seine Brüder; sie blieben vor dem Haus stehen und ließen ihn herausrufen. Es saßen viele Leute um ihn herum, und man sagte zu ihm: Deine Mutter und deine Brüder stehen draußen und fragen nach dir. Er erwiderte: Wer ist meine Mutter, und wer sind meine Brüder? Und er blickte auf die Menschen, die im Kreis um ihn herumsaßen, und sagte: Das hier sind meine Mutter und meine Brüder. Wer den Willen Gottes erfüllt, der ist für mich Bruder und Schwester und Mutter.

Der christliche Kontext

Das Markus-Evangelium ist das kürzeste Evangelium. Traditionell sagt man, verfaßt habe es ein Jünger des heiligen Petrus, des ersten aus dem Kreis der zwölf engsten Jünger

Jesu, der *Apostel*. Als erstes Evangelium wurde es – ungefähr im Jahr 65 – wahrscheinlich für Neuchristen nichtjüdischer Herkunft in Rom verfaßt, wo der heilige Petrus hingerichtet wurde.

Markus glaubt, daß durch Jesu Lehre vom Himmelreich ein neues Weltzeitalter begonnen hat. Dieses Himmelreich ist nicht einfach nur ein Dogma der christlichen Lehre, sondern ein Mysterium oder Geheimnis der letztendlichen Wirklichkeit. Jesus selbst verkörpert und offenbart es seinen Jüngern.

Daher besteht Jesu Mission vor allem darin, seine wahre Identität bis ins letzte zu offenbaren. Das geschieht durch sein Wirken als Lehrer und durch die Beziehung zwischen ihm und seinen Jüngern. In diesem Evangelium tritt oft deutlich zutage, daß die Jünger nicht verstehen, was Jesus sie lehrt.

Diese Textstelle folgt auf den Bericht, in dem Jesus seine zwölf Hauptjünger auswählt und sie aussendet, das Reich Gottes zu verkünden. Er kehrt nach Hause zurück, wo seine Familie denkt, er sei verrückt geworden. Seit er öffentlich predigte, hat Jesus die religiösen Autoritäten, die Pharisäer, gegen sich aufgebracht, da er mit starker persönlicher Autorität gegen ihre Heuchelei Stellung bezog. Sie und andere beschuldigten ihn, von einem Teufel besessen zu sein. Jesus ist gerade damit beschäftigt zu lehren, als man ihm sagt, seine Mutter und Mitglieder seiner Familie seien gekommen, um ihn zu sprechen. Vermutlich kommen sie nicht herein, weil sie mißbilligen, was er tut, oder weil es ihnen angst macht. Mit seiner Antwort weist er sie nicht als seine Verwandten zurück. Vielmehr ist er ihrem irrigen Verständnis seiner Lehre und seiner Mission gegenüber abweisend.

An die Stelle der natürlichen Bindung durch Blutsverwandtschaft setzt er eine andere Bindung: Sie vereint alle jene Menschen, die – wie er – »Gottes Willen erfüllen«. Wir erkennen hier erneut die Vorstellung, daß die »Kinder Gottes« an der universalen Natur des Göttlichen teilhaben.

Das »Reich Gottes« stellt an uns als Individuen radikale Anforderungen. Ein »Kind Gottes« sein heißt erkennen, daß jede menschliche Beziehung auf unsere Beziehung zu Gott angewiesen ist. Für den Christen wird diese Beziehung innerhalb unserer Beziehung zu Jesus faßbar. Gott ist unerkennbar und unsichtbar, doch unsere Beziehung zu Gott kommt darin zum Ausdruck, wie wir uns zueinander verhalten. Darum führt uns unsere Beziehung zum auferstandenen Jesus auch zu einer erfüllteren Beziehung zu unseren Mitmenschen. Hierin liegt der Ursprung unserer Vorstellung von der Kirche als dem »Leib Christi«, der harmonischen Gesamtheit all seiner Jünger und, sofern er der alles umfassende Logos ist, des gesamten Kosmos.

Dies ist eine der zahlreichen Textstellen, in denen Maria in Erscheinung tritt, die Mutter Jesu, deren Verehrung insbesondere bei den Katholiken eine starke Tradition hat. Maria ist kein göttliches Wesen, sondern eine historische Person von einzigartiger Heiligkeit und Empfänglichkeit für Gott. In den Augen vieler Christen nimmt sie uns gegenüber eine ganz besondere liebevolle Fürsorge wahr. Wenn sie sich um die leidende Menschheit kümmert, so ist dies ein Weg, die Menschen zum Leib Christi, ihres Sohnes, zu bringen.

Das Reich Gottes

Markus 4, 26–34

Er sagte: Mit dem Reich Gottes ist es so, wie wenn ein Mann Samen auf seinen Acker sät; dann schläft er und steht wieder auf, es wird Nacht und wird Tag, der Samen keimt und wächst, und der Mann weiß nicht, wie. Die Erde bringt von selbst ihre Frucht, zuerst den Halm, dann die Ähre, dann das volle Korn in der Ähre. Sobald aber die Frucht reif ist, legt er die Sichel an, denn die Zeit der Ernte ist da.

Er sagte: Womit sollen wir das Reich Gottes vergleichen, mit welchem Gleichnis sollen wir es beschreiben? Es gleicht einem Senfkorn. Dieses ist das kleinste von allen Samenkörnern, die man in die Erde sät. Ist es aber gesät, dann geht es auf und wird größer als alle anderen Gewächse und treibt große Zweige, so daß in seinem Schatten die Vögel des Himmels nisten können.

Durch viele solche Gleichnisse verkündete er ihnen das Wort, so wie sie es aufnehmen konnten.

Er redete nur in Gleichnissen zu ihnen; seinen Jüngern aber erklärte er alles, wenn er mit ihnen allein war.

Der christliche Kontext

Jesus lehrte mit Hilfe von Gleichnissen, einfachen Geschichten und Analogien, die den kleinen Dingen des alltäglichen Lebens entlehnt sind. Er bedient sich dieser beiden Gleichnisse, um das »Reich Gottes« zu beschreiben, den Kern seiner Lehre. Daher gibt uns diese Textstelle zwei lohnende Bereiche zum Nachdenken: die spirituelle Lehrmethode mit Hilfe von Parabeln und die Bedeutung des »Reich Gottes« in der Lehre Jesu.

Zuvor hatte Jesus seinen Jüngern gesagt, in der Öffentlichkeit lehre er in Gleichnissen, ihnen hingegen sei das »Geheimnis vom Reich Gottes zuteil geworden«. Obwohl seine Lehre jedermann offen zugänglich war, bestand ein Unterschied darin, wie die Menschen auf sie reagierten oder sie verstanden. Er berücksichtigte, daß jeder Mensch über ein anderes Auffassungsvermögen verfügt. Aber jeder ist auch dazu aufgerufen, das volle menschliche Potential, »wie Gott« zu sein, zu verwirklichen – und kann dies auch erreichen, wenn es sein oder ihr Wunsch ist, das Wirken der göttlichen Gnade zu unterstützen.

Statt vom Reich Gottes könnte man, um seine dynamische Bedeutung besser zu erfassen, auch von der »Kraft« Gottes sprechen. Dabei handelt es sich, wie John Main gesagt hat, nicht um einen Ort, sondern um eine Erfahrung.

Jesus hat gesagt (Matthäus 11, 25), das Reich Gottes werde nicht den Gebildeten und Gescheiten offenbart, sondern den Demütigen und Einfältigen. Als er am Ende seines Lebens aufgefordert wurde, durch Einsatz seiner königlichen Macht seinen Tod abzuwenden, da sagte er, er sei ein König, doch sein Reich sei »nicht von dieser Welt«.

Offenbart wird das Reich Gottes durch die Wechselwirkung zwischen der Lehre Jesu und seinen Zuhörern, und in dieser *Enthüllung* der Wahrheit liegt die Dynamik von »Gottes Wort«.

Im Gleichnis vom Reich Gottes sagt Jesus, es habe eine paradoxe Bedeutung: Wie der Samen, der sich in die Erde senkt, müsse es vergehen, falls es eine Ernte geben soll. Die beiden hier aufgeführten Gleichnisse verwenden auch Metaphern vom natürlichen Wachstum, um zu beschreiben, auf welche Weise das Reich Gottes verwirklicht wird. Daraus ersehen wir, daß es sich um einen lebenslangen Prozeß handelt.

Im ersten Gleichnis beschreibt Jesus, wie in einem Menschen das Reich Gottes Tag für Tag wächst, ohne daß er oder sie sich normalerweise dessen bewußt ist. Dieses Wachstum bringt eine Ernte hervor: Jesus sagte, er sei gekommen, damit »der Mensch die ganze Lebensfülle haben könne«. Das Reich Gottes ist also die Fülle des menschlichen Lebens, das heißt, die vollständige Teilhabe an Gottes Natur.

Das zweite Gleichnis zeigt, daß die Fülle des Lebens keine private, individuelle Erfahrung ist. Sie beginnt im Kleinen, innerhalb der Begrenztheit unseres individuellen

Egoismus. Je weiter sie wächst, um so mehr überschreitet sie jedoch diese Begrenzungen und wird zu einer Erfahrung grenzenloser Offenheit und Großzügigkeit.

Obgleich die Symbole von König und Königreich den Gedanken an irdische Macht nahelegen, betont Jesus, daß die Macht Gottes nichts mit Kraft und Gewalt zu tun hat, sondern mit Liebe. Dem Neuen Testament zufolge kennzeichnen daher diese Eigenschaften das Reich Gottes: »Liebe, Freude, Frieden, Geduld, Freundlichkeit, Güte, Sanftmut, Treue und Selbstbeherrschung.«

Die Verklärung

Lukas 9, 28–36

Etwa acht Tage nach diesen Reden nahm Jesus Petrus, Johannes und Jakobus beiseite und stieg mit ihnen auf einen Berg, um zu beten. Und während er betete, veränderte sich das Aussehen seines Gesichtes, und sein Gewand wurde leuchtend weiß. Und plötzlich redeten zwei Männer mit ihm. Es waren Mose und Elija; sie erschienen in strahlendem Licht und sprachen von seinem Ende, das sich in Jerusalem erfüllen sollte. Petrus und seine Begleiter aber waren eingeschlafen, wurden jedoch wach und sahen Jesus in strahlendem Licht und die zwei Männer, die bei ihm standen. Als die beiden sich von ihm trennen wollten, sagte Petrus zu Jesus: Meister, es ist gut, daß wir hier sind. Wir wollen drei Hütten bauen, eine für dich, eine für Mose und eine für Elija. Er wußte aber nicht, was er sagte. Während er noch redete, kam eine Wolke und warf ihren Schatten auf sie. Sie gerieten in die Wolke hinein und bekamen Angst. Da rief eine Stimme aus der Wolke: Das ist mein auserwählter Sohn, auf ihn sollt ihr hören. Als aber die Stimme erklang, war Jesus wieder allein. Die Jünger schwiegen jedoch über das, was sie gesehen hatten, und erzählten in jenen Tagen niemand davon.

Der christliche Kontext

An diesem Punkt in der Darstellung des Lukas-Evangeliums hat Jesus gerade auf wunderbare Weise die aus 5000 Personen bestehende Menschenmenge gesättigt. Danach lehrte er, was Jüngerschaft bedeutet: »Wer mir nachfolgen will, der muß sich selbst preisgeben. Wer sein Leben retten will, muß es verlieren.« So werden wir auf die nachfolgenden Verse vorbereitet. In ihnen wird uns in einzigartiger Weise das verborgene Licht in Jesus offenbart – ein Licht, das in den Geist wie auch in die Materie, in den Körper wie in die Seele ausstrahlt.

Dies ist ein geheimnisvoller Textabschnitt. Er beruht auf einem tatsächlichen Geschehen, das auch an anderer Stelle im Neuen Testament erwähnt wird. Zugleich aber beschreibt er die Situation auf höchst symbolische Weise. Ein bedeutsames Symbol ist das Gespräch mit Moses und Elija während der Verklärungsvision. Moses hat den

Menschen die jüdischen Gebote, die Torah, übermittelt, und Elija war einer der größten jüdischen Propheten. Beide zusammen verkörpern die beiden Eckpfeiler der jüdischen Religion: Die Kommunikation mit Gott durch die Tora und die Propheten. Jesus wird zu dieser Überlieferung in Verbindung gesetzt und als ihr Gipfelpunkt angesehen.

Von kultureller und religiöser Herkunft war Jesus natürlich Jude. Doch seine persönliche Gotteserfahrung brachte ihn über die eigene Individualität ebenso hinaus wie über kulturelle Konditionierungen.

Die stärker auf innere Vorgänge bezogenen Symbole der Textstelle verweisen auf die Natur der Erleuchtung Jesu. Zunächst wird in der Vision beschrieben, wie er mit Moses und Elija über sein »Fortgehen«, seinen Tod spricht und über die Bestimmung, die er in Jerusalem erfüllen wird: Kreuzigung und Auferstehung. Das bedeutet, daß seine volle Erleuchtung durch Leid zustandekommen wird.

Der grausame Tod, den Jesus auf sich nahm, besagt allerdings nicht, daß Leid uns rettet. Vielmehr symbolisiert sein Kreuzestod, daß die göttliche Liebe alles nur Erdenkliche tun wird, um sich den Menschen mitzuteilen. Darum ist das Kreuz ein Symbol der Liebe, und es dient der Transformation. Das Leid erhält dadurch eine positive oder erlösende Bedeutung.

Bei seiner Verklärung hatte Jesus seine engsten Jünger bei sich. Doch hier – wie bei anderen Gelegenheiten – zeigt sich, daß sie noch nicht imstande waren, ihn voll und ganz zu verstehen. Das wirkliche Verständnis erschloß sich ihnen erst nach der Auferstehung, als Jesus ihnen erschien und den Heiligen Geist in sie eintreten ließ. Zu diesem Zeitpunkt hingegen vermochten seine Jünger nur mit Einschränkungen zu verstehen, was er ihnen zeigte. Aus diesem Grund hat er ihnen verboten, über das zu sprechen, was sie gesehen hatten.

Das tiefgründigste Symbol in der Geschichte ist die Wolke, durch die Gott offenbart, daß Jesus sein Sohn ist, sein Auserwählter, und daß die Menschen ihm Gehör schenken sollen. Dies ist ein Mysterium jenseits der Grenzen von Raum und Zeit. Das, was – vor und nach seinem Tod – in und durch Jesus geschieht, kann man daher in gewisser Weise als identisch ansehen.

Die Wolke ist ein biblisches Symbol für das Mysterium Gottes: Er kann nicht erkannt werden – auch dann nicht, wenn er sich selbst offenbart. Einzig und allein durch die Liebe können wir Gott erkennen. Dies ist die Essenz aller christlichen Mystik.

Die Aussendung der zwölf Jünger

Lukas 9, 1–6

Dann rief er die Zwölf zu sich und gab ihnen die Kraft und die Vollmacht, alle Dämonen auszutreiben und die Kranken gesund zu machen. Und er sandte sie aus mit dem Auftrag, das Reich Gottes zu verkünden und zu heilen. Er sagte zu ihnen: Nehmt nichts mit auf den Weg, keinen Wanderstab und keine Vorratstasche, kein Brot, kein Geld und kein zweites Hemd. Bleibt in dem Haus, in dem ihr einkehrt, bis ihr den Ort wieder verlaßt. Wenn euch aber die Leute in einer Stadt nicht aufnehmen wollen, dann geht weg, und schüttelt den Staub von euren Füßen, zum Zeugnis gegen sie. Die Zwölf machten sich auf den Weg und wanderten von Dorf zu Dorf. Sie verkündeten das Evangelium und heilten überall die Kranken.

Der christliche Kontext

Das Evangelium des heiligen Lukas ist wahrscheinlich nach der Zerstörung Jerusalems durch die Römer im Jahr 70 niedergeschrieben worden. Von Lukas wird uns überliefert, daß er von Beruf Arzt und schon in jungen Jahren ein Schüler des heiligen Paulus war. Unter den vier Verfassern des Evangeliums ist er derjenige mit den größten literarischen Qualitäten. In der Einleitung seines Evangeliums heißt es, daß er viele Nachforschungen betrieb, um historische Informationen über Jesus aus erster Hand zu erhalten.

Diese Textstelle steht in einem Abschnitt, der einige der vielen Wunder Jesu schildert. Allerdings richtet Lukas sein Augenmerk dabei vor allem darauf, wie Jesus – vor seinem Tod und ebenso danach – seine Jünger in die Lage versetzt, seine Mission weiterzuführen und den Menschen seine Botschaft zu überbringen.

Jesus ruft die auserwählte Gruppe der zwölf Apostel zusammen und verleiht ihnen »Kraft und Vollmacht«. Da es sich dabei um ureigene spirituelle Eigenschaften Jesu handelt, kann er sie auf andere übertragen. Und diese Eigenschaften sind besonders mit der Überwindung von Dämonen und der Heilung von Krankheiten verknüpft. Doch in erster Linie steht diese Übertragung im Dienst der Verkündung des »Reich Gottes«. Die Wunder sind Zeichen der Kraft und Kommunikationsmittel, erfüllen aber im wesentlichen die Aufgabe, vom Reich Gottes Zeugnis abzulegen: Die Wunder zeigen, daß das Reich Gottes in uns, daß es unmittelbar bei uns ist. An einer Stelle im Evangelium des Markus trägt Jesus den Anwesenden auf, seine Wunder nicht in aller Öffentlichkeit bekannt zu machen.

Bei anderer Gelegenheit wurde Jesus gefragt, wann das Reich Gottes in Erscheinung treten werde. Die Menschen dachten, dabei würde es sich um ein äußeres Geschehnis, einen »Gottesstaat«, handeln. Er antwortete jedoch: »Der Beginn des Gottesreichs ist nicht äußerlich wahrnehmbar, denn in Wahrheit ist das Reich Gottes in euch.«

Nach Jesu Tod kam sein Heiliger Geist auf seine Jünger herab. So wurden sie autorisiert, vom Mysterium der Erlösung in seiner ganzen Fülle und von der wahren Natur Jesu zu berichten. Zu seinen Lebzeiten hingegen verkündeten sie die Botschaft vom Nahen des Gottesreichs.

Die Verknüpfung zwischen dem Reich Gottes und der Heilung von Krankheiten ist ein wichtiges christliches

Thema. Das Reich Gottes haben wir uns nicht persönlich ausgedacht. Welche Vorkehrungen ein Mensch auch trifft, um sich gegen Gott zu sperren – besonders verletzlich sind wir dort, wo wir leiden. Heilung spricht daher den tiefsten, oft auch den verborgensten Teil in uns an.

Der Mensch verwirklicht das Reich Gottes – oder betritt es – im Kontext des alltäglichen Lebens. Leid ruft bei Jesus Mitgefühl hervor, so wie bei uns. Natürlich konzentriert man sich allzu leicht darauf, körperliche Leiden zu kurieren, und versäumt es, den ganzen Menschen zu heilen. Darin jedoch gewinnt das Reich Gottes erst seine volle Bedeutung.

Die Anweisungen, die Jesus seinen Jüngern gibt, als sie beginnen, die gute Nachricht zu verkünden, beschreiben eine ganz bestimmte Einstellung und Lebensweise: die des vollkommenen Gottvertrauens. Ihr Leben muß vom Erfolg oder Scheitern ihrer Mission völlig unberührt bleiben. Falls ihre Botschaft auf Ablehnung stößt, müssen sie »den Staub von [ihren] Füßen schütteln« und sich an einen anderen Ort begeben.

Die Lebensweise eines Jüngers Jesu beinhaltet materielle Armut und radikale Einfachheit. In einem buchstäblichen Sinn beschreibt dies das klösterliche Leben, auf symbolischer Ebene den Weg jedes wahrhaft spirituell Suchenden oder spirituellen Schülers. Und das Evangelium setzt hier auch voraus, daß den Menschen, die in besonderer Weise mit der Vermittlung der Lehre Jesu betraut sind, breite Unterstützung gebührt.

Glauben

Johannes 12, 44–50

Jesus aber rief aus: Wer an mich glaubt, glaubt nicht an mich, sondern an den, der mich gesandt hat, und wer mich sieht, sieht den, der mich gesandt hat. Ich bin das Licht, das in die Welt gekommen ist, damit jeder, der an mich glaubt, nicht in der Finsternis bleibt. Wer meine Worte nur hört und sie nicht befolgt, den richte nicht ich, denn ich bin nicht gekommen, um die Welt zu richten, sondern um sie zu retten. Wer mich verachtet und meine Worte nicht annimmt, der hat schon seinen Richter: Das Wort, das ich gesprochen habe, wird ihn richten am Letzten Tag. Denn was ich gesagt habe, habe ich nicht aus mir selbst, sondern der Vater, der mich gesandt hat, hat mir aufgetragen, was ich sagen und reden soll. Und ich weiß, daß sein Auftrag ewiges Leben ist. Was ich also sage, sage ich so, wie es mir der Vater gesagt hat.

Der christliche Kontext

Vom Evangelium des Johannes heißt es traditionell, es sei vom »Lieblingsjünger« Jesu verfaßt worden. Es beschreibt Jesus als den *Logos* (griechisch für »Wort« oder »Weisheit«) Gottes. Das Leben und die Lehre Jesu wird im Licht allumfassender Weisheit gesehen. Sie verleiht jedem einzelnen Vorkommnis im Leben Jesu eine symbolische Bedeutung. Die frühesten Überlieferungen haben Jesus nicht als Gott bezeichnet. Das war eine spätere Entwicklung. Der heilige Johannes jedoch spricht schon von der innigen Beziehung zwischen Jesus und Gott. Jesus stand zu Gott in einer einzigartigen Beziehung – der des *Sohnes* zum *Vater*.

Diese Textstelle faßt viele Reden Jesu im Evangelium des Johannes zusammen. In diesen Worten können wir die Stimme Jesu ebenso vernehmen, wie wir ihnen frühchristliches Denken entnehmen können.

Jesus macht es immer wieder deutlich: Zentrum seines Bewußtseins ist der Vater. Wenn also die Menschen an ihn glauben, glauben sie an Gott, nicht nur an Jesus. Er sagt, der Vater habe ihn gesandt. Das heißt: Das Leben Jesu war eine *Mission*. Jesus erkennen heißt den Vater erkennen, der ihn gesandt hat. In der Beziehung zwischen Jesus und dem Vater kann es keinerlei Bruch geben, sie ist *advaitisch*.[68]

Jesus bezeichnet sich als das Licht, das in die Welt kommt, um die Finsternis zu vertreiben. »Glauben« an Jesus bedeutet daher weit mehr, als eine dogmatische Überzeugung zu haben. Glauben bedeutet eine persönliche Beziehung zu ihm – und somit zu der Wirklichkeit, an der er teilhatte. Diese Beziehung ist der Prozeß der Erleuchtung, der die Finsternis und Angst aus dem menschlichen Herzen vertreibt. Die Beziehung des Glaubens ist der Weg – *Hodos* im Griechischen – des christlichen Lebens. Jesus hat einmal gesagt: »Der Vater und ich sind eins.« Und er hat auch gesagt: »Der Vater ist größer als ich.« Dies sind zwei Aspekte der Beziehung Jesu zu seinem Vater, der auch *unser* Vater ist.

Um diese Beziehung zu beschreiben – die uns rettet, verwandelt, heil und ganz macht –, entwickelten christliche Denker im Lauf der Jahrhunderte die Dreifaltigkeits-Lehre. Der Vater ist der Seinsgrund, unsichtbar und unerkennbar; er liebt den (in Jesus inkarnierten) Sohn; und ihre Liebe zueinander ist der Heilige Geist, die dritte Person der Dreifaltigkeit. Gott ist also »drei in einem«. Jesus hat versprochen, den Heiligen Geist auf die Welt zu schicken, sobald er nicht mehr in körperlicher, mit den Sinnen wahrnehmbarer Form auf Erden sein werde: nach seinem Tod, seiner Auferstehung und endgültigen Rückkehr zum Vater.

In dieser Passage stellt Jesus klar, daß nicht er die Welt richtet. Wenn jemand seine Wahrheit abweist, so liegt darin schon das Urteil – da ja alles, was Jesus gesagt hat, die Wahrheit des Vaters enthält.

Jesus sagt: Die Gebote des Vaters sind »ewiges Leben«. Er hat ebenfalls gesagt, daß er gekommen ist, damit die Menschen sich der Fülle des Lebens erfreuen können. Ewiges Leben bedeutet nicht bloß ein endloses Dasein. Es bedeutet die volle Entwicklung des menschlichen Bewußtseinspotentials. Jesus hat nur ein einziges Gebot in den Vordergrund gerückt – einander zu lieben. Volles Bewußtsein ist daher die vollständige Entwicklung der menschlichen Liebesfähigkeit. Gottes Natur ist Liebe. Der Vater liebt den Sohn, und diese Liebe ist der Heilige Geist. Alle

Menschen sind dazu aufgerufen, an Gottes Natur teilzuhaben, durch die Liebe göttlich zu werden (wie wir im ersten Textauszug aus dem Evangelium des Matthäus sahen); lieben zu lernen, wie Gott liebt – vorbehaltlos und
allumfassend.

Die Auferstehung

Johannes 20, 10–18

Dann kehrten die Jünger wieder nach Hause zurück. Maria aber stand draußen vor dem Grab
und weinte. Während sie weinte, beugte sie sich
in die Grabkammer hinein. Da sah sie zwei Engel
in weißen Gewändern sitzen, den einen dort, wo
der Kopf, den anderen dort, wo die Füße des
Leichnams Jesu gelegen hatten. Die Engel sagten
zu ihr: Frau, warum weinst du? Sie antwortete ihnen: Man hat meinen Herrn weggenommen, und
ich weiß nicht, wohin man ihn gelegt hat. Als sie
das gesagt hatte, wandte sie sich um und sah Jesus
dastehen, wußte aber nicht, daß es Jesus war. Jesus sagte zu ihr: Frau, warum weinst du? Wen
suchst du? Sie meinte, es sei der Gärtner, und
sagte zu ihm: Herr, wenn du ihn weggebracht
hast, sag mir, wohin du ihn gelegt hast. Dann will
ich ihn holen. Jesus sagte zu ihr: Maria! Da
wandte sie sich ihm zu und sagte auf hebräisch zu

ihm: Rabbuni!, das heißt: Meister. Jesus sagte zu ihr: Halte mich nicht fest; denn ich bin noch nicht zum Vater hinaufgegangen. Geh aber zu meinen Brüdern, und sag ihnen: Ich gehe hinauf zu meinem Vater und zu eurem Vater, zu meinem Gott und zu eurem Gott. Maria von Magdala ging zu den Jüngern und verkündete ihnen: Ich habe den Herrn gesehen. Und sie richtete aus, was er ihr gesagt hatte.

Der christliche Kontext

Die Auferstehung Jesu ist die Grundlage des christlichen Glaubens. Keines der Evangelien beschreibt den tatsächlichen Moment der Auferstehung. Doch alle Evangelien beschreiben, wie Jesus nach seinem Tod seinen Jüngern in einer körperlichen Gestalt erschien – einem subtilen oder spirituellen Körper. Die vier kanonischen Evangelien beschreiben die Lebensgeschichte Jesu vom Standpunkt der Auferstehung aus im Rückblick.

In allen Evangelien handelt es sich bei den Menschen, die Jesus nach seinem Tod als erste zu Gesicht bekommen, um Frauen. In dieser Textstelle aus dem Evangelium des heiligen Johannes erscheint Jesus zunächst Maria Magdalena, einer engen Schülerin, die traditionell mit der bekehrten Prostituierten einer früheren Evangeliumsgeschichte gleichgesetzt wird. Die erste Begegnung mit dem auferstandenen Jesus ruft unter seinen Jüngern Verwirrung und Mißverständnisse, ja sogar Unglauben hervor, obgleich Jesus seine Auferstehung »nach drei Tagen« vorausgesagt hatte. Drei Tage sind ein biblisches Symbol für einen vollendeten Zeitkreis.

Maria Magdalena blickt in das leere Grabmal und sieht zwei »Engel«. Das griechische Wort *Angelos* bedeutet »Bote«. Maria Magdalena erkennt sie nicht als solche. Als sie gefragt wird, warum sie weine, erkundigt sie sich, wo man den Leichnam Jesu hingebracht habe. Dann dreht sie sich um und sieht Jesus neben sich stehen. Auch er fragt sie, warum sie weine. Sie glaubt, er sei der Gärtner, und bittet ihn, ihr mitzuteilen, wo der Leichnam Jesu zu finden sei. Da spricht Jesus sie mit ihrem Namen an. Erst das öffnet ihren Geist, sie erkennt Jesus und nennt ihn »Meister«.

Die namentliche Anrede Maria Magdalenas ruft Anklänge an eine frühere Textstelle im Evangelium des Johannes wach. Dort verglich Jesus sich mit dem guten Schäfer, der jedes seiner Schafe beim Namen kennt. In der biblischen Überlieferung bringt der Name eines Menschen sein oder ihr wirkliches Selbst zum Ausdruck. Um den auferstandenen Jesus zu erkennen, ist es notwendig, das eigene wahre Selbst zu kennen.

Jesus fordert sie auf, sich nicht an ihn zu klammern, da er noch nicht zum Vater aufgestiegen sei. Die alte Form der Beziehung zu Jesus gehört der Vergangenheit an. Im letzten Lebensabschnitt wird er wieder in seinen Ursprung aufgenommen.

Die Himmelfahrt trug sich symbolisch vierzig Tage nach der Auferstehung zu. Doch Jesus hat versprochen, er werde bis ans Ende der Zeit bei seinen Jüngern bleiben. Nach heutigem christlichen Verständnis ist Jesus ebenso »dort« wie »hier«.

Jesus sagt zu Maria, er werde jetzt zu seinem Vater und zu ihrem Vater, zu seinem Gott und zu ihrem Gott aufsteigen. Das ruft uns in Erinnerung, daß Jesus kurz vor seinem Tod den Jüngern sagte, er betrachte sie nicht als seine Diener, sondern als seine Freunde, da er alles mit ihnen geteilt habe, was er von seinem Vater gehört habe. Nach christlichem Glauben können daher wir alle, wenn wir mit der glorifizierten, verklärten Menschlichkeit Jesu eins werden, an seiner einzigartigen Beziehung zum »Vater«, also »an Gottes Natur« teilhaben.

Die Geburt, das Leben, der Tod, die Auferstehung und Himmelfahrt Jesu hatten zur Folge, daß in der menschlichen Natur eine ontologische Veränderung eingetreten ist. Diese wird in jedem Menschen verwirklicht, indem wir uns im Verlauf unseres Lebens, in unseren Erfahrungen seine Erfahrung zu eigen machen.

Auf der philosophischer Ebene, der Ebene der christlichen Lehre, besteht die Bedeutung der Auferstehung darin, daß sie die *Einzigartigkeit* Jesu zeigt. Einzigartigkeit darf nicht im Sinn von Ausschließlichkeit mißverstanden werden. Seine Einzigartigkeit schließt andere Offenbarungen der Wahrheit nicht aus: Für den gläubigen Christen allerdings offenbart Gott sich durch Jesus voll und ganz in Menschengestalt. Dies bringt auch die wahre Natur der Menschheit zum Vorschein: Ihre vollständige Selbstoffenbarung in der göttlichen Formlosigkeit wie auch ihre uneingeschränkte Befähigung zu einem Leben im Wissen um die Einheit mit Gott.

Die Auferstehung ist allerdings auch deshalb wichtig, weil sie zeigt, daß die größte Angst des Menschen, die Angst vor dem Tod, auf Täuschung beruht. Der Tod ist nicht das Ende des Lebens, sondern das endgültige Eintreten in die Fülle des Lebens – die Teilhabe am Sein Gottes.

Der buddhistische Kontext

von Thubten Jinpa

Das Seminar war eine tief inspirierende Erfahrung für mich. Die kraftvolle Atmosphäre dieser Tagung – Ernsthaftigkeit, verbunden mit Wärme – habe ich noch lebhaft in Erinnerung. Wenn ich zurückblicke, scheint es mir, als hätte ich während der gesamten Veranstaltung unter einer unsichtbaren Führung gestanden. Doch meine stärkste Erinnerung bleibt diejenige an die Klarheit des Geistes und die Empfindung von Zusammengehörigkeit, die ich bei den Seminarteilnehmern wahrnahm. Und zu spüren, daß ich mit meiner bescheidenen Fähigkeit als Übersetzer des Dalai Lama ein Teil davon war, hat gewiß zur Tiefe meiner Erfahrung beigetragen. Wahrscheinlich war die menschliche Wärme, die sich spontan zwischen dem Dalai Lama und Pater Laurence Freeman einstellte – den beiden entscheidenden Personen bei diesem buddhistisch-christlichen Gespräch –, ausschlaggebend für die Stimmung der gesamten Veranstaltung. Sicherlich war es auch die Bedeutsamkeit des Ereignisses.

Der historische Charakter dieses Dialogs kann gar nicht genug hervorgehoben werden. Zum ersten Mal überhaupt hat das Oberhaupt einer großen nichtchristlichen Religion in der Öffentlichkeit zu den Evangelien, den heiligen Schriften des Christentums, Unterweisungen gegeben und sie mit Kommentaren versehen. Den Dalai Lama die Worte aus den vier Evangelien sprechen zu hören war eine bewegende Erfahrung: Dieser so vertrauten Stimme mit ihrem vertrauten Tonfall dabei zuzuhören, wie sie die Worte und Vorstellungen einer nichttibetischen Schrift aussprach – das war so, als würden die Menschen, die sich dazu eingefunden hatten, mit einer vollkommen neuen Schrift bekannt gemacht: Ein wirklich spiritueller Moment. Und viele Teilnehmer haben dies ganz intensiv empfunden.

In solchen, so sehr von einer tiefgreifenden Spiritualität erfüllten Momenten haben wir alle die Fähigkeit, über unsere gewöhnliche Wahrnehmung – die Erfahrung des Getrennt-Seins – hinauszugelangen. Wenn wir uns von den Fesseln rationaler kognitiver Begrenzungen zu lösen vermögen, transzendieren wir ein Denken in »Ismen« jeder Art. Ob man das nun Transzendenz, religiöse Erfahrung oder spirituelles Erwachen nennt, ist von untergeordneter Bedeutung. Das Entscheidende ist, daß alle heiligen Lehren der großen Weltreligionen uns zu solch tiefgreifender religiöser Erfahrung hinführen können.

Der Dalai Lama hat auf die Frage, worin denn der Kern der buddhistischen Lehren bestehe, eine schlichte Antwort: »Helfen Sie nach Möglichkeit anderen. Falls Sie dies jedoch nicht können, dann unterlassen Sie es zumindest, anderen Menschen Schaden zuzufügen.« Das ist die zentrale Lehre des Buddha. Auf dieser Ebene besteht keinerlei

Unterschied zwischen den Lehren des Buddha und den Lehren von Jesus Christus. Beide lehren einen Weg zur Erlösung durch mitfühlende Unterstützung unserer Mitmenschen. Beide legen dar, wie wir die engen Grenzen unseres selbstbezogenen Daseins überschreiten können; und beide erkennen an, daß wir alle den Samen des spirituellen Erwachens in uns tragen. In einem anderen Sinn *ist* es jedoch notwendig, die Verschiedenheit der beiden Wege zu verstehen. Allein die unterschiedliche Sprache, die unterschiedliche Metaphorik, die unterschiedlichen kulturellen und historischen Voraussetzungen, die ihnen zugrunde liegen, machen es erforderlich, daß wir ihre je eigene Identität zur Kenntnis nehmen. Weder dürfen wir aufgrund von Unterschieden ihren gemeinsamen Kern aus den Augen verlieren, noch ihre eigenständigen Züge von Ähnlichkeiten verwischen lassen. Die deutliche Darlegung dieses doppelten Aspekts durch den Dalai Lama macht seinen Zugang zu den Lehren der christlichen Evangelien so bemerkenswert. Ich werde nun versuchen, die spirituelle Welt des Dalai Lama, also die Welt des tibetischen Buddhismus, in ihren Grundzügen zu beschreiben.

Der Buddha und seine Lehren

Die Religion und die Spiritualität des Dalai Lama haben feste Wurzeln in den altehrwürdigen Lehren des Buddha und ihrer mehr als 2500 Jahre währenden geschichtlichen

Weiterentwicklung. Sein intellektueller Werdegang ist zutiefst von der Schulung in buddhistischer Philosophie geprägt, und diese bildet nach wie vor die Grundlage seiner Weltsicht. Die für eine buddhistische Lebensorientierung charakteristischen Schwerpunkte, eine Kombination aus Lernen und Nachdenken, üben einen starken Einfluß auf die Grundeinstellung aus, die Seine Heiligkeit dem Dasein gegenüber hat. Was also ist Buddhismus? Natürlich könnten wir einfach das Offensichtliche feststellen: Buddhismus ist die Religion des Buddha. Wenn wir dies tun, ist es allerdings wichtig, dadurch nicht die irrige Vorstellung zu vermitteln, es gebe eine homogene, »Buddhismus« genannte Überlieferung mit einem einheitlichen System von Überzeugungen und einer einheitlichen religiösen Praxis. So wie jede große spirituelle Überlieferung hat der Buddhismus im Lauf der Zeit zahlreiche unterschiedliche Linien hervorgebracht – und alle haben sie »die Lehre des Buddha« auf ihr Banner geschrieben. All diese Schulen führen ihre Entwicklung auf die Lehren von Gautama Buddha zurück, auch bekannt als Buddha Shakyamuni, auf den sogenannten historischen Buddha, der ungefähr zur Zeit des sechsten Jahrhunderts vor Christus gelebt hat.

Nur außerordentlich schwer läßt sich bestimmen, welche der vielen Schriften in den kanonischen Büchern des Buddhismus tatsächlich auf Äußerungen des Buddha zurückgehen. (Allein im tibetischen Kanon gibt es mehr als einhundert umfangreiche Bände, die dem Buddha zugeschrieben werden.) Nichtsdestoweniger ist es jedoch möglich, bestimmte Grundideen zu erfassen – Kernpunkte in der spirituellen Botschaft des Buddha. Der von ihm gelehrte Weg zur Freiheit von Leid erfordert tiefe Einsicht in die Natur des Daseins. Er hat die Daseinsbedingungen unter dem Aspekt eines unaufhörlichen Kreislaufs von Leid und Unzufriedenheit gesehen. Einsicht in dessen wahre Natur gibt uns – so der Buddha – den Schlüssel in die Hand, mit dem wir diesen Kreislauf zu einem Abschluß bringen können. Demnach ist ein Verständnis der dynamischen Wechselbeziehungen zwischen einer Ursache, ihren Bedingungen und ihren Wirkungen von entscheidender Bedeutung für das spirituelle Streben des Individuums. Ohne eine Ursache tritt nichts ins Dasein, und sind erst einmal alle Bedingungen herbeigeführt, lassen deren Auswirkungen sich in keiner Weise mehr aufhalten.

Dem Buddha zufolge liegt der Hauptgrund für unseren nicht endenden Leidenskreislauf darin, daß wir uns so sehr an unser in Fleisch und Blut übergegangenes Empfinden klammern, es existiere ein dauerhaftes »Selbst«. Das Festhalten daran läßt in uns viele »Makel« entstehen – insbesondere Anhaftung, Ablehnung und Unwissenheit. Dadurch legt es die Grundlage für ein verwirrtes Seelen- und Gefühlsleben. Mit unseren Mitmenschen gehen wir dann so um, daß wir an denen hängen, die unserer Ansicht nach diesem »wahren Ich« nahestehen, hingegen denen gegenüber Abneigung empfinden, die – wie wir glauben – das Wohl dieses »Selbst« bedrohen. Dies wiederum führt zu Handlungen, die für uns ebenso nachteilig sind wie für die anderen. Der wahre Weg zur Freiheit liegt in der Einsicht, daß solch ein dauerhaftes »Selbst« nicht existiert.

Daher hat der Buddha – im Unterschied zu allen anderen religiösen Lehrern seiner Zeit – den Weg des »Nicht-Selbst« (*Anātman*) gelehrt: Danach ist die Vorstellung von einem beständigen personalen Wesenskern, einem Selbst, die Wurzel allen Leids. Die philosophische Argumentation, die zeigen soll, daß es solch ein beständiges Selbst, solch einen unwandelbaren Wesenskern nicht geben kann, ist oft ziemlich kompliziert und verzwickt. Doch viele dieser Argumente richten sich vor allem darauf, daß ein auf Ursachen beruhendes Dasein notwendigerweise unablässig mit Veränderungen einhergeht. Kurzum ist daher zwangsläufig alles, was aufgrund von Ursachen entsteht, vergänglich: Zum Beispiel kann solch ein Ding nicht vorhanden (gewesen) sein, ehe es hervorgebracht wird. Da auch wir aufgrund von Ursachen entstanden sind, müssen wir also ebenfalls vergänglich sein. Als vergängliche Wesen können wir folglich kein beständiges Selbst, keinen unwandelbaren Wesenskern haben – ungeachtet unserer haltlosen Überzeugung, das Gegenteil müsse der Fall sein.

Die Vier Axiome sind eine traditionelle Form, diese buddhistischen Grundgedanken zusammenzufassen:

1) Alles Bedingte ist vergänglich.
2) Was von negativen Geisteszuständen beeinträchtigt ist, bringt notwendigerweise Leid hervor.
3) Alle Dinge sind leer: Sie haben keinen beständigen Wesenskern, kein Selbst.
4) Nirvana ist der wahre Frieden.

Auf genau denselben Grundsätzen basieren auch die Vier Edlen Wahrheiten, eine weitere traditionelle Leitlinie buddhistischer Lebensführung und Meditationspraxis:

1) Im bedingten Dasein gibt es Leid.
2) Das Leid hat einen Ursprung.
3) Das Leid kann aufhören.
4) Es gibt einen Weg, der dazu führt, daß das Leid aufhört.

Die erste Wahrheit, die Wahrheit von der tatsächlichen Existenz des Leids, bezieht sich auf die Vergänglichkeit des bedingten Daseins. Denn ein Großteil unseres Leids rührt daher, daß wir uns einbilden, die Welt und unser Leben müßten uns feste, statische Bezugspunkte bieten – obwohl uns all unsere Erfahrungen deutlich machen, daß sich die Dinge unweigerlich verändern. Die zweite Wahrheit, die Wahrheit vom Ursprung des Leids, steht in Verbindung zu den negativen Geisteszuständen oder »Beeinträchtigungen«, denn solche Zustände veranlassen uns zu einer Lebensweise, die Leid bewirkt. Das Aufhören des Leids, die dritte Wahrheit, *ist* Nirvana: ein Dasein in »Frieden«, weil alles Leid beseitigt ist. Die vierte Wahrheit schließlich, die Wahrheit vom Weg zu Nirvana, steht in enger Beziehung zum Prinzip der Selbst-losigkeit. Auf deren Verwirklichung ist ein Großteil der buddhistischen Übungen ausgerichtet. Denn dadurch, daß man Selbst-losigkeit verwirklicht, sich nicht mit der Vorstellung von einem Ich identifiziert, kann man die negativen, Leid verursachenden Geisteszustände beheben.

Die Vier Axiome und die Vier Edlen Wahrheiten liefern eine kurze und prägnante Zusammenfassung des buddhistischen Denkens und seiner praktischen Umsetzung. Doch noch ein anderes entscheidendes Element muß erwähnt werden: großes Mitgefühl. Seit den frühesten Tagen spielten Liebe und Mitgefühl im praktizierten Buddhismus eine herausragende Rolle, doch in der Praxis des *Mahayana* (dem »Großen Fahrzeug«) erhält das Mitgefühl eine spezielle Bedeutung. Zwar treten alle Buddhisten für die vorgenannten Lehren ein – offen bleibt dabei allerdings die Frage nach dem letzten Ziel der spirituellen Übungen. Konkret gefragt: Inwieweit trägt man dafür Sorge, nicht nur sich selbst, sondern auch andere Wesen von Leid zu befreien? Wer – wie Seine Heiligkeit der Dalai Lama – den Weg des Mahayana beschreitet, strebt nicht allein an, daß das eigene Leid ein Ende nimmt und er selbst glücklich wird. Vielmehr ist er bestrebt, sämtliche Wesen von ihrem Leid zu befreien und dauerhaftes Glück für sie sicherzustellen. Weil nur ein vollkommen erleuchteter Mensch hoffen kann, ein derartiges Ziel zu erreichen, strebt man auf dem Weg des Mahayana das volle Erwachen (*Bodhi*) zur Buddhaschaft an. Äußerst kurz gefaßt, bestehen die Übungen des Mahayana in der Verwirklichung der Sechs Befreienden Qualitäten, die auf die eigene Persönlichkeitsentwicklung ausgerichtet sind, und der Vier Mittel, deren Ziel die Weiterentwicklung der anderen ist.

Die Sechs Befreienden Qualitäten sind: Freigebigkeit, ethische Disziplin, Geduld, freudige Ausdauer, meditative

Stabilität und Weisheit. Die Vier Mittel sind: geben, was dringend benötigt wird; stets sanft reden; anderen ein aufrichtiger Ratgeber sein; und den anderen diese Grundsätze durch den eigenen Lebenswandel verdeutlichen. Übt man sich darin, die Sechs Befreienden Qualitäten und die Vier Mittel voll und ganz in die Tat umzusetzen, so verwirklicht man das *Bodhisattva-Ideal*: Auf dieses Stichwort möchte ich jetzt zu sprechen kommen.

Das Bodhisattva-Ideal

Das Bodhisattva-Ideal ist sicherlich die entscheidende Bereicherung des Buddhismus durch die Bewegung des Mahayana. Ein Bodhisattva – in der wörtlichen Bedeutung »jemand, der unerschrocken nach Erleuchtung strebt« – ist ein altruistisches Wesen mit enormem Mut. Bodhisattvas sind diejenigen, die – ungeachtet ihrer Fähigkeit zur persönlichen Befreiung – den Entschluß fassen, sich *einer* Aufgabe zu stellen: Sie nehmen es auf sich, andere von Leid zu befreien. Das Mitgefühl solch eines Wesens ist uneingeschränkt und setzt sich über alle trennend wirkenden Umstände hinweg. Der Bodhisattva ist ein Freund, ein Diener und ein spiritueller Verwandter sämtlicher Wesen, unabhängig davon, ob er sie persönlich kennt.

Das von ganzem Herzen empfundene Mitgefühl eines Bodhisattvas kommt auf unterschiedliche Weise zum Ausdruck, auch in den bildenden Künsten. Die wahrscheinlich berühmteste Darstellung grenzenlosen Mitgefühls innerhalb der tibetischen Kultur findet man in der Legende vom tausendarmigen *Chenresi*, dem Bodhisattva des Mitgefühls. Sie führt uns vor Augen, wie innig Chenresi am Wohlergehen aller Wesen Anteil nahm: Voller Mitgefühl erkannte er, daß er über tausend Arme und tausend Augen verfügen müßte, um die Wünsche all der unendlich vielen empfindenden Wesen angemessen erfüllen zu können. Durch die Macht seines einsgerichteten Strebens erhielt er dann eines Tages diese tausend Arme und tausend Augen. Bis heute ist dieses Bild für die Anhänger des Mahayana-Buddhismus ein kraftvolles religiöses Symbol.

Das Mitgefühl eines Bodhisattvas für andere Wesen sollte man nicht als Emotion auffassen: Weder handelt es sich dabei um Anhaftung, noch beruht es auf selbstbezogenen Erwägungen irgendeiner Art – etwa in Form des Gedankens, Mitgefühl zu haben sei gut für die eigene Gesundheit oder für das eigene spirituelle Wohlergehen. Echtes Mitgefühl entspringt spontan aus einer Wahrnehmung fremden Leids und aus der schlichten Erkenntnis, daß andere ebenso empfinden wie man selbst. Mit anderen Worten: Durch starkes Einfühlungsvermögen verspürt man eine tiefe Verbundenheit mit anderen – ohne sich in Anhaftung zu verzetteln oder in Gleichgültigkeit zu versinken. Solches Mitgefühl kommt dadurch zustande, daß man es bewußt entwickelt und pflegt. An dieser Stelle spielt Einsicht eine entscheidende Rolle auf dem buddhistischen Weg. Einsicht ist der geschickte Steuermann, der das Mitgefühls-Schiff auf den richtigen Kurs bringt. Sein bzw. ihr Mitgefühl veranlaßt, den Mahayana-Schriften zufolge, einen Bodhisattva, die persönliche Befreiung zu scheuen; und aufgrund dieser Sicht der Dinge transzendiert er oder sie die Welt des wechselvollen Daseins. Anders gesagt: Der Bodhisattva beschreitet einen Mittelweg zwischen dem abgeschiedenen Frieden der Nichtexistenz und der unentwegten Wechselhaftigkeit des Werdens.

Die erste Etappe auf dem Weg des Bodhisattvas besteht in dem, was man »die unerschrockene Motivation hervorbringen« nennt. Sie beinhaltet das feierliche Gelöbnis eines Bodhisattvas, nach voller Erleuchtung zu streben, um so die anderen Wesen von Leid zu befreien. Dieses Gelöbnis braucht als Grundlage ein tiefes Mitgefühl mit allen empfindenden Wesen und die von unerschütterlicher Überzeugung getragene, edle Gesinnung, sein Dasein zum Nutzen der anderen einzusetzen. Die Überzeugung eines Bodhisattvas muß so beschaffen sein, daß er oder sie bereit ist, nötigenfalls endlos viele Lebzeiten damit zu verbringen, auch nur die Wünsche eines einzigen Wesens zu erfüllen. Das folgende Gebet – es zählt im übrigen zu den vom Dalai Lama am häufigsten zitierten Versen – bringt diese Gesinnung kurz und prägnant zur Sprache:

> Solange der unermeßliche Raum Bestand hat
> und solange es empfindende Wesen gibt,
> will ich danach streben,
> das Leid der Wesen zu verringern.

Hat ein Bodhisattva diese unerschrockene Motivation entwickelt, dann besteht seine bzw. ihre Aufgabe darin, die

Sechs Befreienden Qualitäten und die Vier Mittel anzuwenden. Er oder sie muß diese Übungen zum Hauptanliegen seines oder ihres Lebens machen. Das kann nicht einfach nur ein weiterer Lebensaspekt sein – es muß das Leben selbst sein, zur alleinigen Lebenstätigkeit werden. Im Mahayana skizzieren zahlreiche klassische Texte, worin die Lebensführung eines Bodhisattvas besteht. Der wahrscheinlich bekannteste und sicherlich einflußreichste von ihnen ist Shantidevas *Eintritt in das Leben zur Erleuchtung*.[69] Shantideva, ein buddhistischer Autor, der im siebten Jahrhundert in Indien lebte, wird in der Welt des Mahayana-Buddhismus bis heute als großer Heiliger verehrt. Sein Werk gewann in Tibet maßgebliche Bedeutung für das Studium und die praktische Umsetzung des Bodhisattva-Ideals. Wer einen Vortrag des derzeitigen Dalai Lama hört, bemerkt den überwältigenden Einfluß, den Shantidevas Schrift auf sein Denken und Handeln ausübt. Auch beim Lesen des Buches, das Sie jetzt in der Hand halten, können Sie feststellen, wie frei und spontan der Dalai Lama Zitate aus diesem berühmten Mahayana-Text zitiert.

Die Rolle der Einsicht

Im Buddhismus wird, wie schon erwähnt, die Entwicklung von Einsicht als Schlüssel zur Befreiung betrachtet. Für einen Buddhisten ist das religiöse Leben ein Leben im Streben nach vollkommener Erleuchtung; und als *die* Wurzel unseres unerleuchteten Zustands wird eine von Grund auf irrige Vorstellung von uns selbst und von der Wirklichkeit angesehen. Das Verständnis ihrer wahren Natur ist daher ganz entscheidend dafür, daß eine Entwicklung zur Erleuchtung stattfinden kann. Dies soll jedoch nicht besagen, Wissen allein reiche aus. Hat man ein Verständnis davon, »wie die Dinge sind«, dann muß es in die eigene Lebenswirklichkeit einbezogen werden. Mit anderen Worten: Wir müssen es so tief in uns aufnehmen, daß wir im innersten Kern unseres Seins davon erfaßt werden. Wissen, das wir uns in diesem Sinn zu eigen gemacht haben, nennt man »Weisheit« – und es kann nur aus einem wahrhaft ruhigen Geist erwachsen. Im buddhistischen Sprachgebrauch bezeichnet man dies als die »Vereinigung von Geistesruhe und durchdringender Einsicht«.

Zu Beginn der Kommentare, die der Dalai Lama im vorliegenden Buch gibt, werden diese beiden Aspekte des kontemplativen Weges im Buddhismus »analytische Meditation« und »einsgerichtete Meditation« genannt. Letztere verschmilzt den Geist mit dem dazu ausersehenen Gegenstand; die erstgenannte hingegen wirkt ergründend: Sie lotet seine tiefgründige Natur aus. Bei großer Übung in dieser Meditation geschieht beides in einem einzigen Erkenntnisakt.

Innerhalb des Buddhismus haben sich durch eingehende Auseinandersetzung mit der Frage, »wie die Dinge sind«, im Indien früherer Jahrhunderte vor allem vier philosophische Schulrichtungen entwickelt: Die *Vaibhāshika*-Schule lehnt zwar die Existenz eines dauerhaften, unveränderlichen »Selbst« ab. Sie geht allerdings von unteilbaren, Dharmas genannten Einheiten der Wirklichkeit aus. Die *Sauträntika*-Schule verwirft dies. Sie begreift die Wirklichkeit im Sinn objektiver, unteilbarer Atome und Zeiteinheiten. Die *Cittamätra*-Schule streitet der materiellen Welt jedwede objektive Grundlage ab und behauptet, allein dem Geist komme letztendliche Wirklichkeit zu. Für die *Madhyamaka*-Schule sind dies alles unbewiesene Annahmen – die mit der Begründung zurückgewiesen werden, eine dieser Ansichten anzuerkennen bedeute, etwas als real existent zu betrachten, das in Wirklichkeit gar nicht vorhanden sei. Dieser Schule zufolge ist *Leerheit* die wahre Natur aller Dinge und Ereignisse; das heißt, allen Dingen und Ereignissen ist kein wirkliches Sein, keine wahre Identität zu eigen.

Diese Leerheit ist die Wahrheit, die letztendliche Wirklichkeit und der letztgültige Zustand aller Dinge und Ereignisse. Diese Einsicht in die profunde Nichtheit öffnet die Tür zu Befreiung und spirtueller Freiheit. In der Überlieferung des tibetischen Buddhismus gilt die Madhyamaka-Schule als höchste Entwicklungsstufe der buddhistischen Philosophie: Sie kommt dem erhabenen Schweigen des Buddha am nächsten. Eine der größten Paradoxien im Buddhismus zeigt sich in bezug auf seine radikale Betonung eines rationalen Ansatzes einerseits und die zutiefst von Schweigen bestimmte Natur seiner letztendlichen spirituellen Einsicht andererseits. Die Madhyamaka-Lehren haben zur Auflösung dieser Paradoxie viel beigetragen. Die bekanntesten Persönlichkeiten, die diese Tradition verkörpern, sind Nagarjuna (der im zweiten Jahrhundert die Madhyamaka-Schule gegründet hat), Aryadeva (Nagarjunas wichtigster Schüler), Chandrakirti (der im sechsten Jahrhundert innerhalb des Madhyamaka die *Prāsangika*-Schule gegründet hat) und Shantideva (der Autor von *Eintritt in das Leben zur Erleuchtung*).

Der tibetische Buddhismus

Der Buddhismus erreichte Tibet ungefähr im siebten Jahrhundert nach Christus und wurde bald zur vorherrschenden Religion und Philosophie des tibetischen Volkes. Seit seiner Einführung haben sich vier große Schulen entwickelt: *Nyingma, Kagyü, Sakya und Gelug*.[70] Der Unterschied zwischen diesen Schulen hat mehr mit ihrer Chronologie und den Überlieferungslinien ihrer Lehrer zu tun als mit unterschiedlichen Positionen in der Lehre. Alle vier Überlieferungen halten sich an den Mahayana-Buddhismus; ihnen allen gilt das Madhyamaka als die höchste Sicht innerhalb der buddhistischen Philosophie; und, noch wichtiger, alle vier Schulen erkennen an, daß dem *Vajrayana*-Buddhismus – als dem herausragenden spirituellen Weg zur Erleuchtung – eine besondere Stellung zukommt. Vajrayana, wörtlich das »diamantene Fahrzeug«, kann man am besten als die esoterische Überlieferung des Buddhismus bezeichnen. Zu den charakteristischen Merkmalen dieses Weges gehören u. a.: Betonung der nicht-dualistischen Sicht; Anerkennung von Emotionen – wie Anhaftung oder Ablehnung – als hilfreiche Mittel auf dem Weg zur Erleuchtung und der Einsatz einer psychologisch reichhaltigen Symbolik als Schlüssel für den Zugang zur meditativen Versenkung.

Die Nyingma-Schule (wörtlich die »alte Übersetzungsschule«), die früheste Schule des tibetischen Buddhismus, führt ihre Ursprünge auf die Lehren der indischen Meister Padmasambhava und Shantarakshita zurück, die im achten Jahrhundert nach Christus den Buddhismus in Tibet bekannt machten. Die drei übrigen Schulen werden als die »neuen Übersetzungsschulen« bezeichnet. (Die Unterscheidung in »alt« und »neu« bezieht sich auf die Zeit, in der die Texte des buddhistischen Kanons ins Tibetische übersetzt wurden.) Die Kagyü-Schule wurde von dem im elften Jahrhundert lebenden tibetischen Yogi Marpa Lotsawa (1012–1097) gegründet, auch bekannt als Marpa der Übersetzer, der seinerseits der Linie des indischen Meisters Naropa (1016–1100) angehörte. Die Sakya-Schule wurde im elften Jahrhundert von Khon Könchok Gyalpo gegründet, der unter dem tibetischen Übersetzer Drokmi Lotsawa (992–1072) studiert hat.

Schließlich entstand die Gelug-Schule im Anschluß an Tsongkhapas (1357–1419) radikale Reformen des Buddhismus in Tibet als unabhängige Schule. Tsongkhapa bezog große Inspiration aus dem Reformgeist der *Kadam*-Bewegung, die auf den indischen Meister Atisha (982–1054) und seinen wichtigsten tibetischen Schüler Dromtönpa zurückgeht. Aufgrund dieses Einflusses hat man die Gelug auch als die Neue Kadam-Schule bezeichnet. Vom vierzehnten Jahrhundert an wurde diese neue, reformierte Schule zur vorherrschenden Schule in Tibet, der Mongolei und zahlreichen anderen buddhistischen Ländern Zentralasiens. Traditionell kommen der Dalai Lama wie der Panchen Lama, die beiden höchsten spirituellen Oberhäupter Tibets, aus dieser reformierten Schule.

Tsongkhapas Gelug-Schule kann man verallgemeinernd als eine echte Synthese bezeichnen. Sie setzt – wie die frühesten Schulen – großen Nachdruck auf eine strikte Beachtung ethischer Disziplin als Grundlage eines wahrhaft spirituellen Lebens. Aufgrund von Tsongkhapas großer Bewunderung für die Kadam-Lehren nimmt diese Schule in die Reihe ihrer Übungen jene Unterweisungen auf, die man in ihrer Gesamtheit als *Lodjong* bezeichnet, »Geistesschulung« oder »Umwandlung der Denkweise«. Ein herausragendes Merkmal dieser Lehren ist, daß sie uns Anweisungen geben, wie sich selbst die widrigsten Umstände in günstige Bedingungen zur Stärkung des Mitgefühls umwandeln lassen.

Die Gelug-Schule hat sich in philosophischer Hinsicht die Madhyamaka-Lehre über die Leerheit voll und ganz zu eigen gemacht. Ferner erkennt sie die große Bedeutung von kritischer Analyse als einem integralen Bestandteil unseres Weges zur Erleuchtung an. Doch ungeachtet dieser Betonung eines rationalen Zugangs kommt nach Auffassung der Gelug-Überlieferung in den Vajrayana-Lehren die letztgültige Sicht vom Erreichen vollkommener Buddhaschaft zum Ausdruck.

Ein derart umfassender Ansatz erfordert, daß man sich über die Vielfalt der hier vorhandenen Perspektiven gründlich im klaren ist – jede mit dem ihr eigenen Kontext und ihrem eigenen Geltungsbereich. Diese Vielschichtigkeit macht den tibetischen Buddhismus ebenso tiefgründig wie komplex. Wir haben schon gesehen, daß es nicht gerechtfertigt ist, von *dem* buddhistischen Standpunkt zu sprechen. Genausowenig Sinn macht es, von *der* Sicht des tibetischen Buddhismus zu sprechen. Darum ist es wichtig, wenn man die Kommentare des Dalai Lama zu den Evangelien liest, die Vielfalt von Perspektiven und den reichen Bestand an spirituellen Quellen zu berücksichtigen, aus denen er seine Einsichten schöpft. Eine ernst zu nehmende Auslegung von Texten erfordert immer, daß man sich ausgeklügelter hermeneutischer Verfahren bedient. Nur durch solch einen Zugang wird die Fülle und Tiefe eines Textes in angemessener Weise deutlich.

Bevor ich zum Ende komme, sind ein paar Worte darüber angebracht, welche Haltung im Buddhismus anderen Religionen gegenüber üblich ist. Wie jede große Religion versteht sich der buddhistische Weg als universal, sofern er auf die fundamentalen Probleme des menschlichen Daseins eingeht. In diesem Sinn sieht er seine Aussage und seine maßgeblichen Lehren nicht auf einen spezifischen kulturellen oder historischen Kontext eingeschränkt. Doch schon frühzeitig in der Entwicklung des Mahayana hat der Buddhismus akzeptiert, daß es auch andere Wege gibt, die möglicherweise dem spirituellen Naturell des einzelnen eher gerecht werden. Diese Vielgestaltigkeit auf der fundamentalen Ebene spiritueller Orientierung findet im Buddhismus Anerkennung. So heißt es in einer klassischen Mahayana-Schrift: »Es existieren unterschiedliche Neigungen, unterschiedliche Interessen und unterschiedliche spirituelle Wege.«

Ich glaube, vor diesem Hintergrund spricht der Dalai Lama des öfteren vom »Supermarkt der Religionen«. Dem Buddhismus zufolge haben alle diese spirituellen Wege ihren eigenen Wert, da sie zu dem grundlegenden Verlangen vieler Millionen von Menschen in Entsprechung stehen. Den Wert einer spirituellen Lehre sollte man nicht danach beurteilen, inwieweit sie metaphysische Wahrheit für sich beanspruchen kann. Der Maßstab sollte vielmehr sein, wie wirkungsvoll sie spirituelle Erlösung oder Freiheit herbeizuführen vermag. Die lange Geschichte des Buddhismus wie des Christentums zeugt von dieser Wirkung. In Anbetracht dessen kann ein echtes Gespräch zwischen diesen beiden religiösen Überlieferungen nicht nur eine wechselseitige Bereicherung ihrer Lehren bewirken, sondern der Welt auch eine tiefer gehende Wertschätzung für die spirituelle Dimension des menschlichen Lebens vermitteln. Der bekannte Religionshistoriker Paul Tillich hat gesagt, aus der Begegnung des Christentums mit dem Buddhismus werde eine spirituelle Revolution hervorgehen. Vielleicht hatte er recht.

Glossar

Wichtige Persönlichkeiten
im christlichen Kontext

Aelred von Rievaulx (1109–1167): Abt eines englischen Zisterzienserklosters und Theologe; berühmt für seine tiefen Einsichten in das Wesen der Liebe – deren zentraler Bezugspunkt Christus ist. Stark beeinflußt von Ciceros Gedanken, der (in seinem Werk *Über die Freundschaft*) in der Freundschaft das Bindeglied zwischen der menschlichen und der göttlichen Liebe sah, hat er die Schrift *Spiegel der Nächstenliebe* verfaßt. *Siehe: Augustinus von Hippo; Cicero.*

Aquin, Thomas von (1225–1274): Thomas von Aquin war ein großer katholischer Theologe und Philosoph. Sein systematisch aufgebautes Werk *Summa Theologica*, eine intellektuelle Großtat, hat bis in die Neuzeit maßgeblichen Einfluß auf das christliche Denken ausgeübt. Es ist als Kommentar zu Aristoteles und der Bibel angelegt und befaßt sich gründlich mit allen wichtigen Fragen des christlichen Glaubens und seiner Ausübung.

Augustinus von Hippo (354–430): einer der größten frühchristlichen Theologen; in Afrika geboren; Autor von *Stadt Gottes* und *Bekenntnisse*. Wie den englischen Mönch Aelred von Rievaulx haben auch ihn die in Ciceros Schriften angestellten Überlegungen zum Thema Freundschaft als Bindeglied zwischen der menschlichen und der göttlichen Liebe stark beeinflußt. *Siehe: Aelred von Rievaulx; Cicero.*

Benedikt von Nursia (um 580 gestorben): Alles, was wir über das Leben des heiligen Benedikt wissen, enthält die – teilweise legendenhafte – Darstellung in Buch IV der *Dialoge* von Gregor dem Großen. Welch ein humaner und ausgewogener Mensch er war, wird aus den einzelnen Vorschriften seiner *Klosterregeln* ersichtlich. *Siehe: Regel des heiligen Benedikt.*

Bernhard von Clairvaux (1090–1153): stand an der Spitze einer Reform des klösterlichen Lebens und wurde zu einer der einflußreichsten Persönlichkeiten in Europa. Seine Schriften zeugen von einem großen Intellekt wie auch von mystischer Einsicht in die Heilige Schrift.

Cicero (106–43 v. Chr.): Der römische Schriftsteller schrieb die Abhandlung *De amicitia (Über die Freundschaft).* Dieses Werk faßte das klassische Denken zum Thema Freundschaft zusammen und hat spätere christliche Autoren stark beeinflußt, besonders den heiligen Aelred von Rievaulx und Augustinus. *Siehe: Aelred von Rievaulx; Augustinus von Hippo*

Elija (neuntes Jahrhundert v. Chr.): hebräischer Prophet, der ungeachtet der in Israel aufkommenden heidnischen Kulte Jahwes Verehrung aufrechterhielt. Er prangerte soziale Ungerechtigkeiten an und drängte auf innere Erneuerung. Spätere Generationen glaubten, seine Wiederkehr werde der Auftakt zu Israels Befreiung sein. Zeitweise sah man in Jesus die Wiederkunft des Elija.

Gregor von Nyssa (etwa 330–395): Der heilige Gregor von Nyssa, Bruder des heiligen Basilius und Zeitgenosse des heiligen Augustinus, war einer der mystischen Väter aus Kappadokien. Mit großer Originalität lehrte er über die Dreifaltigkeit, die Menschwerdung Christi und weitere maßgebliche Aspekte des christlichen Glaubens und setzte sie in Beziehung zum inneren Leben des Gebets und den mystischen Bedeutungen der Heiligen Schrift.

Gregor der Große (etwa 540–604): Der heilige Gregor der Große war ein wohlhabender Römer, der sein Geld den Armen gab und mehrere Klöster gründete. In eines davon trat er selbst ein. Im Jahr 590 wurde er Papst und festigte die Position der Kirche in einer Zeit großer Unruhe. Er sandte den heiligen Augustinus von Canterbury zusammen mit anderen Mönchen aus, um die Engländer zu bekehren. Er sprach in bewegender Weise über die Schwierigkeiten, das spirituelle Leben und administrative Pflichten miteinander zu vereinbaren, und zeigte große Sympathie für das klösterliche Leben. Dieses förderte er durch seine Empfehlung, sich in der römisch-katholischen Kirche vorzugsweise an die *Regel des heiligen Benedikt* zu halten. Er verfaßte zahlreiche Schriften, und in seinen *Dialogen* trug er das legendenhafte Quellenmaterial über das Leben und die Wundertaten des heiligen Benedikt zusammen. Dieses eignet sich offensichtlich eher dazu, einen Einblick in die Glaubenslehre und Spiritualität des Heiligen zu geben, als daß es als Bestandsaufnahme der historischen Ereignisse im Leben des heiligen Benedikt gelten könnte. *Siehe: Benedikt von Nursia; Regel des heiligen Benedikt.*

Griffiths, Pater Bede (1906–1993): aus England stammender Autor mehrerer Bücher, darunter *Göttliche Gegenwart, Leben im christlichen Ashram, Rückkehr zur Mitte, Wege zum Christus-Bewußtsein, Die neue Wirklichkeit.* Die letzten vierzig Jahre seines Lebens verbrachte er in seinem christlichen Ashram in Indien. Er war ein Fürsprecher und Wegbereiter des spirituellen Ost-West-Dialogs. Bede Griffiths begegnete dem Dalai Lama zum letzten Mal im April 1992 in Australien.

Johannes: Der heilige Johannes, der vierte Evangelist, gilt auch als Autor der drei neutestamentarischen Briefe und der Apokalypse. Er gehörte zum inneren Kreis der Jünger, und mit seinen Brüdern Jakob und Petrus weilte er bei solch entscheidenden Anlässen wie dem Moment der Verklärung bei Jesus. Traditionell heißt es, er sei der »Lieblingsjünger« Jesu gewesen, der sich beim Letzten Abendmahl an seine Brust lehnte. Bemerkenswert am Evangelium des heiligen Johannes ist die stark symbolhafte Darstellung des Lebens Jesu, sein Sinn für die Macht Jesu und die Charakterisierung seiner menschlichen Emotionen und Reaktionen.

Jungfrau Maria: Maria, der Mutter Jesu, wurde von den Anhängern Jesu seit der Zeit der Evangelien große Aufmerksamkeit gezollt. Seit dem fünften Jahrhundert unterstrich die Lehre von ihrer immerwährenden Jungfräulichkeit noch die einzigartige Identität Jesu. Ihr Titel »Gottesmutter« und die spätere Lehre ihrer leiblichen Himmelfahrt und ihres Freiseins von aller Sünde veranschaulichen, welchen theologischen und symbolischen Stellenwert sie erhalten hat – insbesondere in der katholischen und in den orthodoxen Kirchen. Die Marienverehrung mußte in der katholischen Kirche häufig gezügelt werden, doch mit jeder Generation wird ihre Bedeutung um neue Aspekte reicher.

Lukas: Der heilige Lukas war nach alter Überlieferung Arzt, Nichtjude und Weggefährte des heiligen Paulus auf einigen seiner Missionsreisen. Er schrieb das dritte der vier Evangelien – wahrscheinlich vor dem Jahr 64. Lukas nimmt für sich in Anspruch, sein Material bei Augenzeugen gesammelt zu haben. Sein Evangelium weist jedoch auch starke Anlehnungen an das des Markus auf, ferner an eine andere – gemeinsame – Quelle, die von den Gelehrten »Q« genannt wird. Das Evangelium des Lukas hebt die universale Bedeutung Jesu hervor. Bemerkenswert, wie beharrlich es den Wert der Ausgestoßenen, Verarmten und Verachteten betont. Außerdem bezieht sich dieses Evangelium außergewöhnlich respektvoll und häufig auf die Frauen im Leben und priesterlichen Wirken Jesu.

Maria Magdalena: Gestalt aus dem Evangelium und von Legenden umrankte Schülerin Jesu; früh schon wurde sie mit der Frau gleichgesetzt, die eine »Sünderin« war und Jesus die Füße salbte (Lukas 7, 37), und mit der Frau, der er sieben Teufel austrieb (Lukas 8, 2). Sie stand mit Maria, der Mutter Jesu, neben dem Kreuz; später fand sie die Grabstätte leer vor und erlebte eine Erscheinung des auferstandenen Jesus, und am gleichen Tag erkannte sie als erster Mensch den auferstandenen Jesus.

Markus: Der heilige Markus war ein Weggefährte des heiligen Paulus auf seinen Missionsreisen; später war er in Rom – mit dem heiligen Petrus, von dem die Überlieferung sagt, er habe die Aufzeichnungen gemacht, aus denen dann das Evangelium des Markus entstand. Von diesem machten wahrscheinlich Matthäus wie auch Lukas in ihren Schriften Gebrauch. In griechischer Sprache geschrieben, ist es das kürzeste und nach literarischen Maßstäben das am wenigsten elegante Evangelium. Da es eine fortlaufende Schilderung vom Leben Jesu bietet, ist es jedoch ein sehr beliebter Text für öffentliche Lesungen oder Aufführungen.

Matthäus: Der heilige Matthäus war einer der zwölf Apostel; das Evangelium, das seinen Namen trägt, wird traditionell – seit dem zweiten Jahrhundert – ihm zugeordnet. Doch wie bei allen gelehrten Debatten über Zeitpunkte und über die Urheberschaft der Evangelien ist auch hier nichts sicher. Bei Matthäus (10, 3) wird er als Zöllner bezeichnet. Das Evangelium des Matthäus, von dem man früher angenommen hat, es sei als erstes Evangelium verfaßt worden, legt den Schwerpunkt auf das Verhältnis der Lehre Jesu zum jüdischen Gesetz (auf die Erfüllung dieses Gesetzes durch die Lehre Jesu) und betont die Vorrangstellung des Petrus unter den zwölf Aposteln.

Meister Eckhart (1260–1327): ein für seine Predigten über mystische Einsicht berühmter deutscher Dominikaner; er starb während eines Prozesses, in dem er der Irrlehre bezichtigt wurde. Er lehrte die »Einheit« Gottes in der platonischen Tradition, setzte diese allerdings kühn zur christlichen Dreifaltigkeit in Bezug. Eckhart zufolge »reproduziert« Gott sich – in jedem einzelnen Menschen – in der zweiten Person der Dreifaltigkeit.

Merton, Thomas (1915–1968): Durch seine 1948 verfaßte Autobiographie *Der Berg der sieben Stufen* etablierte sich der Trappistenmönch, Dichter und Schriftsteller als zeitgenössische kontemplative Stimme von großer Aussagekraft. Seine persönliche Entwicklung führte ihn in einen Dialog mit dem Osten und zur nachdrücklichen Stellungnahme gegen den Vietnamkrieg. Er zog sich in eine Einsiedelei auf dem Gelände des Klosters Gethsemani in Kentucky zurück; dort schrieb er über das Gebet, den Frieden und soziale Gerechtigkeit. Er verstarb während eines Meditationstreffens mit asiatischen Mönchen in Bangkok.

Moses: Israels großer Gesetzgeber; zur Zeit der israelitischen Versklavung in Ägypten geboren, erhielt er den göttlichen Auftrag, sein Volk ins Gelobte Land zu führen. Nachdem er vierzig Jahre lang in der Wüste gewesen war, erblickte er das Gelobte Land aus der Ferne; doch er starb in Moab, bevor er es betreten konnte. Die Überlieferung besagt, Moses habe den Pentateuch verfaßt (die fünf mythischen und gesetzgeberischen Bücher der Bibel, die ihm zugeschrieben werden).

In christlichem Denken symbolisiert Moses das Gesetz – die erste Übereinkunft zwischen den Menschen und Gott. Man sieht in Moses auch eine Vorausdeutung auf Christus, der die Menschheit aus der Sklaverei der Sünde in das Gelobte Land des Reich Gottes geführt hat.

Nikolaus von Kues (1401–1464): deutscher Kardinal und Philosoph. Sein Hauptwerk *De docta ignorantia* legte die Leitvorstellungen seines Denkens dar: daß die Wahrheit in ihrer absoluten Einfachheit für den menschlichen Intellekt unerkennbar bleibt – es sei denn, durch »Nichtwissen«; und daß die Wahrheit daher über den Verstand hinausführt. In Gott vereinen sich alle Gegensätze: weder eins, noch zwei, sondern drei; unendlich klein und groß, hier und überall.

Origenes (ungefähr 185–254): ein Schüler des großen Clemens von Alexandria. Ungeachtet der politischen Schwierigkeiten, in die er verwickelt war, schrieb er viel über Bibelkritik und über spirituelle Dinge, zum Beispiel das Gebet. Durch seine Definition dreier Bedeutungsebenen der Heiligen Schrift (die buchstäbliche, die moralische und die allegorische) gab er späteren Generationen von Christen einen Schlüssel an die Hand. Für diese beinhaltete die Bibellesung als solche oft eine Begegnung mit mystischen Erfahrungen. Philosophisch war er zu kühnen Gedanken fähig; so machte er etwa geltend, die Liebe Gottes werde zu guter Letzt sämtliche Geschöpfe erlösen – auch den Teufel.

Papst Johannes Paul II.: in Polen geboren, ist Seine Heiligkeit Papst Johannes Paul II. seit 1979 Bischof von Rom (seit dem heiligen Petrus, dem ersten Papst, die Rolle, die den Papst definiert). Seine päpstliche Amtszeit war gekennzeichnet durch eine leidenschaftliche Akzentuierung sozialer Gerechtigkeit wie auch traditioneller katholischer Werte von Moral, Glaubensdogma und Hierarchie.

Paulus: Der heilige Paulus, ursprünglich Saulus von Tarsus, bekehrte sich zu Christus, als er – ein strenger Verfechter des jüdischen Glaubens – auf der Straße nach Damaskus die Sekte der Frühchristen verfolgte. Nach seiner Begegnung mit dem auferstandenen Christus, nicht dem historischen Jesus, wurde Paulus zum »Apostel der Heiden«, und bis zu seinem Martyrium in Rom ungefähr im Jahr 65 bereiste er weite Teile der mediterranen Welt. Er ist möglicherweise die einflußreichste Einzelperson in der Geschichte des Christentums. Durch seine (im Neuen Testament gesammelten) Briefe schuf er die Grundlagen, auf denen man die christliche Theologie aufgebaut hat. Von maßgeblicher Bedeutung für seine Sicht Christi ist die Lehre von dem uns innewohnenden Geist, vom kosmischen Christus und einer radikalen Freiheit des Geistes von allen äußeren religiösen und inneren seelischen Beschränkungen.

Der Brief des heiligen Paulus an die Epheser entstand während seines Aufenthalts im Gefängnis. Er ist durch seine Einsicht in die mystische und kosmische Bedeutung Christi gekennzeichnet und bietet praktische Anweisungen für das Leben der frühchristlichen Gemeinde.

Petrus: Der heilige Petrus ist das Oberhaupt der Apostel Christi. Jesus hat ihn als den »Fels« bezeichnet, auf den er seine Kirche bauen werde. *Fels* ist ein Wortspiel mit der Doppelbedeutung, die der Name Petrus in seiner griechischen Form *Petros* hat. Dessen ungeachtet hat Petrus nach Darstellung des Evangeliums Christus zu dem Zeitpunkt, als er festgenommen und vor Gericht gestellt wurde, verleugnet und im Stich gelassen – eine Verfehlung, die er später bitter bereut hat. Nach Christi Himmelfahrt übernahm Petrus die Führungsrolle unter den Aposteln und war ihr Sprecher. Er wurde bei den Christenverfolgungen des Kaisers Nero im Jahr 64 hingerichtet. Es gibt archäologische Belege für die Überzeugung, daß die Basilika Sankt Peter in Rom über seiner Grabstätte errichtet worden ist.

Regel des heiligen Benedikt: Diese vom heiligen Benedikt von Nursia (um 580 gestorben) für das klösterliche Leben verfaßte Regel wurde, wenn man einmal von der Bibel absieht, über Jahrhunderte hinweg zu derjenigen Schrift, die die stärksten Wirkungen auf das christliche Leben ausgeübt hat. Ihre verständige, ausgewogene und moderate Art, das tägliche Leben zu strukturieren, berücksichtigt die Bedürfnisse von Körper, Seele und Geist als Ganzheit, bringt individuelle und soziale Faktoren in ein Gleichgewicht und betont die schöpferische und Zusammenhalt stiftende Kraft der Liebe in persönlichen und institutionellen Zusammenhängen. Bis heute inspiriert die Regel des heiligen Benedikt Männer und Frauen der verschiedenen gesellschaftlichen Schichten. *Siehe: Benedikt von Nursia.*

Wüstenväter: Mit diesem Ausdruck bezeichnet man die Begründer des christlichen Klosterlebens, die sich – zunächst als Einsiedler, später in Gemeinschaften – zwischen dem vierten und dem fünften Jahrhundert in der ägyptischen Wüste ansiedelten. Johannes Cassianus (etwa 360–435) machte von seinem Kloster in Marseilles aus ihre Lehren im Westen bekannt. In seiner *Regel* empfahl der heilige Benedikt den Mönchen die *Unterredungen (Collationes)* des Cassianus als Grundelement der spirituellen Ausbildung.

Buddhistische Begriffe und Persönlichkeiten

*Soweit nicht anders angegeben, handelt es sich bei
sämtlichen Transkriptionen um Sanskrit.*

Achtfacher Pfad: Die vierte Edle Wahrheit – der wahre Weg zur
Beendigung des Leids – hat acht Aspekte: 1.) richtige Anschauung,
2.) richtige Auffassung, 3.) richtige Rede, 4.) richtiges Handeln,
5.) richtige Lebensführung, 6.) richtiges Streben, 7.) richtige Achtsamkeit, 8.) richtige Konzentration. Zusammen bilden diese acht
Aspekte das Herz eines spirituellen Weges.

Anātman: Nicht-Selbst oder Nicht-Seele; jene Lehre des Buddha,
die das Vorhandensein eines reinen, ewigen, feinstofflichen Selbst,
Ātman, in Abrede stellt. Diese Lehre soll unser Anhaften oder
Festhalten an der Vorstellung von einem Selbst beseitigen. Denn
dieses Festhalten macht die grundlegende Unwissenheit aus, die
wiederum die empfindenden Wesen an den Leidenskreislauf des
bedingten Daseins fesselt. *Siehe: Leerheit; Nicht-Selbst.*

Aryadeva (Āryadeva): der bedeutendste Schüler Nagarjunas.
Siehe: Nagarjuna.

Ātman: Selbst oder Seele in Sanskrit. *Siehe: Nicht-Selbst.*

Bedingtes Dasein: → *Samsara.*

Bedingtes Entstehen (Sanskrit: Pratītya-Samutpāda): wird häufig
als das zentrale Prinzip der buddhistischen Philosophie angeführt.
Bedingtes Entstehen besagt: Die Existenz alles Wirklichen ist notwendigerweise durch etwas anderes bedingt. Zwischen bedingtem
Entstehen und Leerheit gibt es eine enge Verbindung. Nur dann

nämlich stehen alle Dinge in einem kausalen Bedingungsverhältnis zueinander, wenn sie leer sind, also ohne einen nicht-beding-
ten Wesenskern existieren. Vielfach führt man drei – in zunehmendem Maß subtilere – Formen von Bedingtheit auf: 1.) kausale
Bedingtheit; hier ist ein Objekt (etwa ein Baum) notwendigerweise das Produkt bestimmter Ursachen und Bedingungen (etwa
des Samens, des Bodens, des Sonnenlichts usw.); 2.) das Bedingungsverhältnis von Teil und Ganzem; hier ist ein Objekt (zum
Beispiel ein Auto) notwendigerweise durch eine Vielzahl von Ein-
zelteilen und spezifischen Merkmalen bedingt (Reifen, Achsen,
Motor usw.); und 3.) erkenntnismäßige – oder wechselseitige –
Bedingtheit; hier kann man sagen, als Objekt existiere etwas
nur, sofern ein Bewußtsein es als »x« im Unterschied zu »nicht-x«
bestimmt. *Siehe: Kausalität; Leerheit.*

Befreiung: → *Nirvana.*

Bhikshu (Pali: Bhikkhu): ein voll ordinierter Mönch in der klösterlichen Tradition des Buddhismus. In der klösterlichen Tradition Tibets hat ein voll ordinierter Mönch 253 Gelübde, ein
Novize 36 Gelübde zu beachten.

Bhikshunī: eine voll ordinierte Nonne in der klösterlichen Tradition des Buddhismus. Zwar gab es in Tibet seit einigen Jahrhun-
derten keine Übertragungslinie mehr für voll ordinierte Nonnen,
eine solche Linie für die volle Ordination von Nonnen existiert
allerdings noch im chinesischen Buddhismus. So wie bei den
Mönchen hat auch bei den Nonnen eine Novizin 36 Gelübde zu
beachten. Eine voll ordinierte Nonne hält 364 Gelübde.

Bodhisattva: ein religiöser Schlüsselbegriff für den Mahayana-
Buddhismus. Ein Bodhisattva ist jemand, der unvoreingenom-

menes Mitgefühl für alle empfindenden Wesen entwickelt hat und sich auf dem Weg zu vollkommener Buddhaschaft befindet. Durch ihr Gelöbnis, sämtliche empfindenden Wesen zur vollständigen Erleuchtung zu führen, widmet diese Person ihr Leben voll und ganz dem Wohlergehen anderer. *Siehe: Bodhisattva-Ideale; Buddhaschaft.*

Bodhisattva-Ideale: Die Bodhisattva-Ideale beinhalten die *Sechs Paramitas* oder *Befreienden Qualitäten*, die der persönlichen Weiterentwicklung dienen, und die *Vier Mittel*, deren Ziel die Weiterentwicklung der anderen ist.

Die *Sechs Befreienden Qualitäten* sind: 1.) Freigebigkeit, 2.) ethische Disziplin, 3.) Geduld, 4.) freudige Ausdauer, 5.) Konzentration (meditative Stabilität) und 6.) Weisheit.

Die *Vier Mittel* sind: 1.) geben, was dringend benötigt wird; 2.) stets sanft reden; 3.) anderen ein aufrichtiger Ratgeber sein und 4.) diese Grundsätze durch das eigene Beispiel veranschaulichen. Nachdem ein Bodhisattva den Vorsatz gefaßt hat, zum Wohl aller Wesen vollkommene Erleuchtung anzustreben, gelobt er, die Sechs Vollkommenheiten und die Vier Mittel mit vollem Einsatz in die Tat umzusetzen.

Brahman: ein metaphysischer Begriff, für manche Schulen der nichtbuddhistischen Philosophie im alten Indien von grundlegender Bedeutung. Grob gesagt versteht man unter Brahman das Absolute, den Seinsgrund, den Urquell allen Daseins. In diesem Kontext ist die Erscheinungswelt eine Illusion, die nur insoweit – und so lange – existiert, wie unsere Wahrnehmung voneinander getrennter, individueller Egos (*Ātman*) Bestand hat. Diese Illusion findet ein Ende, wenn man die wahre Natur von *Brahman* erkennt. *Siehe: Nicht-Selbst.*

Buddha: wörtlich »der Erwachte«. Ein Erleuchteter – jemand der jeden Makel bereinigt und alle positiven Eigenschaften zur Vollendung gebracht hat und dadurch anderen Wesen von unumschränktem Nutzen sein kann. *Siehe: Buddhaschaft.*

Buddhadāsa Bhikkhu (1906–1993): Ajahn Buddhadāsa war einer der am meisten verehrten buddhistischen Lehrer Thailands, zugleich stieß er aber auch auf viele Widerstände. Mit seinen inspirierenden Lehrvorträgen und praktischen Unterweisungen hat er buddhistische Laien wie auch Ordensleute ermutigt, sich engagiert zugunsten sozialer Verbesserungen einzusetzen. So konnte er auch das Erziehungswesen, die Sozialarbeit und die ländliche Entwicklung Thailands positiv beeinflussen. Seit er 1993 verstarb, führen seine zahlreichen Schüler verschiedener Nationalität seine Arbeit fort.

Buddha-Natur: → *Tathāgatagarbha.*

Buddhaschaft: Zustand der vollen Erleuchtung; in ihm sind physische oder geistige Mängel und Unzulänglichkeiten aller Art geläutert und aufgehoben, alle Begabungen und Vorzüge voll entfaltet und zur Vollendung gebracht. »Buddha« ist ein allgemein anwendbarer Begriff: So kann jeder bezeichnet werden, der vollkommene Erleuchtung erreicht hat. Ist von »Buddha« die Rede, sollte man also wissen, ob der historische Buddha Shakyamuni gemeint ist oder ein voll erleuchteter Mensch. *Siehe: Drei Kāyas; Erleuchtung.*

Buddha Shakyamuni: → *Buddhaschaft; Shakyamuni.*

Chandrakirti (Candrakīrti): wichtiger Philosoph der Prāsangika-Schule, einer von mehreren Schulrichtungen, die innerhalb des Madhyamaka entstanden sind.

Dhammapada: Diese Sammlung von Äußerungen des Buddha, die in der Sanskrit-Fassung Dharmapada heißt, ist sicher eine der bekanntesten buddhistischen Schriften. Das Dhammapada skizziert in 423 epigrammatischen Sprüchen die für das buddhistische Verständnis des menschlichen Daseins charakteristischen Vorstellungen. (Siehe Lektürevorschläge zur buddhistischen Literatur auf Seite 347.)

Dharma (Pali: Dhamma): etymologisch von einem Wortstamm hergeleitet, der »halten« bedeutet. Als Dharma – »Wahrheit« oder »Weg« – bezeichnet man die Lehren des Buddha und deren praktische Umsetzung. In diesem Kontext meint »Dharma«: das, was von Leid und seinen Ursachen fernhält. Das entsprechende tibetische Wort *chos* bedeutet wörtlich »Veränderung« oder »Umwandlung«, und es bezieht sich gleichermaßen auf den spirituellen Wandlungsprozeß wie auch auf das daraus hervorgehende Resultat. Das Wort hat noch zahlreiche andere Konnotationen. Zum Beispiel führt ein klassischer Text zehn Bedeutungen auf: wahrnehmbares Phänomen, Weg, Nirvana, Bewußtseinsgegenstand, Verdienste, Leben, Schriften, materielles Objekt, Vorschrift, Überlieferung der Lehre. *Siehe: Drei Juwelen.*

Dharma-Belehrung im Wildpark von Sārnāth: die erste Lehrrede des historischen Buddha Shakyamuni. Nachdem er die Buddhaschaft erlangt hatte, während er unter einem Bodhi-Baum meditierte – dort, wo heute die Stadt Bodhgaya in Nordindien liegt –, machte Buddha Shakyamuni sich auf den Weg in die Stadt Sārnāth. Dort begegnete er den fünf Asketen, mit denen gemeinsam er sich einst äußerst harten Kasteiungen unterzogen hatte. Als seine früheren Gefährten den Buddha zu Gesicht bekamen, beschlossen sie, ihn zu ignorieren. Denn es war offenkundig, daß er sein Gelübde, äußerste Askese zu wahren, aufgegeben hatte. Als der Buddha sich ihnen näherte, waren sie jedoch überwältigt von seiner Ausstrahlung – von Freude und Verständnis. Sie baten ihn inständig, sie das Geheimnis seiner tiefen Einsicht zu lehren. Buddha Shakyamuni begann daraufhin mit der ersten förmlichen Darlegung seiner Lehren. In ihr bestärkte er seine einstigen Gefährten darin, nicht in die Extreme von sinnlicher Begierde oder übertriebener Askese zu verfallen. Beides, so machte der Buddha deutlich, werde nur zu mehr Leid führen. Und er legte den »mittleren Weg« dar, der alle Extreme vermeidet. Im Mittelpunkt seiner Lehrrede standen die Vier Edlen Wahrheiten: In ihnen sind die Erkenntnisse des Buddha zusammengefaßt, und sie zeigen auf, wie man das Leid beenden kann. *Siehe: Vier Edle Wahrheiten.*

Dharmakāya: Wahrheitskörper eines Buddha. *Siehe: Drei Kāyas.*

Drei Juwelen (Triratna): Im Buddhismus nimmt man Zuflucht zum Buddha, zum Dharma (der Lehre) und zur Sangha (der spirituellen Gemeinschaft). Der eigentliche Gegenstand der Zuflucht ist dabei der Dharma. Denn nur dadurch, daß man die Wahrheit vernimmt, kann man Befreiung finden. Buddha ist der erleuchtete Lehrer oder die erleuchtete Lehrerin, der oder die uns durch Einsicht in die Natur des Geistes den Weg weist. Die Sangha gibt uns die kostbare spirituelle Gemeinschaft von Freunden als Begleiter mit auf den Weg. Diese drei werden die »Drei Juwelen« oder die »Drei Kostbarkeiten« genannt, weil sie als etwas außerordentlich Seltenes und Kostbares angesehen werden. *Siehe: Buddhaschaft; Dharma; Sangha.*

Drei Kāyas: Die Lehre von den *Drei Kāyas* legt dar, wie man im Mahayana die Natur der vollkommenen Erleuchtung, der Buddhaschaft, versteht. Das Sanskrit-Wort *Kāya* läßt sich mit »Körper« oder »Verkörperung« übersetzen. Der *Dharmakāya* oder »Wahrheitskörper«, der Körper der letztendlichen Wirklichkeit im voll erleuchteten Zustand eines Buddha, ist ohne Gestalt wie die offene Weite des Raumes. Er ist jene unbeschreibliche Sphäre, aus der spontan alle edlen Handlungen eines erleuchteten Wesens, eines Buddha, entspringen. Der *Sambhogakāya* oder »Körper der vollkommenen Freude« ist die tatsächliche, in den vervollkommneten Daseinsbereichen verweilende Form des erleuchteten Geistes. Nur Bodhisattvas auf sehr hohen spirituellen Entwicklungsstufen können diese subtile Verkörperung erleuchteter Wesen wahrnehmen. Daher müssen die Buddhas, um gewöhnlichen empfindenden Wesen wie uns von Nutzen sein zu können, sich in physischen Gestalten verkörpern, die unserer Daseinsform gleichen. Mit anderen Worten: Sie müssen Emanationsformen zum Vorschein bringen, die unserem Naturell entsprechen. Eine derartige Emanation oder Ausstrahlung wird als *Nirmānakāya* bezeichnet, als »Emanations- oder Ausstrahlungskörper«.

Man könnte zwischen den *Drei Kāyas* und der christlichen Lehre von der Dreifaltigkeit Entsprechungen aufzeigen: Der *Dharmakāya* entspräche dann dem Vater; der *Sambhogakāya* dem Heiligen Geist und der *Nirmānakāya* dem Sohn. Die Entsprechung fällt um so eindrucksvoller aus, wenn man genau in Betracht zieht, welche Funktionen die *Drei Kāyas* erfüllen und welche Art von Beziehung zwischen ihnen besteht.

Im Vajrayana-Buddhismus hat die Vorstellung von den *Drei Kāyas* eine noch weiterreichende Geltung: Die *Drei Kāyas* und die drei Zustände Tod, Zwischenbereich und Wiedergeburt werden zueinander in Bezug gesetzt. Die Lehre von den *Drei Kāyas* kann also auch als Ausgangspunkt einer grundlegenden, sämtliche Phänomene in den Blick fassenden Betrachtungsweise dienen. *Siehe: Buddhaschaft; Erleuchtung.*

Duhkha (Pali: Dukkha): bezeichnet den fundamental unbefriedigenden und übergangshaften Charakter des Daseins, wird häufig als »Leid« übersetzt und ist die erste Edle Wahrheit. *Siehe: Vier Edle Wahrheiten.*

Dzogchen: bedeutet wörtlich »große Vollendung«. Die Dzogchen-Lehren gehören zum Bestand des Vajrayana, und ihr Hauptaugenmerk richtet sich auf die Verwirklichung des ursprünglichen Gewahrseins als Mittel, um Erleuchtung zu erzielen.

Erleuchtung: Dieses deutsche Wort dient im buddhistischen Kontext dazu, das vollständige spirituelle Erwachen eines Menschen deutlich zu machen. Der entsprechende tibetische Ausdruck *djang chub* bedeutet wörtlich »jemand, der geistige Trübungen geläutert und vollkommene Verwirklichung erreicht hat«. Ein vollkommen erleuchteter Mensch wird als Buddha bezeichnet. *Siehe: Buddhaschaft; Drei Kayas.*

Fünf Anhäufungen: Gemäß der philosophischen Denkweise im Buddhismus werden sämtliche physischen und geistigen Phänomene den Fünf *Skandhas* oder Anhäufungen zugeordnet, die man mitunter auch als die »psychophysischen Bestandteile« bezeichnet. Dabei handelt es sich um: Form, Empfindung, Wahrnehmung, Willensäußerung und Bewußtsein. Gemeinsam bilden sie die Grundlage dafür, daß ein Individuum den Eindruck von einem Ich oder »Selbst«, einer wahrhaft vorhandenen persönlichen Identität, gewinnt – und leidet.

Geistesschulung: eine ganz wichtige Kategorie von Lehren und Übungen, die dem Zweck dienen, unser Mitgefühl und unsere altruistische Motivation zu verstärken. Ein Hauptmerkmal der Geistesschulung, *Lodjong* auf tibetisch, sind die detaillierten Anweisungen, die wir erhalten, um selbst die widrigsten Umstände in günstige Bedingungen zur Stärkung unserer spirituellen Aktivität umwandeln zu können. *Lodjong* entwickelte sich im Kontext der *Kadam*-Bewegung, die etwa um das elfte Jahrhundert nach Christus in Tibet ihren Anfang nahm.

Geistiges Wegsinken: Diese Tendenz liegt solchen hinderlichen Geisteszuständen wie Schläfrigkeit, Trägheit und Lethargie zugrunde und ist – neben der geistigen Zerstreutheit – eines der Haupthindernisse auf dem Weg zu meditativer Stabilisierung. Sie äußert sich in erster Linie darin, daß man sich matt und müde fühlt, wenig Energie und Regsamkeit verspürt. In buddhistischen Meditationsanleitungen wird geistiges Wegsinken als die etwas subtilere Form geistiger Zerstreutheit bezeichnet.

Geistige Zerstreutheit: eine Art von Erregung, die die ruhige Gelassenheit des meditativen Zustands zunichte macht. Zerstreuung wird dadurch bewirkt, daß der Geist sich von äußeren Objekten ablenken läßt. Dies ist Ausdruck eines Anhaftens an Objekten: Man erliegt in gewisser Weise ihrer Anziehung – mit dem destabilisierenden Effekt, daß man jede eventuell erreichte Konzentration einbüßt. *Siehe: Ruhiges Verweilen des Geistes.*

Gelug: die reformierte Schule des tibetischen Buddhismus, die der große Tsongkhapa (1357–1419) gegründet hat. Zwar hat der Dalai Lama die Lehren aller vier Schulen des tibetischen Buddhismus studiert, in erster Linie jedoch wurde er in dieser Schule ausgebildet.

Geshe: eine tibetische Bezeichnung, die wörtlich »spiritueller Freund« bedeutet. In der Gelug-Tradition wird dieser Titel üblicherweise denjenigen verliehen, die nach vielen Jahren erfolgreicher klösterlicher Ausbildung ein hohes Maß an Gelehrsamkeit erreicht haben.

Guru: Dieser Ausdruck aus dem Sanskrit (tibetisch: *Lama*) bezeichnet einen spirituellen Ratgeber und Lehrer, der über solche spirituellen Qualifikationen verfügt, wie sie in den Schriften geschildert werden. Grundvoraussetzungen, die ein Guru auf jeden Fall mitbringen muß, sind: eine mitfühlende Haltung dem Schüler/der Schülerin gegenüber, innere Disziplin, ein hohes Maß an Gelassenheit und mehr Kenntnisse über den zu vermittelnden Gegenstand als der Schüler/die Schülerin.

Hinayana (Hīnayāna): wörtlich »Kleineres Fahrzeug«. Der Ausdruck *Hinayana* wird in erster Linie von denjenigen verwendet, die den Weg des Mahayana beschreiten, und bezeichnet diejenigen Buddhisten, die um der persönlichen Befreiung willen ihre Übungen verrichten – im Unterschied zu denjenigen, die ihren spirituellen Übungen mit einer Mahayana-Motivation nachgehen, also mit der Zielsetzung nach Erleuchtung streben, *alle* empfindenden Wesen von Leid zu befreien. Ein Großteil der buddhistischen Gelehrten von heute sieht darin eine künstliche Unterteilung und in der Bezeichnung *Kleineres Fahrzeug* eine gewisse Herabsetzung: besonders wenn sie sich dem Weg der südlichen Schulen des Buddhismus (den auf Sri Lanka, in Thailand, Burma, Kambodscha, Indonesien und Vietnam vertretenen Überlieferungen der buddhistischen Lehre) verbunden fühlen, auf die dieser Ausdruck gewöhnlich angewendet wird. *Siehe: Theravadische Überlieferung.*

Jatakas: Diese Geschichten über die vergangenen Leben von Buddha Shakyamuni illustrieren, wie der Buddha sich der Lebensführung eines Bodhisattvas gewidmet hat, indem er nach Kräften für das Wohlergehen anderer empfindender Wesen wirkte. Im Kanon des tibetischen Buddhismus gibt es eine von Āryasura verfaßte Anthologie dieser Geschichten mit dem Titel *Jātakamālā.*

Kagyü: wörtlich »die mündliche Linie«; eine der vier großen Linien des tibetischen Buddhismus. Sie wurde von Marpa Lotsawa im elften Jahrhundert gegründet und brachte den berühmten Yogi Milarepa hervor. *Siehe: Milarepa.*

Kangyur: der Kanon des tibetischen Buddhismus, zu dem mehr als einhundert umfangreiche Bände von Lehrreden und Texten zählen, die man dem Buddha zuschreibt. *Kangyur* bedeutet wörtlich »die übersetzten heiligen Worte«, und fast alle Werke dieser tibetischen Schriftensammlung, die der tibetische Enzyklopädist Bu-tön Rinchen Drub im 14. Jahrhundert verfaßt hat, wurden aus den Sanskrit-Originaltexten übersetzt.

Karma: Der Ausdruck kommt aus dem Sanskrit und verweist auf eine bedeutsame metaphysische Vorstellung, die sich auf unser Handeln und seine Auswirkungen bezieht. Sie ist Bestandteil sämtlicher religiöser Lehren Indiens und beinhaltet die Handlungen selbst wie auch die Prägungen und Tendenzen, die diese Handlungen im Geist hervorbringen. *Karma* bezeichnet den Gesamtzusammenhang aus verursachenden Handlungen und den daraus resultierenden Auswirkungen. *Siehe: Kausalität.*

Karunā: Die Übersetzung durch »Mitgefühl« sollte uns nicht verleiten, *Karunā* dahingehend mißzuverstehen, daß man Mitleid mit jemandem hat oder sich seiner erbarmt. In der Etymologie des Wortes ist die Bedeutung enthalten, daß man sich auf des anderen Schmerz und Leid einläßt und damit auseinandersetzt. *Karunā* bedeutet wörtlich »das Aufhören der Glückseligkeit« und beschreibt ein so intensives Sich-Hineinversetzen in das, was ein anderes Wesen peinigt, bis man es voll und ganz nachempfindet.

Kausalität: Das Kausalitätsprinzip spielt im buddhistischen Denken und in seiner praktischen Umsetzung eine wichtige Rolle. In seinem praktischen Vorgehen bezieht sich der buddhistische Weg ausdrücklich auf kausale Erwägungen. Denn er geht von der Voraussetzung aus, daß dem Leid abzuhelfen ist, indem man seine Ursachen beseitigt. Der unmittelbare Grund von Leid ist ungünstiges *Karma*, die negativen Prägungen, die im Geist zurückbleiben, wenn man entweder körperlich, mit Worten oder in Gedanken negative Handlungen verübt. Solche Prägungen »reifen« später zu Erfahrungen heran, und man erfährt dann unerfreuliche Geisteszustände – das heißt, man leidet. Ursachen von Leid sind des weiteren jene Einstellungen und mentalen Gewohnheiten, die einen dazu bringen, daß man negative Handlungen verübt: an allererster Stelle Unwissenheit, unsere – gewohnheitsmäßig zum Tragen kommende – irrige Wahrnehmung, derzufolge die relative und veränderliche Wirklichkeit als etwas Feststehendes und Absolutes erscheint. Unter einem mehr philosophischen Gesichtswinkel ist die Kausalität die offenkundigste Erscheinungsform der wechselseitigen Bedingtheit. Und wechselseitige kausale Bedingtheit dient häufig als Beispiel, um zu zeigen, daß alle Dinge sich notwendigerweise wechselseitig bedingen, notwendigerweise ohne jeden festen Wesenskern sind. *Siehe: Karma; Vier Edle Wahrheiten; Wechselseitige Bedingtheit.*

Lama: → *Guru.*

Lam-rim: Die stufenweise vorgehende Darlegung der buddhistischen Lehren und Übungen berücksichtigt die unterschiedlichen geistigen Entwicklungsstufen der Menschen, die den Weg zur Erleuchtung beschreiten. *Lam-rim* bedeutet wörtlich »stufenweiser Weg«, ist eine auf den indischen Meister Atisha zurückgehende und bis heute sehr bedeutsame Überlieferung. Das klassische Werk dieser Überlieferung, *Der kostbare Schmuck der Befreiung*, hat Gampopa (1079–1153) verfaßt. (Siehe Lektürevorschläge zur buddhistischen Literatur auf Seite 347.)

Leerheit: ein philosophischer Schlüsselbegriff des Mahayana-Buddhismus. Die Lehre von der Leerheit, *Shūnyatā*, geht auf das *Prajñāpāramitā-Sutra* zurück, das Sutra von der vollendeten, »über alle Bedingtheit hinausgelangten Weisheit«. Leerheit verweist darauf, daß Personen oder Sachen kein wirkliches Dasein zu eigen ist. Man muß immer im Sinn behalten, daß Leerheit kein ontologischer Status ist, denn auch der Leerheit ist kein wirkliches Dasein zu eigen. Nagarjuna hat in seiner berühmten *Mūlamadhyamaka-Karika* als erster die im *Prajñāpāramitā-Sutra* angelegte Lehre in systematischer Weise ausformuliert. *Siehe: Anātman; Nagarjuna; Nicht-Selbst.*

Leid (Duhkha; Pali: Dukkha): bezeichnet im buddhistischen Kontext zwar auch die körperliche Empfindung von Schmerz, vor allem jedoch die leidvollen seelischen und emotionalen Erfahrungen. Damit sind aber auch die Gefühle nicht enden wollender Langeweile und Unzufriedenheit angesprochen, die für viele weltliche Erfahrungen so charakteristisch sind. In den Schriften werden daher drei Arten oder Ebenen des Leids angesprochen: 1.) das Leid des Leidens; damit ist all das gemeint, was wir normalerweise als leidvolle Erfahrungen bezeichnen, z.B. einen tatsächlichen Schmerz; 2.) das Leid der Veränderung; das heißt, alle Erfahrungen, die wir gemeinhin als angenehm betrachten – die dies jedoch nicht auf Dauer sind; 3.) das Leid des bedingten Daseins; hierbei geht es um die dem unerleuchteten Dasein zugrundeliegende Unzufriedenheit, Disposition zu leidvollen Erfahrungen und Empfänglichkeit für Täuschung und Irrtum. *Siehe: Duhkha; Samsara; Vier Edle Wahrheiten.*

Lodjong: → *Geistesschulung.*

Mahayana-Buddhismus (Mahāyāna): wörtlich »großes Fahrzeug«, neben dem Hinayana eine der beiden buddhistischen Hauptüberlieferungen, die sich im alten Indien entwickelt haben; ist mit den nördlichen Überlieferungen des Buddhismus aus Tibet, China, Japan und Korea verknüpft. Das wesentliche Unterscheidungsmerkmal des Mahayana gegenüber dem Hinayana ist die Bodhisattva-Motivation: Die altruistische und mitfühlende Geisteshaltung mit unumschränkter Verantwortlichkeit für das Wohlergehen aller Wesen gilt im Mahayana als unerläßliche Voraussetzung, um vollkommen erleuchtet werden zu können. *Siehe: Bodhisattva; Hinayana.*

Maitreya: der künftige Buddha und die Verkörperung der Herzensgüte aller Buddhas; sein Name bedeutet »der Liebende«. Außerdem gibt es einen Bodhisattva Maitreya und auch eine historische Person gleichen Namens, die verschiedene wichtige Mahayana-Texte verfaßt hat.

Mandala: wörtlich »Zentrum mit Umkreis«, bezeichnet im allgemeinen Sprachgebrauch ein kosmisches Symbol. Charakteristisch für ein Mandala ist der – auf eine bestimmte Weise konzentrisch angeordnete – kreisförmige und von Symmetrien bestimmte Aufbau. In vielen buddhistischen Meditationen, die sich die komplexe

Kunst der Visualisation zunutze machen, dienen die Mandalas als visuelle Hilfsmittel einem kontemplativen Zweck. In diesem letztgenannten Zusammenhang repräsentiert das Mandala den Geist des Meditierenden in seinem makellosen, geläuterten Zustand.

Manjushri (Mañjushrī): Der Bodhisattva des Wissens und der Weisheit verkörpert das Erkenntnisvermögen aller Buddhas. Traditionell wird er mit dem Weisheitsschwert in der rechten Hand und mit dem *Prajñāpāramitā-Sutra* – auf einer Lotosblume, deren Stiel er in der linken Hand hält – dargestellt.

Methode: Im Mahayana-Buddhismus ist dies ein spezifischer Ausdruck für all jene Aspekte des spirituellen Weges, die mit der Entwicklung und Intensivierung des Mitgefühls und der altruistischen Bodhisattva-Aktivitäten zu tun haben. Dem steht der *Weisheits*-Aspekt des Weges gegenüber mit seinem direkten Bezug auf das Entwickeln von Einsicht in die Leerheit. Von den Sechs Befreienden Qualitäten entsprechen die ersten fünf dem Methoden-Aspekt, die letzte hingegen dem Weisheits-Aspekt. Aus Sicht des Mahayana gehört zu einem wahrhaft spirituellen Weg die vollkommene Einheit von Methode und Weisheit: Sie wird gelegentlich auch die »Einheit von Weisheit und Mitgefühl« genannt. *Siehe: Bodhisattva-Ideale; Weisheit; Zwei Wahrheiten.*

Metta (Maitrī): Von *Metta*, Herzensgüte, spricht man, wenn ein Mensch aus ganzem Herzen darauf hinwirkt, daß andere glücklich sein mögen. Demgegenüber bedeutet Mitgefühl, daß man willens ist, mit anderen ihr Leid zu teilen. Wie *Karunā*, Mitgefühl, ist *Metta* altruistisch und auf andere bezogen. *Metta* erwächst aus stark empfundener Einfühlung in andere.

Milarepa (1040–1123): Tibets großer Heiliger und Poet brachte, ungeachtet aller Prüfungen und Entbehrungen, mit denen das Leben ihn konfrontierte, seinem Lehrer unerschütterliche Hingabe entgegen. Als wandernder Yogi lebte er in der unwirtlichen Gebirgswelt und meditierte in entlegenen Höhlen. Seine Lebensgeschichte und seine Lieder, spontane Gesänge von der Einsicht in die wahre Natur der Dinge, sind für die Tibeter seit vielen Generationen eine unerschöpfliche Inspirationsquelle. (Siehe Lektürevorschläge zur buddhistischen Literatur auf Seite 347.)

Mitgefühl: → *Karunā.*

Nagarjuna (Nāgārjuna): Er ist – nach dem Buddha – vielleicht die zweitwichtigste historische Gestalt im Mahayana-Buddhismus und kann als Begründer des Mahayana angesehen werden. Seine religiösen und philosophischen Schriften sind nach wie vor bei vielen philosophischen Fragen im Kontext des buddhistischen Denkens die oberste Autorität. Mit seinem Hauptwerk, der *Mūlamadhyamaka-Karika,* schuf er die Grundlage für alle nachfolgenden Schriften zur buddhistischen Leerheits-Philosophie. Englische Übersetzungen dieses Textes findet man in: Frederick Streng, *Emptiness: A Study in Religious Meaning* (Nashville: Abingdon Press, 1967); Kenneth Inada, *Nagarjuna: A Translation of his Mūlamadhyamaka-karika* (Tokyo: Hokuseido Press, 1970) und Jay Garfield, *Fundamentals of the Middle Way* (Oxford: Oxford University Press, 1995).

Nicht-Selbst (Anātman): Der Lehre des Nichts-Selbst, der Selbstlosigkeit, gelegentlich auch als »Nicht-Seele« übersetzt, kommt im Buddhismus eine philosophische Schlüsselposition zu. Kurz gesagt, geht es hierbei um des Buddhas Einsicht, daß dem Befangensein im unerleuchteten, bedingten Dasein die irrige Überzeugung zugrunde liegt, es existiere ein dauerhaft fortbestehendes »Selbst«. Die Einsicht, daß kein derartiges Selbst vorhanden ist, öffnet uns die Tür zur Befreiung aus dem Leid des bedingten Daseins. Einzelne Schulrichtungen innerhalb des Buddhismus haben unterschiedliche Auffassungen davon, wie diese grundlegende Lehre des Buddha zu verstehen sei. *Siehe: Anātman; Leerheit; Nagarjuna.*

Nirmānakāya: Emanations- oder Ausstrahlungskörper eines Buddha. *Siehe: Drei Kāyas.*

Nirvana (Nirvāna; Pali: Nibbāna): bedeutet wörtlich »über Schmerz und Leid hinausgelangt«; totales Freisein von Leid und den Voraussetzungen, aus denen es erwächst. Diese vollkommene Freiheit von Leid kann man nur erreichen, wenn emotionaler und geistiger Kummer jeglicher Art ein Ende gefunden hat. Daher ist anstelle von *Nirvana* mitunter auch von *Nirodha,* wirklichem Aufhören, die Rede; oder von *Moksha,* wirklicher Befreiung und Erlösung.

Nyingma: die älteste Schule des tibetischen Buddhismus. Padmasambhava, der auch Guru Rinpoche – »kostbarer Lehrer« – genannt wird und den Buddhismus nach Tibet gebracht hat, gründete sie im achten Jahrhundert.

Pali Kanon: Der buddhistische Kanon des *Tipitaka* (Sanskrit: *Tripitaka*), der »drei Körbe«, enthält diejenigen Lehrreden des Buddha, die in der theravadischen Überlieferung Anerkennung finden. *Siehe: Theravadische Überlieferung; Vinaya-Sutra.*

Parinirvana: des Buddhas endgültiges Nirvana im Moment seines Todes im nordindischen Kushinagar.

Prāna: ein Sanskrit-Wort, das wörtlich »Wind« oder »Atem« bedeutet. Im buddhistischen Tantra bezieht *Prāna* sich auf die verschiedenen Arten subtiler Energie, die den Gesamtkomplex von Geist und Körper mit Leben erfüllen. Man hat hier die Vorstellung, daß diese »Winde« oder psychophysischen Energien durch Kanäle im Körper zirkulieren und ein integraler Bestandteil aller physischen und geistigen Funktionen sind. In seiner subtilsten Form ist dieser Wind identisch mit der subtilsten Form des Geistes, und bei den tantrischen Übungen ist man vor allem bestrebt, diesen höchst subtilen Wind zu bändigen, um so eine Erkenntnis des Geistes in seiner subtilsten Form zu erzielen. Gemäß der tantrischen Theorie kann derjenige, der durch die tantrischen Übungen auf den gröberen wie auf den subtilen Ebenen die Kontrolle über die Winde erlangt hat, durch deren Beeinflussung mancherlei Wirkungen hervorbringen – darunter solche, die als Emanationen bezeichnet werden können.

Prāsangika-Madhyamaka: eine Schule, die aufgrund der Auslegung von Nagarjunas Werken durch Buddhapalita innerhalb des Madhyamaka entstanden ist. Die Grundsätze dieser Schule sind maßgeblich für die in allen vier Überlieferungen des tibetischen Buddhismus vorherrschende Philosophie. *Siehe: Nagarjuna.*

Reines Land: eine geläuterte, dem Mahayana-Buddhismus zufolge durch die Kraft des Mitgefühls und der Weisheit eines Buddha oder Bodhisattva hervorgebrachte Umgebung oder Umwelt. Empfindende Wesen können danach streben, dort wiedergeboren zu werden, um den Weg zur Erleuchtung unter günstigeren Voraussetzungen zu vollenden. *Reines-Land-Schulen* (in erster Linie in China und Japan beheimatet) stellen fast ausschließlich solche Übungen in den Vordergrund, die eine Wiedergeburt in einem Reinen Land bewirken sollen.

Rinpoche: bedeutet wörtlich »Kostbarer«. Diesen Titel verwendet man, wenn man reinkarnierte Lamas, Lamas von hoher spiritueller Realisation und Äbte von Klöstern anredet oder von ihnen spricht. *Siehe: Tulku.*

Ruhiges Verweilen des Geistes (Shamatha): ein durch die Meditation geförderter Geisteszustand, dessen Kennzeichen das Fehlen jeglicher Ablenkung durch äußere Objekte und eine gefestigte Konzentration auf den dafür ausersehenen Gegenstand ist. Seine besonderen Qualitäten sind: »Ruhe«, was bedeutet, daß die Abgelenktheit sich legt; und »Verweilen«, was bedeutet, daß man eine in hohem Maß einsgerichtete Geisteshaltung erreicht. Ruhiges Verweilen wird bei der Erörterung von Meditation in der buddhistischen Literatur häufig mit *Vipashyanā* in Verbindung gebracht. *Siehe: Samādhi; Vipashyanā.*

Sadhu: ein traditioneller indischer Bettelmönch.

Sakya: eine der vier großen Schulen des tibetischen Buddhismus. Benannt ist sie nach der geographischen Region, in der die Lehrer lebten, die sie im elften Jahrhundert gegründet haben. Der berühmteste Lehrer, den diese Schule hervorgebracht hat, war Sakya Pandita (1182–1251).

Samādhi: meditative Stabilisierung. Die Fähigkeit, den Geist einsgerichtet und ohne abzuschweifen auf einen dazu ausersehenen Gegenstand zu richten; in diesem Geisteszustand kann *Shamata,* ruhiges Verweilen des Geistes, vertieft werden. *Siehe: Ruhiges Verweilen des Geistes; Vipashyanā.*

Sambhogakāya: Körper der vollkommenen Freude; einer der drei Buddha-Körper. *Siehe: Drei Kāyas.*

Samsara (Saṃsāra): der Kreislauf des bedingten Daseins, in den alle empfindenden Wesen – aufgrund ihres Karmas und ihrer irrigen Sicht der Dinge – ungewollt immer wieder aufs neue eintreten. Samsara ist der unerleuchtete Daseinszustand. Die vierte Edle Wahrheit, die Wahrheit des wirklichen Aufhörens von Leid, nimmt auf das Aufhören des bedingten Daseins in Samsara Bezug. Dieses Aufhören bedeutet das Eintreten in den Zustand der Befreiung, Nirvana. *Siehe: Vier Edle Wahrheiten; Nirvana.*

Sangha: bezeichnet die Gemeinschaft all derer, die den buddhistischen Weg zur Erleuchtung beschreiten; oder die Gemeinschaft der ordinierten Mönche und Nonnen; oder all jene, die direkte Einsicht in die Leerheit aller Dinge der Erscheinungswelt gewonnen haben. *Siehe: Drei Juwelen.*

Selbst-losigkeit: → *Nicht-Selbst.*

Shakyamuni (563–483 v. Chr.): der vierte von eintausend Buddhas des gegenwärtigen Weltzeitalters. Als Prinz aus dem Geschlecht der Shakyas in Nordindien geboren worden, lehrte er den Weg des Sutra und den Weg des Tantra, auf denen sich Befreiung und volle Erleuchtung erreichen läßt. Was wir heute als Buddhismus bezeichnen, geht auf ihn zurück. Shakyamuni bedeutet »der Weise aus dem Geschlecht der Shakyas«. *Siehe: Buddhaschaft; Sutra; Tantra.*

Shamatha: → *Ruhiges Verweilen des Geistes.*

Shantideva: Der Name bedeutet »friedvoller Gott«. Der buddhistische Weise und Philosoph, der im siebten Jahrhundert in Indien lebte, hat einen der beliebtesten Mahayana-Texte verfaßt, das *Bodhicharyāvatāra (Eintritt in das Leben zur Erleuchtung).*[71]

Der Dalai Lama verwendet das *Bodhicharyāvatāra* häufig als Lehrtext und zitiert auch gern aus dieser Schrift, die dem praktizierenden Buddhisten detaillierte Unterweisungen liefert, wie er sein Leben im Einklang mit dem Bodhisattva-Ideal des Altruismus führen kann. Shantideva ist außerdem dafür bekannt, daß er die *Prāsangika*-Sicht der Leerheit mit philosophisch klarer Argumentation darlegt. Er hat darüber hinaus noch einen zweiten Text verfaßt, das *Shikshāsamuchchaya* (»Sammlung der Regeln«).

Shūnyatā: → *Leerheit.*

Skandha: → *Fünf Anhäufungen.*

Sutra: Mit dem Sanskrit-Ausdruck *Sūtra* (Pali: *Sutta*) werden alle dem historischen Buddha Shakyamuni zugesprochenen Schriften bezeichnet. Entsprechend wird das Wort den Titeln jener Werke hinzugefügt, die – von der Überlieferung anerkannt – die wahren Worte des Buddha wiedergeben. Das *Herzsutra* oder das *Diamantsutra* sind zwei Beispiele dafür. In einem weiteren Sinnzusammenhang wird *Sutra* in Gegenüberstellung zu *Tantra* gebraucht und bezeichnet dann die allgemeinen, nicht-esoterischen Mahayana-Lehren und die damit verknüpften Übungssysteme. *Siehe: Tantra.*

Tantra: die Lehren, Rituale und Übungen des Vajrayana-Buddhismus; ein anderer Aspekt des Mahayana ist das Sutra. Die wörtliche Bedeutung von Tantra ist »Kontinuum«. *Siehe: Sutra; Vajrayana-Buddhismus.*

Tara (Tārā): eine der wichtigsten weiblichen Gottheiten innerhalb der Ikonographie des Mahayana-Buddhismus. Tara – gewöhnlich als *Grüne Tara* dargestellt – repräsentiert die vollkommene Energie und Aktivität aller Buddhas. Die Legende von Tara veranschaulicht die spirituelle Kraft und das spirituelle Potential der Frau und dient so Millionen von Frauen in der Welt des Mahayana-Buddhismus als Quelle tiefer Inspiration. Dieser Legende zufolge gelobte Tara, auf ihrem gesamten spirituellen Weg ihre weibliche Gestalt beizubehalten und, da es so wenige weibliche Buddhas gibt, in ebendieser Gestalt vollkommene Erleuchtung zu erreichen.

Tathāgata: wörtlich »der Sogegangene«; Beiname für ein erleuchtetes Wesen, insbesondere für Buddha Shakyamuni.

Tathāgatagarbha: wörtlich »die Essenz des Sogegangenen«; der Ausdruck *Tathāgatagarbha* besagt, daß in allen empfindenden Wesen der Samen zur Buddhaschaft, die Buddha-Natur, gegenwärtig ist. Dem Mahayana-Buddhismus zufolge existiert in jedem von uns ein natürliches Potential, das es uns ermöglicht, alle irrigen Vorstellungen abzulegen, alle geistigen Trübungen zu beseitigen und vollkommen erleuchtet zu werden. *Siehe: Buddhaschaft; Erleuchtung.*

Tengyur: im Unterschied zum *Kangyur* enthält der *Tengyur* die Übersetzungen sämtlicher Kommentare von buddhistischen Meistern aus Indien zu den primären Schriften. In dieser Sammlung gibt es mehr als 200 Bände, die sämtliche Studienthemen buddhistischer Religion und Philosophie, ferner die Medizin und die Astrologie betreffen.

Theravadische Überlieferung: die Form des südlichen Buddhismus, die auf Sri Lanka, in Thailand, Burma, Kambodscha, Indonesien und Vietnam zur Blüte gelangt ist. *Siehe: Hinayana; Mahayana.*

Triratna: → *Drei Juwelen.*

Tulku: bedeutet wörtlich »Emanationskörper«. Ein Tulku ist ein reinkarnierter Lama – genauer gesagt, jemand, der förmlich als die Reinkarnation seines Vorgängers bzw. ihrer Vorgängerin anerkannt worden ist. *Siehe: Rinpoche.*

Vajrayana-Buddhismus (Vajrayāna): wörtlich »unzerstörbares Fahrzeug«[71]; das Vajrayana ist der esoterische Aspekt des Buddhismus. *Siehe: Tantra.*

Vergänglichkeit (Anityatā): Sie macht – neben dem *Leid* und dem *Fehlen einer persönlichen Identität* – dem Buddhismus zufolge einen weiteren Grundzug des Daseins aus. Nach diesem Verständnis umfaßt Vergänglichkeit die flüchtige Natur der Dinge, die wir erfahren, wie auch die subtilen Veränderungen, die in jedem Moment auf einer tieferen Ebene vonstatten gehen. Alles, so sagt der Buddhismus, vergeht mit der Zeit in einem dynamischen, niemals endenden Wandlungsprozeß.

Vier Edle Wahrheiten: 1.) Im bedingten Dasein gibt es Leid (*Duhkha*); 2.) Leid hat seinen Ursprung im Anhaften; 3.) das Leid kann aufhören; 4.) es gibt einen Weg aus dem Leid.
Sämtliche buddhistischen Überlieferungen stimmen darin überein, daß die Vier Edlen Wahrheiten die Grundaussage des Buddhismus beinhalten. Im Hinblick auf Ursache und Wirkung lassen sich diese vier Grundsätze in zwei Gruppen untergliedern. Die erste ist mit dem Kreislauf des bedingten Daseins verknüpft: die Wahrheit vom Ursprung des Leids (Ursache) und die Wahrheit vom Vorhandensein des Leids (Wirkung). Die zweite Unter-

gruppe ergibt sich im Hinblick auf die Befreiung aus dem bedingten Dasein: der wahre Weg (das Mittel zur Befreiung – die Ursache) und die wahre Beendigung des Leids (der tatsächliche Zustand der Befreiung – die Wirkung). Kurzum, die Lehre über die Vier Edlen Wahrheiten skizziert die Natur von Samsara und Nirvana nach buddhistischem Verständnis. *Siehe: Nirvana; Samsara.*

Vier Faktoren der Vortrefflichkeit: 1.) spirituelle Befreiung, 2.) weltliches Wohlergehen, 3.) Dharmapraxis, 4.) Reichtum.

Bei spiritueller Befreiung und weltlichem Wohlergehen handelt es sich um resultierende, bei der Ausübung des Dharma und beim Reichtum hingegen um ursächlich wirkende Faktoren. Die beiden erstgenannten veranschaulichen zwei unterschiedliche Arten von Glück: überirdisches Glück der erste, irdisches Glück der zweite. Aufgrund dieser Unterschiedlichkeit lassen sie sich auch nur mit unterschiedlichen Mitteln erreichen. Die Dharmapraxis führt also zur Befreiung. Demgegenüber kann Reichtum weltliches Wohlergehen hervorbringen.

Vinaya-Sutra: die Schriften mit den maßgeblichen Ausführungen des Buddha über die Regeln und den ethischen Verhaltenskodex der Mönche und Nonnen; dritter Teil des *Tipitaka.* Der Text geht auch auf viele klösterliche Organisationsfragen und Verfahrensweisen zur Konfliktlösung ein. Üblicherweise liest der Abt eines Klosters alle vierzehn Tage aus diesem Text, wenn die Mitglieder der Gemeinschaft sich zu ihren regelmäßigen Bekenntniszeremonien versammeln. *Siehe: Pali Kanon.*

Vipashyanā: bedeutet wörtlich »besondere Klarsicht« und ist eine profunde, durchdringende Einsicht, die man durch eine Kombination aus subtiler Analyse und einsgerichteter Konzentration gewinnt. Mit *Vipashyanā* und *Shamatha*, ruhigem Verweilen des Geistes, wird die höchste Stufe der Vereinigung von einsgerichteter Meditation – dem Versenkungsaspekt der Meditation – und analytischer Meditation erreicht. Siehe: *Ruhiges Verweilen des Geistes; Samādhi.*

Weisheit (Prajñā): Weisheit und *Methode* sind die beiden komplementären Aspekte des buddhistischen Weges – ähnlich wie ein Vogel zum Fliegen zwei Flügel benötigt. Fehlt ihm einer davon, so kann er nicht fliegen. Entsprechend kann ein Mensch auf dem spirituellen Weg das Ziel – Erleuchtung – nicht erreichen, sofern er nicht auf beides zurückgreift, Weisheit und Methode. Der Weisheits-Aspekt des Weges bezieht sich direkt auf das Entwickeln der Einsicht in Leerheit. Das Sanskrit-Wort *Prajñā* – häufig einfach als »Weisheit« übersetzt, obwohl »Einsicht« vielleicht die angemessenere Übersetzung ist – definiert man traditionell als »das unterscheidende Gewahrwerden des Wesens, der Unterscheidungsmerkmale und der besonderen oder allgemeinen Kennzeichen jedes Objekts innerhalb des eigenen Wahrnehmungsbereichs, das schließlich jeden Zweifel beseitigt«. Hier geht es nicht um einen passiven Wissensbestand und auch nicht um Wissensanhäufung. Im Gegenteil ist Weisheit ein aktiver Erkenntnisprozeß. Im Mahayana-Kontext besagt *Prajñā* vor allem: direkte, tiefe Einsicht in Leerheit, die wahre Natur der Dinge und Ereignisse, gewinnen: *Siehe: Leerheit; Methode; Zwei Wahrheiten.*

Zwei Wahrheiten: Die Lehre von den zwei Wahrheiten – der letztendlichen und der relativen oder konventionellen Wahrheit – beschreibt die vielleicht wichtigste philosophische Vorstellung im Buddhismus. Diese Lehre zeigt in Umrissen, wie sich die komplexe Beziehung zwischen der im Fluß fortwährender Veränderungen befindlichen Erscheinungswelt und der ihr zugrunde-liegenden Wirklichkeit der unwandelbaren Leerheit verstehen läßt. *Letztendliche Wahrheit* ist die als Leerheit bezeichnete Natur sämtlicher Phänomene: Allen Dingen und Ereignissen fehlt es völlig an wahrhafter Wirklichkeit und Identität. Dies ist dem Mahayana-Buddhismus zufolge die letztgültige Wahrheit – und deren wirklich gelebte Erkenntnis der Schlüssel zur Befreiung von Leid. Demgegenüber spielt sich alles, was wir in unserer gewöhnlichen Daseinsverfassung erleben – wie Geburt und Tod, Schmerz und Freude etc. –, in der relativen Welt ab. Wirklich sind diese Dinge und Ereignisse nur als *konventionelle* oder *relative Wahrheit. Siehe: Leerheit; Methode; Weisheit.*

Anmerkungen

1 Das John-Main-Seminar findet alljährlich zu Ehren des Begründers der »Weltgemeinschaft für christliche Meditation« (World Community for Christian Meditation) statt. Weitere Informationen über John Main, die WCCM und das John-Main-Seminar finden Sie im Anhang dieses Buches.

2 Charles Taylor ist ein kanadischer Philosoph und Schriftsteller (*Quellen des Selbst*). Jean Vanier ist der Gründer von »L'Arche«, einer christlich inspirierten internationalen Gemeinschaft, deren Hauptanliegen die Betreuung von geistig Behinderten ist.

3 Das Christentum setzt sich aus einer Reihe von Gemeinschaften zusammen. Jede von ihnen hat bezüglich ihrer als unverzichtbare Grundlage des gemeinsamen Glaubens angesehenen Inhalte andere Interpretationsschwerpunkte. Der römische Katholizismus und die orthodoxen Ostkirchen repräsentieren eine stärker sakramentale, hierarchische und mystische Überlieferung, wohingegen einige Zweige des Anglikanismus und der reformierten Kirchen die Bedeutung der Heiligen Schrift, der Predigt und der sozialen Arbeit hervorheben. So erlebten beispielsweise bei den Katholiken klösterliche und religiöse Orden eine Blüte, während die protestantischen Kirchen die Berufung aller Menschen zur Heiligkeit betonten. Die lange

Geschichte des Widerspruchs und Widerstreits zwischen diesen Traditionen ist heute durch einen neuen ökumenischen Geist des gegenseitigen Respekts und gemeinsamer Standpunkte außerordentlich abgemildert.

4 Hier wird auf die drei großen religiösen katholischen Orden Bezug genommen: Kennzeichnend für den Benediktinerorden, der auf der *Regel des heiligen Benedikt* (etwa 480 bis 550 n.Chr.) gründet, ist die Autonomie der einzelnen Klöster, Gemeinschaftsleben als Vorbereitung auf das Einsiedlerleben, regelmäßiges Gebet in der Gemeinschaft und eine ausgewogene, kontemplativ-aktive Ausrichtung. Der Franziskanerorden ist institutionalisierter Ausdruck von Franz von Assisis (1181–1226) charismatischer Armut und Liebe zur Natur, seinen flammenden Predigten und seiner Betonung der menschlichen Qualität Christi. Der Jesuitenorden, die Gesellschaft Jesu, wurde von dem spanischen Mystiker Ignatius von Loyola (1491–1556) als eine Art spirituelle Armee in der katholischen Kirche gegründet. Die Gehorsamspflicht dem Papst gegenüber stand hier im Vordergrund, ferner die Bekehrung der einflußreichsten Menschen in der Gesellschaft; letzteres eine Priorität, die unlängst durch die »Option für die Armen« modifiziert worden ist.

5 Bei zahlreichen Gelegenheiten – zur Begrüßung bei der Ankunft, zum Abschied, bei speziellen Anlässen usw. – beschenken Tibeter einander mit langen, weißen Seidenschals, auf tibetisch *Katags*, um sich willkommen zu heißen, Freigebigkeit zu zeigen und dem Empfänger Respekt zu erweisen.

6 Eileen O'Hea, eine amerikanische Schwester vom Orden des heiligen Joseph, ist Therapeutin und leitet ein spirituelles Projekt; John Todd ist ein britischer Schriftsteller, zugleich John Mains Verleger; Isabelle Glover eine britische Sanskrit-Gelehrte und -Lehrerin; William Johnston ein aus Irland stam-

mender Jesuiten-Autor, der seit 1951 in Japan unterrichtet und studiert hat.

7 Während seines ersten und letzten Asienbesuchs führte der amerikanische Trappistenmönch Thomas Merton eine Reihe von Gesprächen mit dem Dalai Lama. Später haben sich dann beide herzlich dazu geäußert. Mertons Äußerungen sind in *Thomas Mertons asiatisches Tagebuch* und in *Gesammelte Briefe* nachzulesen.

8 John Henry Newman (1801–1890) trat im Alter von 45 Jahren, während er Dozent an der Universität von Oxford war, von der *Church of England* zum römischen Katholizismus über. Als produktiver Schriftsteller (siehe vor allem *Apologia Pro Vita Mea*, 1864, und *Eine Grammatik der Zustimmung*, 1870) hob er den Unterschied zwischen wirklicher und begrifflicher Zustimmung hervor und analysierte die Rolle des Bewußtseins. 1879 wurde er zum Kardinal ernannt. In neuerer Zeit ist man zunehmend auf seinen brillanten Intellekt, seine literarische Attraktivität und seine tiefe Innerlichkeit aufmerksam geworden.

9 *Spiritual Friendship*. Washington: Cistercian Publications, 1974, Kapitel 3, Vers 62.

10 Ebd., Kapitel 1, Vers 9.

11 Johannes-Evangelium, Kapitel 15, Vers 15.

12 Thich Nhat Hanh, ein buddhistischer Mönch vietnamesischer Herkunft, lebt im französischen Exil, seit er sich während des Vietnamkriegs in der Friedensbewegung engagiert hat. Er ist bekannt für seine Unterweisungen zum Weg der Achtsamkeit im weltlichen Lebensalltag. Sein Buch *Lebendiger Buddha, lebendiger Christus* hebt viele Ähnlichkeiten zwischen der im Christentum und im Buddhismus geübten Spiritualität hervor, während das kurz zuvor veröffentlichte Buch des Papstes dazu neigt, das Augenmerk auf die bedeutenden

Glaubensunterschiede zwischen den beiden Überlieferungen zu richten.

13 Amerikanische Originalausgabe: *The World of Tibetan Buddhism*, Wisdom Publications, Boston 1995.

14 Opus Dei ist eine traditionalistische römisch-katholische Organisation, von Mitkatholiken häufig kritisiert, weil sie nicht gemäß dem Geist des – im Zweiten Vatikanischen Konzil (1962–1965) verkündeten – kirchlichen Manifests der Offenheit und Erneuerung lebe. Der Reverend Ian Paisley ist ein freimütiger Anführer der extremen Protestanten in Nordirland.

15 Lukas 11, 9–10.

16 Dekonstruktionismus: ein in den 60er Jahren im sprach- und literaturwissenschaftlichen Bereich aufgekommener Ansatz. Er stellt grundlegend die Tauglichkeit von Sprache in Frage, Wirklichkeit zu »transportieren«, zuverlässig auf Wirklichkeit – insbesondere auf eine metaphysische Wirklichkeit – zu verweisen. (A. d. Ü.)

17 Der heilige Irenaeus (etwa 130–200 n.Chr.) war der erste große katholische Theologe. Er war Bischof von Lyon, verfaßte jedoch seine Schriften in griechischer Sprache. In seinen Disputen mit den Gnostikern entwickelte er seine Vorstellung von der »Rekapitulation«. Diese sieht die menschliche Entwicklung in Jesu Menschwerdung zusammengefaßt.

18 Gott ist in dem Sinn »inklusiv«, daß nicht Existierendes oder Nicht-Existierendes außerhalb von Gott sein kann. Alles ist in Gott, und Gott ist in allem. Der heilige Paulus schrieb: »Gott ist alles in allem.« Die Nicht-Dualität Gottes bedeutet: Während Gott mit nichts gleichgesetzt werden kann, läßt sich von nichts sagen, es sei von Gott getrennt. Gott ist daher der Grund allen Seins – »Ich bin, der ich bin«, wie er mit den Worten der ersten biblischen Offenbarung an Moses genannt wird.

19 Will man so eng wie nur möglich an der ursprünglichen Bedeutung von *Alêtheia* bleiben, dann lautet die Übersetzung »Un-Verborgenheit«. (A. d. Ü.)

20 Die Regel des heiligen Benedikt, Kapitel 4.

21 Hier bezieht sich der Ausdruck »nach-imperiales Schuldgefühl« auf die kollektive Scham, die Menschen heute empfinden, wenn sie sich mit dem in der Vergangenheit von früheren Generationen ihrer Gemeinschaft verübten Machtmißbrauch befassen. Solche Schuldgefühle bedürfen der Milderung durch die Einsicht in die Macht der Konditionierungen, denen wir unterworfen sind.

22 Diese Formel wird von vielen evangelikalen Christen verwendet, um ihr Verhältnis zu Christus in Worte zu fassen und – so wie sie es sehen – die Notwendigkeit, daß alle Menschen sich dieses Verhältnis zu eigen machen, um erlöst zu werden. Die lange Geschichte der christlichen Intoleranz in diesem Punkt neigt sich allerdings ihrem Ende zu. Die katholische Kirche beispielsweise lehrt nun offiziell, daß »Erlösung« sich auch auf diejenigen erstreckt, die keine Christen sind. Für Nichtchristen ist dies vielleicht nicht weiter überraschend, doch tatsächlich eröffnet es eine neue Ära des religionsübergreifenden Dialogs.

23 Mit dieser Formulierung aus seinem Brief an die Kolosser (2, 9) erweckt der heilige Paulus die Vorstellung, daß die Gesamtheit der göttlichen Wirklichkeit, die »Göttlichkeit«, in der Menschlichkeit Jesu gegenwärtig ist.

24 Lao-tze (etwa 570–490 v. Chr.) ist der Begründer des Taoismus und der Autor des meistübersetzten aller chinesischen Werke, des *Tao-te Ching*. Er lehrt, daß man am besten dem *Tao*, dem *Weg*, gemäß leben kann, indem man Kategorien und Werte preisgibt und zu einer direkten Wahrnehmung der Wirklichkeit kommt.

25 Die ersten christlichen Denker übernahmen den jüdisch-biblischen Glauben an einen alleinigen persönlichen Gott, der in der Geschichte zum Guten der Welt wirkte. Sie fanden sich auch direkt mit der philosophischen und mythologischen Spekulation der Griechen konfrontiert, dem vorherrschenden Glaubenssystem jener Zeit, mit seiner – zum jüdischen Realismus kontrastierenden – Betonung der Abstraktion und seinem Götterpantheon, das zur alleinigen Gottheit der jüdisch-christlichen Anschauung im Kontrast stand.

26 Heraklit (etwa 540–475 v.Chr.) war einer der Begründer der griechischen Philosophie und Metaphysik. Er betonte den – letztlich auf der verborgenen Einheit der sich manifestierenden Gegensätze beruhenden (A. d. Ü.) – übergangshaften Charakter aller Dinge: selbst derjenigen, die allem Anschein nach stabil sind (man kann nicht zweimal in denselben Fluß steigen). Und in bezug auf das menschliche Ethos attackierte er den unter seinen Zeitgenossen verbreiteten Aberglauben und unterstrich, wie wichtig es sei, daß der einzelne sich der umfassenderen Harmonie beuge. Das einzige Werk, das sich ihm zuverlässig zuordnen läßt, ist *Über die Natur*; doch gibt es verschiedene faszinierende Sammlungen von Fragmenten seines Denkens.

27 Der entscheidende Punkt ist hier, daß Einzigartigkeit nicht notwendigerweise Ausschließlichkeit bedeutet. Auf einer Ebene unterscheidet unsere individuelle Einzigartigkeit uns von allen anderen, wenngleich uns dies nicht unbedingt »besser« macht als andere. Auf einer höheren Ebene allerdings, bei einer höheren Verwirklichung der Wahrheit, ist Individualität ein Zustand, in dem wir zwar einzigartig sind, jedoch untrennbar von allen anderen. Christliche Einzigartigkeit kann daher auf einer Ebene als unterscheidend, auf einer anderen hingegen als integrativ verstanden werden.

28 Franz Xaver (1506–1552) verkündete den christlichen Glauben in einem weithin sich erstreckenden Verbreitungsgebiet und mit zahlenmäßig großem Erfolg vor allem in Indien und Japan. In einer reichen spanischen Familie geboren, wurde er einer der ersten Jesuiten.

29 Das *Vedanta* (*Vedānta*) ist die bekannteste von sechs uralten Schulen spekulativer Philosophie in Indien. Sein größter Vertreter, Shankara (auch Shankarāchārya, etwa 788–850) setzte sich für den Weg des Wissens ein, formulierte ein Denksystem des Nicht-Dualismus (*Advaita*) und war der Begründer eines Mönchsordens. Dieses System macht geltend, daß allein *Brahman* wirklich ist und daß das Unwirkliche durch Meditation und Erleuchtung beseitigt wird. *Siehe auch Anmerkung 68.*

30 Matteo Ricci (1552–1610) war ein Jesuiten-Missionar in China, der durch seine kulturelle und wissenschaftliche Kenntnis den Respekt seiner Gastgeber gewann. Er kleidete sich und dachte im Stil eines chinesischen Philosophen. In Rom jedoch sah man seine Vorgehensweise als überaus fragwürdig an, und sie brachte ihm offizielle Mißbilligung ein. Die Frage der »Enkulturation« ist nach wie vor ein wichtiger Punkt im christlichen Leben außerhalb der westlichen Einflußsphäre.

31 Die *Bhagavad-Gītā* (»Gesang Gottes«) ist einer der einflußreichsten und beliebtesten heiligen Texte Indiens. Sie bildet einen Bestandteil eines der großen Werke der Sanskrit-Literatur, des *Mahābhārata*, und legt im Rahmen des Dialogs zwischen Krishna und Arjuna auf dem Schlachtfeld grundlegende Themen dar: Karma, Nicht-Anhaften und *Bhakti*, Hingabe zu Gott.

32 Diese Schlüsselbegriffe im christlichen Vokabular können da, wo Spiritualität auf Kosten ihres Verständnisses der Gott-Ähnlichkeit des Menschen von einer zwanghaften Sünden-

vorstellung bestimmt ist, leicht mißverstanden werden. Sie in den folgenden Verbindungen zu sehen kann sie in hohem Maß mit neuem Sinn erfüllen: Armut als eine nicht besitzergreifende Haltung, spirituell wie materiell; Reue als das Miteinbeziehen der Schattenseite unserer Seele; Verlust des Ich als die Transzendenz des Ego; in Christus sein als die Vereinigung unseres Bewußtseins mit dem seinen; Einfachheit als Zustand ungeteilter Bewußtheit; göttlicher Geist als die höchste Form der Kommunikation; Mysterium als das, was jenseits des gedanklichen Verständnisses liegt, aber als die stärkste Wirklichkeit erfahren wird.

33 Lukas 10, 21.

34 2. Korinther-Brief 10, 3.

35 Natürlich soll dies nicht besagen, der Buddhismus sei theistisch – und dies auch nicht »unbewußt«. *Gott* ist ein Wort, das viele Bedeutungen umfaßt. Es wird von Fall zu Fall durch denjenigen, der es ausspricht, und durch den Kontext definiert. Der Buddha hat allerdings *Nirvana* nicht als eine rein subjektive Erfahrung beschrieben: »Es gibt ein Ungeborenes, nicht geworden, nicht hervorgebracht, nicht zusammengesetzt, und gäbe es nicht dieses Ungeborene, ... könnte dem, was geboren, was geworden, was hervorgebracht, was zusammengesetzt ist, kein Ausweg gezeigt werden« (*Udāna 18*). Christliche und buddhistische Interpretationen dieser Aussage werden voneinander abweichen, doch gibt es zahlreiche Punkte der Übereinstimmung. (Eine Untersuchung dazu liefert der Text *Mysticism: Buddhist and Christian, Encounters with Jan Van Ruusbroec, Paul Mommaers, and Jan Van Bragt*, Crossroad, New York 1955, dem dieses Zitat entnommen ist.)

36 *Die Wolke der Unwissenheit* ist eine mystische Abhandlung, die von einem unbekannten Autor aus dem England des 14. Jahrhunderts stammt und in der apophatischen Tradition

christlichen Betens geschrieben ist. Siehe William Johnstons Übersetzung, Image Books, Doubleday, 1973.

37 Predigt XCIX.

38 Nikolaus von Kues. *Von Gottes Sehen (De visione dei)*, Kapitel 12.

39 »Die Äußerung des Wortes« bezieht sich auf die Lesung der Schrift und die sich vertiefende Einsicht in ihre zahlreichen Bedeutungsebenen.

40 Der heilige Paulus sagt, daß der Buchstabe tötet, während der Geist Leben gibt. Damit meint er, daß eine buchstäbliche Interpretation der Heiligen Schrift oder religiöser Regeln den Geist erstickt. Die wahre Bedeutung religiöser Sprache oder religiösen Verhaltens muß vom Herzen interpretiert werden, nicht von dem auf den Buchstaben schauenden (fundamentalistischen) Geist.

41 Das Buch Josua in der jüdischen Bibel (»dem Alten Testament«) schildert die Reisen der Israeliten nach Moses' Tod. Die Geschichte von Rahab beschreibt, wie sie die israelitischen Spione in der Stadt versteckte, bevor diese fiel, und als Gegenleistung ihre Familie vor dem Schwert retten konnte (Josua 2, 1).

42 *Kommentare zum Römerbrief*, Kapitel 7, Vers 1.

43 Siehe den entsprechenden Eintrag im Glossar der buddhistischen Begriffe und Persönlichkeiten.

44 Ramana Maharshi (1879–1950) durchlief im Alter von sechzehn Jahren eine Todeserfahrung, aus der er in voller Selbst-Bewußtheit hervorging. Er lebte und lehrte vorwiegend in Schweigen von einem Ashram aus, der sich um ihn herum am Fuß des heiligen Berges Arunachala in Südindien entwickelte. Die Authentizität dessen, was er bezeugte, fand Aufmerksamkeit und Resonanz von Carl Jung, S. Radhakrishnan, Arthur Osborne und einem Strom von Besuchern aus aller Welt, die heute immer noch seinen Ashram besuchen, wo sein *Darshan*

ruht. In seinen Unterweisungen erinnerte er die Menschen entschieden an ihr wahres Selbst. Dies tat er mittels einer schlichten Übung der »Selbst-Erforschung« – der Frage: Wer bin ich?

45 Siehe: Tibet seit dem Einmarsch der Chinesen im Jahr 1950, Seite 349 in diesem Buch.

46 In christlichem Wortlaut ausgedrückt, leitet alles Bewußtsein sich aus dem Sein Gottes her und hat Anteil am göttlichen Leben. Beim heiligen Johannes heißt es: »Gott ist Licht, und in Gott gibt es keine Finsternis.« In der christlichen Vorstellungswelt ist das Licht ein bevorzugtes Symbol: für Christus (das »Licht der Welt«) wie auch für diejenigen Menschen, die das göttliche Bewußtsein widerspiegeln oder ausstrahlen (»Du bist das Licht der Welt«).

47 Montserrat, ein Benediktinerkloster aus dem 11. Jahrhundert (in der Nähe von Barcelona), ist ein Wallfahrtsort. Der heilige Ignatius von Loyola, Gründer des Jesuitenordens, entsagte dort nach seiner Bekehrung der soldatischen Laufbahn. Legenden weisen dem Schloß des Heiligen Grals diesen Standort zu. Der Dalai Lama besuchte das Kloster, als er im September und Oktober 1982 zu Lehrveranstaltungen in Europa unterwegs war.

48 Im Oktober 1986 lud Seine Heiligkeit Papst Johannes Paul II religiöse Oberhäupter aus aller Welt dazu ein, in Assisi gemeinsam für den Weltfrieden zu beten. Alle wichtigen Oberhäupter, darunter Seine Heiligkeit der Dalai Lama, waren anwesend. Dies erwies sich als ein denkwürdiges Ereignis, und seither haben in Rom, in Polen und in Asien vergleichbare Versammlungen stattgefunden.

49 Lourdes ist ein wichtiges Wallfahrtszentrum, seit dort im Jahr 1858 dem 14jährigen Bauernmädchen Bernadette Soubirous die Segensreiche Jungfrau Maria erschien. An dieser Stätte haben sich körperliche wie auch geistige Heilungen ereignet.

50 Die Übersetzung dieses Gebets aus dem Tibetischen ins Englische hat John Dunne vorgenommen.

51 Licht ist in der christlichen Gottesverehrung ein bedeutsames Symbol. Angesichts des Heiligen Sakraments brennt in katholischen Kirchen unentwegt ein Licht, und bei der Eucharistie symbolisieren Altarkerzen die Gegenwart Christi als das »Licht der Welt«.

52 In Sanskrit trägt er den Titel *Shikshāsamuchchaya*.

53 Wie aus seinen *Abhandlungen zu den ersten Prinzipien* und seiner Anschauung von der Seele klar hervorgeht, befand Origenes im dritten Jahrhundert die Reinkarnation, die er im griechischen und gnostischen Denken als *Metempsychosis* studierte, einer ernsthaften Erörterung würdig. Weniger klar hingegen sind seine eigenen Ansichten dazu. Sie kamen in seinem Evangeliumskommentar zur Sprache, der häufig als Beleg für das Vorherrschen solcher Glaubensvorstellungen zu Jesu Zeiten angeführt wird.

54 Der Begriff »Festhalten an einem Ich« bezieht sich hier auf die uns innewohnende seelische Tendenz, an einem illusorischen Ich oder Ego festzuhalten. Der Buddha hat gelehrt, daß diese Tendenz die fundamentale Unwissenheit ist, die Hauptquelle beständigen Leids der Wesen im bedingten Dasein.

55 Eine Erklärung des Ausdrucks finden Sie im Glossar der buddhistischen Begriffe und Persönlichkeiten.

56 Siehe dazu unter den Lektürevorschläge zur buddhistischen Literatur auf Seite 347: *Dilgo Khyentse Rinpoche/Die sieben tibetischen Geistesübungen* und *Dalai Lama/Den Geist erwecken, das Herz erleuchten.*

57 »Rede« im Sinne der buddhistischen Dreiheit von Körper, Rede und Geist. Siehe unter *Drei Juwelen* im Glossar. (A. d. Ü.)

58 Die sprachliche Doppeldeutigkeit des englischen Textes, der hier für »heilige Glaubensgemeinschaft« den Begriff *holy*

communion verwendet – anstelle des zuvor bei »spirituelle Gemeinschaft« gebrauchten und eigentlich als englische Übersetzung von »Sangha« üblichen *spiritual community* –, läßt sich im Deutschen leider nicht nachvollziehen. (A. d. Ü.)

59 Wenn Gott – als die eine und einzige Quelle aller Verschiedenheit und Dualität in der Welt – in einem echten Sinn »persönlicher« Gott sein soll, kann er nicht auf Männlichkeit oder Weiblichkeit beschränkt werden. Nichtsdestotrotz hat die patriarchalische Verwurzelung des Christentums dazu geführt, ihm männliche Attribute zuzuschreiben. Verstärkt wurde dies dadurch, daß Jesus ein Mann war und daß er als der »Sohn« des »Vaters« angesehen wurde. Angesichts von zwei Personen der Dreifaltigkeit, die man sich als männlich vorstellte, hat man die dritte Person, den Heiligen Geist, traditionell als Gottes weibliche Seite empfunden. Heutzutage allerdings betonen feministische Theologinnen zum einen die Möglichkeit, das göttliche Wesen als weiblich aufzufassen. Zum anderen zeigen sie auf, welch weites Spektrum an Bildlichkeit zur Beschreibung Gottes die biblische Überlieferung zur Verfügung stellt. Siehe dazu beispielsweise *She Who Is* von Elizabeth Johnson.

60 Die Mala, die traditionelle buddhistische Gebetsperlenkette ähnelt sehr dem christlichen Rosenkranz. Sie umfaßt normalerweise 108 Perlen. (A. d. Ü.)

61 *Die acht Strophen zur Umwandlung der Denkweise* von Geshe Langri Thangpa (1054–1123). Dieser kurze Text gehört zu den Unterweisungen über *Lodjong*, die Umwandlung der Denkweise, Geistesschulung, und er wurde in jener Phase der buddhistischen Geschichte verfaßt, als die Kadampa-Schule in Tibet ihre Blütezeit erlebte. Die hier verwendete Textfassung beruht auf einer Übersetzung aus dem Tibetischen von Lama Thubten Zopa Rinpoche.

62 Die bekannteste Bibelstelle, in der uns das Bild des Regenbogens vor Augen geführt wird, ist die Geschichte von der Sintflut (Genesis 6, 5–9), die Gott über die Erde verhängte, um wegen der menschlichen Schlechtigkeit alle Wesen zu vernichten. Lediglich Noah und, stellvertretend für jede Art, jeweils ein Tierpaar wurden in der Arche gerettet. Entsprechende Geschichten von der Flut existieren in der mesopotamischen Mythologie. Der Regenbogen, der sich nach Rückgang des Wassers zeigte, war Zeichen eines Bundes zwischen Gott und den Menschen, daß Gott die Welt nicht mehr in dieser Weise strafen werde. Wolken symbolisieren in der Bibel die Gegenwart von Gottes Mysterium – so etwa die Wolke, die sich auf den Berg Horeb niedersenkte, als Moses mit Gott sprach, oder die Wolke, die die Israeliten durch die Wüste leitete.

63 Über diesen See und seine Rolle bei der Auffindung des kleinen Jungen, der dann Seine Heiligkeit der Dalai Lama werden sollte, können Sie mehr lesen in: *Das Buch der Freiheit – Die Autobiographie des Nobelpreisträgers*, Lübbe, Bergisch Gladbach, 1993; und auf S. 141 von Vicki Mackenzies *Reincarnation: The Boy Lama* (Wisdom Publications, 1996).

64 Der heilige Paulus sagt: »Dies ist das Mysterium: Christus in euch.« Die persönliche Gegenwart Christi in uns ist für den christlichen Glauben von zentraler Bedeutung. Sie steht jedoch zu dem Glauben an die das gesamte Weltall umfassende Dimension der Gegenwart Christi nicht in Widerspruch; vielmehr ist sie die komplementäre Ergänzung dazu.

65 Übersetzt von Jeffrey Hopkins und Lati Rinpoche in *The Buddhism of Tibet* (George Allen & Unwin, 1975).

66 Der englische Ausdruck *communion-consciousness*, der hier durch »alles verbindendes Bewußtsein« wiedergegeben wird, beinhaltet zweifellos auch Anklänge an das Sakrament der Kommunion.

67 Unser Verständnis des Gut-Seins muß nicht auf das Moralische eingeschränkt sein. Beispielsweise sprechen wir von einem »guten« Paar Schuhe und meinen damit Schuhe, die gut
gearbeitet und in tadellosem Zustand sind. Der hebräische Begriff von Güte beinhaltet gleichermaßen dies wie auch den
moralischen Sinn, mit dem göttlichen Geist in Einklang zu
sein, der stets wohlwollend und heilsam ist. Daher sagt Jesus
uns: Seid »vollkommen, wie euer Himmlischer Vater vollkommen ist«. Vollkommenheit ist hier die Vollkommenheit
der Liebe, nicht des bloßen Einhaltens von Geboten.

68 Die wortwörtliche Bedeutung von *advaitisch* ist *nicht-zwei*.
Der Ausdruck verweist auf die hinduistische Lehre der Nicht-
Dualität. Ihr zufolge sind zum Beispiel Gott und die Welt
nicht eins, sie sind jedoch ebensowenig zwei. *Siehe auch Anmerkung 29.*

69 Ernst Steinkellner, *Eintritt in das Leben zur Erleuchtung,* Düs-
seldorf/Köln 1981; Stephen Batchelor, *A Guide to the Bodhisattva's Way of Life* (Library of Tibetan Works and Archives,
Dharamsala 1979); ferner eine kürzlich veröffentlichte englische Neuübersetzung des ursprünglich in Sanskrit verfaßten
Textes: *The Bodhicaryāvatāra* (Oxford University Press, 1996).

70 Eine von den Oberhäuptern der vier Schulen geschriebene
kurze Einführung in deren Geschichte findet man in: Graham
Coleman (Hg.), *A Handbook of Tibetan Culture* (Rider, 1993).

71 Neben dieser wörtlichen Übersetzung hat sich auch der Ausdruck »Diamantfahrzeug« eingebürgert. Die Symbolik des
Diamanten verweist ebenfalls auf Unzerstörbarkeit. (A. d. Ü.)

Lektürevorschläge
zur buddhistischen Literatur

Dalai Lama, *Den Geist erwecken, das Herz erleuchten*, Knaur Taschenbuch, München, 1996.

Dhammapada – Die Quintessenz der Buddha-Lehre, S. Fischer (Taschenbuchreihe »Spirit«), Frankfurt a. Main, 1997.

Gampopa, *Der kostbare Schmuck der Befreiung*, Theseus, Berlin, 1996.

Dilgo Khyentse Rinpoche, *Die sieben tibetischen Geistesübungen – Das Herzstück buddhistischer Praxis*, O. W. Barth, Bern und München, 1996.

Norma Levine, *Der Kreis des Lebens – Ein Begleiter durch das buddhistische Jahr*, O. W. Barth, Bern und München, 1997.

Linji Yixuan, *Das Denken ist ein wilder Affe – Aufzeichnungen der Lehren und Unterweisungen des großen Zen-Meisters*, O. W. Barth, Bern und München, 1996.

Milarepas gesammelte Vajra-Lieder, Theseus, Berlin, 1996.

Maura O'Halloran, *Im Herzen der Stille – Aufzeichnungen einer Zen-Schülerin*, Krüger, Frankfurt a. Main, 1995.

Die Geheimen Dakini-Lehren – Padmasambhavas mündliche Unterweisungen der Prinzessin Tsogyal, O. W. Barth, Bern und München, 1995.

Ein stiller Waldteich – Die Erkenntnismeditation von Ajahn Chah (herausgegeben von Jack Kornfield und Paul Breiter), Theseus, Berlin, 1996.

Tibet seit dem
Einmarsch der Chinesen
im Jahr 1950

*D*er seit 1959 in Tibet anhaltende energische Widerstand ist rücksichtslos unterdrückt worden. Ein Fünftel der Bevölkerung, 1,2 Millionen Tibeter sind infolge der chinesischen Besatzung ums Leben gekommen. Mehr als 6000 Klöster und Heiligtümer sind zerstört worden. Den Buddhismus zu lehren ist verboten, Mönche und Nonnen werden regelmäßig aus ihren Klöstern vertrieben. Tibets natürliche Ressourcen und sein empfindliches ökologisches Gleichgewicht werden unwiderruflich zerstört.

Tausende Menschen sind aus politischen und religiösen Gründen inhaftiert und werden gewaltsam in Arbeitslagern gehalten, in denen Folter an der Tagesordnung ist. Zur gängigen Praxis gehört auch, daß die chinesischen Besatzungsbehörden tibetische Frauen obligatorisch Sterilisationen unterziehen und zur Abtreibung zwingen. Die Chinesen haben Tibet – einst ein Staat, der als friedliche Pufferzone zwischen Indien und China diente – in eine riesige Militärbasis verwandelt und dort ein Viertel ihres Raketenpotentials stationiert.

Bereits 1960 wurde nach Feststellung des Internationalen Juristenausschusses in Tibet Völkermord verübt und gegen sechzehn Artikel der Internationalen Menschenrechtskonvention verstoßen. Die Vollversammlung der Vereinten Nationen hat drei Resolutionen erlassen, in denen China wegen dieser Menschenrechtsverletzungen verurteilt und aufgefordert wurde, »Praktiken einzustellen, die das tibetische Volk seiner fundamentalen Rechte und Freiheiten, einschließlich seines Rechts auf Selbstbestimmung, berauben«. Der Dalai Lama richtet auch weiterhin Appelle im Namen seines Landes und seines Volkes an die Vereinten Nationen und die führenden Politiker aller Nationen.

Biographien

Tenzin Gyatso, der Vierzehnte Dalai Lama

Seine Heiligkeit der Dalai Lama Tenzin Gyatso wurde am 6. Juli 1935 in der Provinz Amdo im Nordosten von Tibet geboren. Er stammt aus einer armen Bauernfamilie, und nur sechs seiner fünfzehn Brüder und Schwestern blieben am Leben. Mit zwei Jahren wurde er als der vierzehnte in der Linienfolge der Dalai Lamas anerkannt – der vorige Dalai Lama war 1933 gestorben. Der Titel *Dalai Lama* bedeutet »Ozean der Weisheit«. Der Träger dieses Titels wird als Manifestation von Chenresi, dem Bodhisattva des Mitgefühls, angesehen. Mit seiner Familie zog der junge Dalai Lama nach Lhasa und erhielt dort eine umfassende spirituelle und religiöse Ausbildung. Am 22. Februar 1940 erfolgte seine offizielle Inthronisation, und 1959 – zur Zeit des *Mönlam*-Festes, das alljährlich im Frühjahr zur Erinnerung an des Buddhas Wundertaten abgehalten wird – legte der Vierzehnte Dalai Lama in Lhasa seine Abschlußprüfung ab und bestand sie mit Auszeichnung. Ihm wurde der Titel eines *Geshe* zuerkannt, der in etwa einem Doktortitel in buddhistischer Philosophie entspricht.

Tenzin Gyatso war der erste Dalai Lama, der mit dem ganzen Spektrum der modernen Technologie in Berührung kam, und er hat lebhaftes Interesse an wissenschaftlichen Fragen. Zu seinen Hobbys zählt es, sich mit Radiogeräten zu befassen.

Bis zu den 50er Jahren war Tibet ein religiös geführtes Staatswesen, und der Dalai Lama hatte dort die spirituelle wie die säkulare Macht. Die Tibeter empfinden eine tiefe Verbundenheit mit dem Dalai Lama, der für sie Tibet in all seinem spirituellen und natürlichen Reichtum verkörpert. Weil man aufgrund der geographischen Lage von der restlichen Welt abgeschnitten war, verzichtete man in Tibet auf einen Außenmininster. Im Jahr 1942 wurde erstmals ein solcher Minister ernannt. Am 7. Oktober 1950 rückte die chinesische Armee über Tibets souveräne Staatsgrenzen vor. Angesichts der militärischen Übermacht und seiner Verpflichtung zur Gewaltlosigkeit glaubte der Dalai Lama, er werde mit Peking ein Koexistenz-Abkommen abschließen und auf diese Weise Tibets Autonomie wahren können. 1954 reiste er nach Peking, um mit Mao Tse Tung Friedensgespräche zu führen.

Die Brutalität, mit der die Streitkräfte der chinesischen Besatzer im März 1959 einen Aufstand der Tibeter niederschlugen, führte dem Dalai Lama vor Augen, wie sehr seine Position und sein Leben gefährdet waren. So war er gezwungen, aus Tibet zu flüchten und in Indien Zuflucht zu suchen. Die indische Regierung billigte ihm das Recht zu, sich in Dharamsala, Himachal Pradesh, anzusiedeln. Viele Tausende Tibeter sind ihm ins Exil gefolgt – Abertausende hingegen, die in Tibet geblieben sind, wurden von den chinesischen Besatzern ums Leben gebracht oder gefoltert. Die Klöster hat man zerstört und systematisch kulturellen Völkermord betrieben.

1963 legte der Dalai Lama eine demokratische Verfassung vor; und 1992 gab er bekannt, wenn Tibet seine Unabhängigkeit wiedererlange, werde er seine historisch verbürgte politische Macht an eine demokratisch gewählte Regierung abgeben und als Privatmann leben.

Unbeirrt hat der Dalai Lama immer wieder erklärt, solange er die Geschicke Tibets lenke, werde er einer Politik der Gewaltlosigkeit treu bleiben. Seiner Überzeugung nach könne jede gewaltsam herbeigeführte »Lösung« ihrer Natur nach nur temporär sein. »Zu äußerer Abrüstung kommt man durch innere Abrüstung. Die einzige Garantie für den Frieden liegt in uns.« Sein kompromißloses Engagement für den Frieden trug ihm 1989 weltweite Anerkennung ein, als er mit dem Friedensnobelpreis ausgezeichnet wurde.

Von der menschlichen Natur spricht der Dalai Lama in schlichter und bewegender Weise. Er hat sich das buddhistische Denken in seiner ganzen Tiefe und Komplexität so sehr zu eigen gemacht, daß er den Dharma nicht nur lehrt – man spürt, daß er ihn verkörpert. Buddhismus ist für ihn weder ein Lehrsystem noch eine Religion, sondern ein Weg, um in Frieden, Freude und Weisheit zu leben. Er betont, daß es in der Verantwortung aller Menschen und aller Nationen liegt, das essentiell Gute der menschlichen Natur zu verwirklichen, und daß wir alle dazu aufeinander angewiesen sind. Viele Jahre lang hat der Dalai Lama uns als unermüdlicher Reisender Frieden gelehrt und Weisheit und Freude geschenkt.

Beim John-Main-Seminar des Jahres 1994 stellte der Dalai Lama erstmals in der Öffentlichkeit Betrachtungen zu den christlichen Evangelien an und trat mit Christen in den Dialog über ihre Bedeutung ein. Dies steht in Einklang damit, daß er den interkonfessionellen Dialog schon lange befürwortet und in die Tat umgesetzt hat – etwa bei zahlreichen Treffen mit Papst Johannes Paul II. Der Dalai Lama erkennt, daß die Religionen in unserer Zeit ein von Frieden und Respekt, ja, von Wertschätzung füreinander getragenes Miteinander brauchen – etwas, dessen Zustandekommen erfordert, daß man nicht nur Gedanken miteinander teilt, sondern auch die tiefer gehende kontemplative Erfahrung. Daher hat der Dalai Lama mit den Seminarteilnehmern dreimal täglich still meditiert.

Pater Laurence Freeman OSB

Laurence Freeman kam 1951 in England zur Welt, erhielt seine Schulausbildung durch die Benediktiner und schloß sein Studium der englischen Literatur an der Universität von Oxford als Magister ab. Er wurde Benediktinermönch und studierte unter der Anleitung seines Freundes und Lehrers John Main. Im Zusammenwirken mit ihm verbreitete er als Lehrer die christliche Meditation in vielen Ländern der Welt. Laurence Freeman gehört als Mönch im Londoner Kloster »Christus der König« innerhalb des Benediktinerordens zu der Gemeinschaft der Olivetaner, und er leitet die Weltgemeinschaft für christliche Meditation. Er ist Verfasser von *Light Within, The Selfless Self, A Short Span of Days* und *Web of Silence,* außerdem hat er zahlreiche Audio-Kassetten und Artikel veröffentlicht.

Robert Kiely

Robert Kiely ist Professor für englische und amerikanische Literatur an der Harvard-Universität. Schwerpunkte seiner akademischen Lehrtätigkeit sind: Prosaliteratur des 19. und des 20. Jahrhunderts, die englischsprachige Bibel und die Reflexion der christlichen Ideenwelt in der Literatur. Zu seinen Büchern zählen: *Robert Louis Stevenson and the Fiction of Adventure* (1964); *The Romantic Novel in England* (1972); *Beyond Egotism: The Fiction of James Joyce, Virginia Woolf, and D. H. Lawrence* (1980); und *Reverse Tradition: Postmodern Fictions and the Nineteenth-Century Novel* (1993). Robert Kiely ist Laienbruder bei den Benediktinern und hat den Vorsitz im leitenden Gremium der Weltgemeinschaft für christliche Meditation.

Geshe Thubten Jinpa

Geshe Thubten Jinpa ist seit 1986 der maßgebliche Übersetzer des Dalai Lama für den Bereich Philosophie, Religion und Wissenschaft. Er hat akademische Abschlüsse mit hohen Auszeichnungen, und zwar an der indischen Klosteruniversität von Ganden und in England an der Universität von Cambridge, seinem derzeitigen Wohnsitz. Am dortigen Girton College arbeitet er als Forschungsstipendiat. Thubten Jinpa hat verschiedene Arbeiten veröffentlicht.

Die Teilnehmer der Podiumsdiskussion

Maureen Allan wurde 1923 geboren. Während des Zweiten Weltkriegs kam sie als Mitglied der weiblichen Streitkräfte bei der Royal Navy nach Colombo, Mombasa und London; sie war Flaggleutnant bei der Kommandostelle der britischen Admiralität; und sie war leitender Offizier beim vereinten Kommandostab in Washington, DC. Sie engagierte sich sehr bei ehrenamtlichen Tätigkeiten im Londoner Parlamentswahlkreis ihres Gatten, Lord Allan of Kilmahew's. Seit 1955 kümmert sie sich um ihre Farm in Froyle, Hampshire, und ist in der örtlichen anglikanischen Kirche aktiv. Sie hat sich in Mantra-Meditation geübt und – als Mitglied von *The Study Society* – mehr als dreißig Jahre lang Advaita, die Philosophie des Nicht-Dualismus, studiert. Lady Allan ist Kuratorin des »Lord Mayor Treloar Trust« für körperbehinderte Kinder und gehört dem leitenden Gremium der Weltgemeinschaft für christliche Meditation an.

Ajahn Amaro (Jeremy Horner) wurde 1956 in der englischen Graf-
schaft Kent geboren. Er hat am Bedford College der Londoner
Universität Psychologie und Physiologie studiert. Nach Abschluß
seines Studiums besuchte er den Nordosten Thailands. Er blieb
dort in einem thailändischen Kloster, wurde Anagarika* und vier
Monate später (1978) Samanera**. Im darauffolgenden Jahr nahm
er bei Ajahn Chah *Upasampada****.

Der Ehrwürdige Amaro blieb für zwei Jahre in Thailand. Nach
England zurückgekehrt, tat er sich mit Ajahn Sumedho im neuge-
gründeten Kloster Chithurst zusammen.

1983 bat Ajahn Sumedho ihn, die Leitung von Harnham Vihara
zu übernehmen. Der Ehrwürdige Amaro äußerte den Wunsch,
sich zu Fuß dorthin begeben zu dürfen. 1984 schrieb er über den
1330 Kilometer langen Fußmarsch ein Buch mit dem Titel *Tu-
dong: The Long Road North*.

Isabelle Glover unterrichtet in zwei Londoner Zentren, außerdem – ihre Pionierleistung – in einem Fernkurs Sanskrit und Pali.
Sie hat das Vedanta und seine Bedeutung für Christen vierzig
Jahre lang studiert. Isabelle Glover hat Retreats zu den Themen
»Indische Schriften – eine spirituelle Lesung für Christen« und
»Sanskrit für Yoga-Lehrer leicht gemacht« durchgeführt. Sie meditiert und ist benediktinische Laienschwester. Sie liebt Musik
und Gartenarbeit. Sie und ihr Ehemann Peter – ein Ingenieur, der
auch Kurse über Yoga, Meditation und Entspannung durch Gewahrsein des Atems gibt – haben drei Söhne und neun Enkel-
kinder.

---

*   Verzicht auf einen eigenen Hausstand, ohne in aller Form Gelübde
     abzulegen.
**   Novizen-Gelübde.
*** Volle Ordination zum Bhikshu. (A. d. Ü.)

Peter Ng ist stellvertretender Leiter der »Government of Singapore Investment Corporation«, die für die Regierung von Singapur Auslandsinvestitionen vornimmt. Mit seiner Ehefrau Patricia gründete er 1988 die erste christliche Meditationsgruppe in Singapur. Sie koordinieren beide die Arbeit von zwanzig solcher Gruppen. Peter Ng gehört dem leitenden Gremium der Weltgemeinschaft für christliche Meditation an.

Eileen O'Hea ist Schwester vom Orden des heiligen Joseph und lebt in Brentwood, New York. Nach Abschluß ihres Studiums der Sozialarbeit an der Fordham-Universität ließ sie sich am Manhattan College zur psychologischen Beraterin ausbilden und durchlief danach eine dreijährige weiterführende Ausbildung und Supervision als Familientherapeutin im Zentrum für Familienbildung in New Rochelle, New York. In einer privaten Praxis in St. Paul, Minnesota, widmet sie sich der Psychotherapie und gibt spirituelle Orientierung.

Sie lehrt christliche Meditation und gehört dem Gremium der Weltgemeinschaft für christliche Meditation an. Sie hat das Buch *Woman: Her Intuition for Otherness* veröffentlicht und die Audio-Kassetten *Silent Wisdom/Hidden Light: Christian Meditation and the Transformation of Consciousness* und – gemeinsam mit S. Kate Martin OPC – *Rain for the Sea*.

John Main

John Main kam als Kind einer irischen Familie 1926 in London zur Welt. Er studierte Jura, lernte Chinesisch und ging dann im diplomatischen Dienst für Großbritannien nach Malaysia. Dort machte ein indischer Mönch ihn mit Meditation bekannt. Zu jener Zeit war das stille, von aller Begrifflichkeit freie Gebet etwas Ungewöhnliches und den meisten Christen nicht vertraut. Die schon lange bestehende kontemplative Tradition des Christentums war in Vergessenheit geraten. Ein zur Sache des Kopfes gewordenes Beten und das Ritual waren weitgehend an ihre Stelle getreten. Nach seiner Zeit im diplomatischen Dienst kehrte John Main nach Europa zurück, widmete sich weiter der Meditation und wurde am Trinity College in Dublin Professor für internationales Recht.

1958 wurde John Main in London Benediktinermönch, und man legte ihm nahe, mit der Meditation aufzuhören, da diese kein Bestandteil der christlichen Gebetstradition sei. 1969 jedoch stieß er auf eine christliche Meditationspraxis, auf das »reine Beten«. Diese frühe Form der Meditation lehrte im vierten Jahrhundert Johannes Cassianus. Er gab die Lehren der Wüstenväter, der ersten christlichen Mönche, an den heiligen Benedikt und die römisch-katholische Kirche weiter.

Nachdem er seine Meditationspraxis wieder aufgenommen hatte, verwendete John Main den Rest seines Lebens darauf, Laien in dieser Tradition des christlichen Gebets zu unterweisen. Er hielt es für wichtig, den Menschen in ihrem Alltag wieder eine profunde spirituelle Praxis zugänglich zu machen. Er empfahl, täglich – allmorgendlich und allabendlich – zweimal zu meditieren und die Meditation auch in andere Formen des Gebets einzubetten.

1980 konnte Pater John bei einer interkonfessionellen Veranstaltung in der Kathedrale von Montreal Seine Heiligkeit den Dalai Lama willkommen heißen. Pater John war vom Erzbischof von Montreal eingeladen worden, im Herzen der Stadt eine Benediktinergemeinschaft zu gründen Dort sollte christliche Meditation gelehrt werden. Als seine Heiligkeit die Gemeinschaft besuchte, kam es auch zu einem privaten Treffen mit Pater John – mit einem regen Gedankenaustausch darüber, wie wichtig eine Zusammenarbeit zwischen den spirituellen Überlieferungen sei, um der modernen Welt Weisheit und Frieden zu bringen.

John Main starb 1982. Sein Werk wird heute von einem immer größer werdenden Netzwerk christlicher Meditationsgruppen fortgeführt. Die Weltgemeinschaft für christliche Meditation hat inzwischen in London ein internationales Zentrum, und sie veranstaltet alljährlich das John-Main-Seminar.

Danksagung

*D*ieses Buch bringt eine großmütige Erfahrung der Freundschaft zum Ausdruck, an der viele Menschen Anteil hatten, deren einzigartigen Talente und Energien die Realisierung des Seminars, der Videoaufnahmen und jetzt des Buches erleichtert haben. Seit den ersten Anfängen waren Frau Kesang Y. Takla und ihr Team im Tibet-Büro in London Musterbeispiele positiver Zusammenarbeit. Robert Kiely hat großmütig die gesamte Aufgabe übernommen, die Niederschriften – entstanden nach den von Peter Armstrong (WordPictures) und Mark Schofield (aus unserer Gemeinschaft) meisterlich angefertigten Bandaufnahmen – zu redigieren. Gregory Ryans Seminar-Protokoll ergab eine klare und akkurate Aufzeichnung, von der aus man die Arbeit am Buch beginnen konnte. Giovanni Felicioni, Leiter von Medio Media, und Judith Longman, die seiner Arbeit freundschaftlich und beratend zur Seite stand, haben in allen Stadien wertvolle Zeit und Einsichten zur Verfügung gestellt. Teresa O'Neill und Sadie Summers in unserem internationalen Zentrum in London steuerten die Sekretariatsarbeit bei und hielten den Kontakt zwischen all den über die ganze Welt verstreuten Menschen aufrecht, die mit diesem Buch zu tun hatten. Thubten Jinpa hat, an seine präzise, doch menschliche Übersetzung beim Seminar anknüpfend, seinen Beitrag hinzugesteuert, Lesern ohne besondere Vorkenntnisse die buddhistische Terminologie dieses Buches zugänglich zu machen. Mit Timothy McNeill von Wisdom Publications zusammenzuarbeiten war ein wahres Vergnügen. Er hat das Projekt mit einer Weisheit, die dem Verlagsnamen alle Ehre machte, und mit Umsicht geleitet. Susanna Rallis Lektoratsarbeit und John Dunnes Durchsicht der Übersetzungen wie auch seine eigenen Übersetzungen der tibetischen Gebete haben ebenfalls unschätzbar zur Stimmigkeit des Buches beigetragen und seinen Gebrauchswert erhöht. Ein wertvoller Beitrag kam von Connie Miller aus der Wisdom-Redaktion, die beim Erstellen der Glossare mitgeholfen und dann nachgelesen hat, ob die Bedeutung der buddhistischen Verweisstellen im Text genau und klar erfaßt ist. All diese Menschen haben, von unterschiedlichen Überlieferungen inspiriert, das Buch *Das Herz aller Religionen ist eins* zu mehr gemacht als nur einem Buch: Es ist ein Zeichen der Freundschaft zwischen Menschen, die herausgefunden haben, daß Unterschiede in der modernen Welt nicht länger trennende Gegensätze sein müssen, sondern Quellen einer größeren Einheit sein können, als die Menschen sie bis jetzt gekannt haben.

Laurence Freeman OSB

Das John-Main-Seminar
von 1984 bis 1996

Medio Media

Medio Media veröffentlicht die Publikationen der Weltgemeinschaft für christliche Meditation mit dem Anliegen, die Meditationsunterweisungen in christlicher Tradition, insbesondere das Werk von John Main, zu verbreiten. Ein weiteres Anliegen ist es, den Dialog zwischen den meditierenden und suchenden Menschen aus allen Überlieferungen fortzuführen, der auf der – von allen Religionen geteilten – tiefgreifenden Erfahrung der Stille beruht.

Einen Katalog von Medio Media – Bücher, Audio- und Video-Kassetten von und mit John Main, Bede Griffiths, Laurence Freeman, William Johnston, dem Dalai Lama und weiteren Autoren – kann man kostenlos unter folgender Adresse beziehen:

Medio Media
23 Kensington Square, London W8 5HN, United Kingdom
Tel: 0171 937 4679   Fax: 0171 937 6790

Die Weltgemeinschaft für christliche Meditation

Meditation stiftet Gemeinschaft: Seit John Main 1975 mit der Gründung des ersten christlichen Meditationszentrums begann, gibt es eine weltweit stetig wachsende Gemeinschaft meditierender Christen. Einzelne Menschen, die meditieren, beginnen oft, sich in kleinen Gruppen wöchentlich zu treffen, und das Netzwerk dieser Gruppen bietet weitere Unterstützung und Ermutigung für all jene, die ihre tägliche Praxis der morgendlichen und abendlichen Meditation beibehalten möchten.

Die Gruppen treffen sich in Wohnungen, Pfarrgemeinden, Schulen, Gefängnissen, Geschäftsräumen, städtischen Räumen oder in Regierungsgebäuden. Man beginnt mit einer kurzen Meditationsunterweisung. Oft greift man dazu auf die Bandaufzeichnungen von John Mains Vorträgen aus dem Fundus der Gemeinschaft zurück. Es folgt die stille gemeinsame Meditation von dreißigminütiger Dauer. Danach hat man Zeit für Gespräche. Die Gruppen sind ihrer Natur nach ökumenisch, ihre Türen stehen jedem ernsthaft an der Erfahrung der Stille interessierten Menschen offen.

27 christliche Meditationszentren – manche in eigenen Räumen, manche in Privatwohnungen angesiedelt – dienen als Kommunikationszentrale für alle, die den in dieser Überlieferung gelehrten Weg des Schweigens beschreiten. Diese Zentren sind bei der Koordination der wöchentlichen Gruppentreffen behilflich und organisieren regelmäßig Retreats, Seminare und sonstige Veranstaltungen.

Das internationale Zentrum in London koordiniert diese weltweite Gemeinschaft meditierender Christen. Ein vierteljährlich erscheinender Rundbrief, der spirituelle Unterweisungen und Reflexionen bietet – außerdem Nachrichten und Informationen auf der regionalen wie auf der internationalen Ebene über Retreats und sonstige von der Gemeinschaft durchgeführte Veranstaltungen –, wird von London aus versandt und in einer Reihe von nationalen Zentren verteilt. Einmal im Jahr findet, abwechselnd in Europa oder in Nordamerika, ein John-Main-Seminar statt.

Das internationale Zentrum in London wird ausschließlich aus Spenden finanziert, insbesondere durch ein Programm, das »Friends of The International Center« heißt.

Falls Sie mit einer christlichen Meditationsgruppe in Ihrer Nähe Kontakt aufnehmen möchten, so wenden Sie sich bitte an das internationale Zentrum in London, damit wir Ihnen das für Sie nächstgelegene Zentrum nennen können.

The World Community for Christian Meditation
International Center
23 Kensington Square
London W8 5HN
United Kingdom
Tel: 0171 937 4679   Fax: 0171 937 6790

Und im Internet:

WCCM.ARCHIVES:
ftp://byrd.mu.wvnet.edu/pub/merton/wccm
p://www.marshall.edu/~stepp/vri/merton/WCCM.html

WCCM.FORUM:
Senden Sie ein E-mail an LISTSERV@WVNVM.WVNET.EDU
mit den folgenden Textzeilen:
SUBSCRIBE MERTON-L IHR NAME
(Schreiben Sie bitte statt »IHR NAME« Ihren tatsächlichen Namen)
SET MERTON-L TOPICS:+T6

Wisdom Publications

WISDOM PUBLICATIONS, ein nicht profitorientierter Verlag, der Bücher über Buddhismus, Tibet und verwandte ost-westliche Themen veröffentlicht. Wir publizieren unsere Bücher voller Wertschätzung für die lebendige Philosophie des Buddhismus, und es ist unser Anliegen, wichtige Werke aus allen großen buddhistischen Überlieferungen zu erhalten und allgemein zugänglich zu machen.

Falls Sie weitere Informationen, ein Exemplar unseres Versandkatalogs oder regelmäßig über unsere künftigen Publikationen auf dem laufenden gehalten werden möchten, schreiben Sie uns bitte, oder rufen Sie uns an:

361 Newbury Street
Boston, Massachusetts 02115
USA

Tel: (617) 536-3358   Fax: (617) 536-1897

Der Wisdom Trust

Als nicht-profitorientierter Verlag widmet Wisdom sich der Veröffentlichung von Dharma-Büchern zum Nutzen aller empfindenden Wesen. Um Bücher veröffentlichen zu können, wie jenes, das Sie gerade in der Hand halten, sind wir auf Sponsoren angewiesen.

Falls Sie eine Spende an den Wisdom Trust Fund entrichten möchten, um uns in unserer Dharma-Arbeit zu unterstützen, oder falls Sie an diesbezüglichen Informationen interessiert sind, schreiben Sie bitte an unser Bostoner Büro.

Wisdom Publications
361 Newbury Street
Boston, MA 02115
USA

Herzlichen Dank.

Wisdom Publications ist eine nicht-profitorientierte, karitative 501(c)(3) Organisation und gehört zur *Foundation for the Preservation of the Mahayana Tradition (FPMT)*, der Stiftung für den Erhalt der Mahayana-Überlieferung.